珍藏本
纪念版

汉译世界学术名著丛书

屠猫狂欢

法国文化史钩沉

〔美〕罗伯特·达恩顿 著

吕健忠 译

商務印書館
SINCE 1897 The Commercial Press

2017年·北京

Rober Darnton

THE GREAT CAT MASSACRE AND OTHER EPISODES IN FRENCH CULTURAL HISTORY

根据美国基本图书公司 2009 年版译出

汉译世界学术名著丛书
（120 年纪念版·珍藏本）
出版说明

2017 年 2 月 11 日，商务印书馆迎来 120 岁的生日。120 年前，商务印书馆前贤怀揣文化救国的理想，抱持“昌明教育，开启民智”的使命，立足本土，放眼寰宇，以出版为津梁，沟通中西，为中国、为世界提供最富智慧的思想文化成果。无论世事白云苍狗，潮流左右激荡，甚至战火硝烟弥漫，始终践行学术报国之志，无改初心。

迻译世界各国学术名著，即其一端。早在 20 世纪初年便出版《原富》《天演论》等影响至今的代表性著作，1950 年代后更致力于外国哲学和社会科学经典的译介，及至 1980 年代，辑为“汉译世界学术名著丛书”，汇涓为流，蔚为大观。丛书自 1981 年开始出版，历时三十余年，迄今已推出七百种，是我国现代出版史上规模最大、最为重要的学术翻译工程。

丛书所选之书，立场观点不囿于一派，学科领域不限于一门，皆为文明开启以来，各时代、各国家、各民族的思想与文化精粹，代表着人类已经到达过的精神境界。丛书系统译介世界学术经典，引领时代思想，为本土原创学术的发展提供丰富的文化滋养，为推动中国现代学术和现代化进程做出了突出的贡献。

为纪念商务印书馆成立120周年，我们整体推出“汉译世界学术名著丛书”120年纪念版的珍藏本，寄望既利于文化积累，又便于研读查考，同时向长期支持丛书出版的译者、编者和读者致以敬意。

两甲子后的今天，商务印书馆又站在了一个新的历史时间节点上。我们不仅要铭记先辈的身影和足迹，更须让我们的步伐充满新的时代精神。这是商务人代代相传的事业，更是与国家和民族的命运始终紧密相连的事业。我们责无旁贷，必须做好我们这代人的传承与创造，让我们的努力和成果不仅凝聚成民族文化的记忆，还能成为后来人可以接续的事业。唯此，才能不负前贤，无愧来者。

商务印书馆编辑部

2017年10月

中 译 序

如果把一个国家的文化比喻为一个有机体，本书可以说是从法国文化史取下一个组织切片，然后拿来做断层扫描。不论这个比喻有没有吸引力，展读本书保证是不可能空手而还的宝山行。关于这座宝山的内容、研究方法的取舍，以及在学术版图上的落点，原作者罗伯特·达恩顿教授在序文和结语中已有说明。需要补充的，只有一句话：不喜欢学究气的读者，只要不理会注释，将会发觉本书易读易解又趣味横生的一面。这里要交代的是翻译方面的问题，希望对中文读者有帮助。

本书行文并不忌讳具有强烈文学趣味的措辞。由于这是原作者刻意追求的修辞策略，笔者在翻译时谨守忠于原文的修辞技巧。读者如果觉得译文的某些措辞“好像有点奇怪”，很可能就是译笔亦步亦趋的结果。只就一例而论，本书的后半部（第四章以后）一再出现的“文人共和国”，原文是“the republic of letters”。这个词组固然可以译成中文读者所熟悉的“文坛”，可是达恩顿教授在第二章提到印刷工人也在追求他们的“共和国”，无非要传达“阶级（或社会等级）共和”的理想。法文另有 *le monde des lettres* 的说法，译成英文即 the world of letters，正是我们说的“文坛”或“文学界”，作者舍此就彼，显然是考虑到“republic”在西洋文化史上的意涵。按英文的 republic 源自中古法文的 *republique*,而这个法文单词在字源学上寓有“共产”,后来出现的引申义不限于“财富公有”,而是狭义的政治名词,隐含“平等”的“共和体制”。侯健把柏拉图对话录 *The Republic* 译成《理想国》,这是正解;笔者使用“文人共和国”之称,为的是强调晚出的引申义。

第一章提及民间故事,作者依学界惯例附有安蒂·雅恩(Antti Aarne)编纂、司蒂斯·汤普森(Stith Thompson)英译并扩增的 *The Types of the Folktale: A Classification and Bibliogaphy* (Helsinki: Academia Scientiarum Fennica, 1961)书中的“故事类型”标准分类码。那些民间故事,中文读者未必熟悉,因此译者依照该分类表列,增补 2000 年联经版《格林童话全集》(林怀卿翻译)的标题及其编号,以“格林编码”注明(该中译本未收录者,格林编码从缺)。格林童话故事里头的专有名词,中译一律依该版本。

达恩顿教授开宗明义的切入点是小红帽的故事。此处所谓的“红帽”,英文称 red riding hood,根据《图解服饰辞典》(辅仁大学织品服装学系编,1985)的解释,乃是披风和紧合抽碎褶式的连颈帽合成一件式,在颚下系带固定,正是许多《小红帽》插图可以看得到的。笔者虽然采用通俗的标题,内文却依该辞典译作“兜状连颈帽”。单称“连颈帽”,英文是指 hood。在欧洲的服装史上,hood 有许多种形式,均无特定名称,而统称 hood。在十七世纪披肩与连颈帽分离而发展出独立的帽子之前,hood 是官服、礼服、僧袍的一个基本形制(Charlotte Mankey Calasibetta, *Fairchild's Dictionary of Fashion*, rev. ed., 1998),正如我们可以在本书第三章描述列队行进所看到的。

第二章所称的“技工”(artisans),广义包括学徒、学徒期满的职工以及职工有成当起老板的雇主;狭义则单指第二类的,即职工。职工的英文“journeyman”,字源本义为“做日工的人”。“雇主”的正式称呼是master artisan,简称master,如本书的用法。这里的“master”兼有“师傅”和“雇主”两个意思,依次是笔者在第二章和第三章的译法,他们在十八世纪已经跻身资产阶级。此一背景说明应有助于一般读者了解第二章的立论与第三章的部分段落。

也许有读者会怀疑,把工人粗鄙无文的暴力游戏说得天花乱坠,还披上学术的外衣,仿佛在二百年前的法国连老粗也懂得举行意义重大的文化仪式,太离谱了吧?这是正常的反应,不过我想建议这些读者去参考查尔斯·提利的《法国人民抗争史》(刘絮恺译,共二册,麦田,1999)。弱势族群(如学徒和职工)以官方认可的方式,对既得利益阶层(如招收学徒并雇用职工的师傅)展开抗争,演出具有讽刺意义的“行动剧”,其标准剧码之一就是“闹新婚”(charivari)。特别提醒有兴趣的读者注意该书第58—65和217—219页提纲挈领的介绍(不过,“闹新婚”和“资产阶级”在该书都采用音译,分别为“夏利瓦里”和“布尔乔亚”)。

第五章的关键词是*philosophe*,这个法文单词在英文里的同义词是philosopher。可是原作者在第四、五、六这三章的遣词,显然有意区隔这两个同义词。笔者不敢确定达恩顿教授用意所在,但为了明示差别,“*philosophe*”一律译作“哲人”,“philosopher”则作“哲学家”。

第六章述及卢梭的《新爱洛漪丝》在法国掀起的浪漫潮,焦点之一是卢梭为该书写的对话体序文。庆幸的是，这部书信体小说有中译本（李平沤、何三雅译，共二册，林郁文化，1996），可是该译本把原来摆在卷首的序文挪到卷末的“附录”（下册第466—493页），谨此提醒有心的读者。

近年来，国人翻译外语人名有扬弃英语挂帅、回归原语发音的趋势。“巴赫”逐渐取代“巴哈”，以及法国新古典主义剧作家Racine取“哈辛”而舍旧译名“拉辛”，即是显例。但是，根据英语发音的“西塞罗”，虽然和拉丁原文Cicéron的发音有天壤之别，这个译名在中文世界几乎无人不知，本书断然从俗。取舍无法尽如人意，一般人名至少不会有误导之嫌，特定名词却有可能。沿用本文开头的比喻，本书扫描出来的是*l'Ancien Régime*的组织切片。我注意到一直有人把*l'Ancien Régime*译作“旧政权”，我怀疑那是根据英译Old Regime转译的。然而，法文的*régime*主要是指生活方式和社会体制。法国大革命前后之别，不只是在于政权的新旧（法国的每一个共和都是新政权），更在于总体文化新旧有别，所以我采用另一个既有的译名“旧制度”——这里的制度是社会制度，不只是政治制度而已。这两个译名的差别，本书的读者务必牢记在心，否则难免观云海却陷五里雾中。就像英文的citizen这个词，应用在现代社会，主要是“公民”的意思。但是十四世纪源于法文的这个词，原本是指具有明确社会地位的城市（city）居民；本书用到这个词，几乎都是这个意思，亦即“市民”，其中隐含社会阶级的预设立场。具体地说，只有能够根据法国旧制度之下社会三等级的传统分类加以归类的城市居民，才配称为“市民”——特别要强调“传统分类”，因为本书第三章所用到的分类法是从新兴的资

产阶级的观点着眼。借用后现代论述的措辞，citizen 作“市民”解，具有强烈的分化意识，刻意制造“凡我族类”和“非我族类”的壁垒——包括“都市”与“乡村”的二分法——便于区隔“异己”（the Other，即晚近国内习用的别扭译名“他者”）。可是，我却经常读到，有人呼吁大家群策群力，把台湾地区打造成现代的“市民社会”。

有一个常见的误译，也许不是最严重，但因为是屡见屡错，因此值得一提。欧洲各地（不限于法国）有个通俗的节庆活动，尤其是在庆祝仲夏夜（凯尔特人的大节日，基督教因袭，却改称圣约翰纪念日，此一典故是斯特林堡的自然主义经典剧作《茱莉小姐》的背景）的时候，就是在空旷地堆木柴点火，原本驱煞辟邪的用意在十八世纪可能已经消逝了。这个活动，法文作 feu de joie（节日篝火，英文“bonfire”），和现代的“放烟火”（feu d'artifice，“firework”）根本是两回事。

前文提到法国旧制度之下社会三等级（僧侣、贵族和市民），这里的“等级”，有时简称为“级”（如“省三级”或“三级会议”），法文是 état。特别指出这一点，因为至少在本书的文义格局中，这字眼和资产阶级的“阶级”是不一样的，我希望能够有效区隔两者的差异（在等级严明的旧制度社会，无法归入三级分类的“级外之民”是没有身份地位可言的，因“gens sans état”是“没有身份的人”）。同样的道理，“资产阶级”和“中产阶级”虽然有时候被当作同义词使用，意涵毕竟不同。因此，原文使用“bourgeoisie”的场合，译文作“资产阶级”；如果是“middle class”，译文则作“中产阶级”。必要的时候（如 *provincial*[省区]在法国历史上的特定含义），我会以译注的方式补充译文无法求全之处；在不影响行文的流畅以及读者对原作的判断这两个前提之下,我会把译注化入正文——不过这种情形屈指可数。

拉杂写下翻译《屠猫狂欢:法国文化史钩沉》的一些感想,无非是希望减少读者在享受阅读的乐趣时可能受到的干扰因素。多年来从事翻译工作,我深深体会到克制创作欲的必要——虽然翻译本身就是一门创作,创作欲的表现却是翻译品质的大敌。翻译本书,我乐在其中,也获益无穷,最大的期许是应该让读者也能分享到这样的乐趣与收获。

吕健忠

2013 年 8 月

目　录

谢　辞

本书是笔者自从1972年，在普林斯顿大学讲授的历史406这
门课发展出来的。那门课原本是心态史(history of *mentalités*)的
入门，后来却演变成史学与人类学的专题研究。这得归功于克利
福德·格尔茨(Clifford Geertz)，他在最后的六年和我共同开那门
课，而我对人类学的认识大多数是他在那一段期间教我的。我很
荣幸借这个机会向他致谢，同时也感谢我们一起教过的学生。普
林斯顿高等研究院(Institute for Advanced Study)也给了我深刻 1
的影响，我就是在那里进行安德鲁·W. 梅隆基金会(Andrew W.
Mellon Foundation)所赞助的一项自我知觉(self-perception)与历
史变迁研究计划时开始动笔写这本书的。最后，我要感谢约翰·
D. 和凯瑟琳·T. 麦克阿瑟基金会(John D. and Catherine T.
MacArthur Foundation)，由于该基金会所提供的奖助，我才有可
能暂时搁置常态工作，一鼓作气完成一项看来冒险有加的写作
计划。

xv

修订版序

本书再版使我有机会对新的读者说几句话，我乐于把握这个机会。出版一本书好有一比，有如把一颗石子丢进深井：你等了又等，期待听到“扑通”的声音，有时候却空等一场。我写过的书当中，《屠猫狂欢》激起最大的“扑通”声——或许是因为，就像有人说的，醒目的标题过目难忘。这个标题映入眼帘，足以勾起读者的好奇。读者会问：一板一眼的历史学家怎么会把时间花在十八世纪巴黎印刷工人在不起眼的街坊邻舍模仿仪式对猫展开屠杀这样诡异的事件？我希望那个问题会吸引读者进入文本，更重要的是同时进入新的史学领域。

每一种新的东西似乎都是发源于巴黎左岸的二十世纪六十年
xvi 代，这个新的史学领域风风光光被称为“心态史”——顾名思义就是研究心态的历史，也可以说是研究平常人的心态世界。在那以前，历史学家关心的是社会精英的知性生活，可是他们无法否认农民和工人也有自己的观念。如果找得到方法深入民众的世界观，据以研究社会底层男男女女的价值取向和生活态度，无异于开启史学全新的方向。可是这种研究所遭遇的困难似乎无法克服。十九世纪以前，文盲占欧洲人口的大多数，那些人没有留下书面记录，历史学家怎么找得出他们心态活动的蛛丝马迹？

最早针对这个困难寻求解决之道的尝试产生了一些推论，却谈不上是稳当的论点。历史学家研究朗读给农民听的廉价畅销故事书。他们想到遗嘱会透露穷苦人家如何想象来生，因此从中搜集统计资料。他们探讨巫术、法术、土匪和民俗医疗之类异乎寻常的题材。他们想方设法却没办法在这个研究领域做出有系统的进展，这情形直到他们从人类学这个近邻学科借用观念与方法才改观。

早在二十世纪初，人类学家就把文盲民众的世界观和价值系统当作研究的主题。他们确实分裂成不同的阵营，各持己见互不相让的情形和历史学家殊无二致，因此无法把他们的观念全盘移植到史学领域。可是到了二十世纪九十年代，历史学家多方利用人类学的观念已有具体的成效，竟至于法国人自己放弃心态史这个具有标识作用的概念，改采“人类史学”这样的称呼。

《屠猫狂欢》在1984年问世，是以这样的意向从事书写历史的早期尝试之作。我的本意是希望一般读者和专业学者同样能各取所需，因此在学理论述方面没有多加着墨。我要具体展现人类史学的可行之道，而不是写论著说明人类史学该怎么写作。在阐述的模式方面，我也采取一个特殊的策略。我从民间故事的主干着手，那些故事随时随地唾手可得，精英分子与农民都一样，而且不受十八世纪法国大量增加的方言所限制。通过系统研究并比较十九世纪民俗学家记录的种种版本，我想应该可以描述表达世界观的口语传统——不是像批评我的某些评论者说的民族精神，而是各地虽有变异但整个民族却共通的文化模式。既已确立这种以整体为背景的模式，接下来在后续的几章中，我将进行一系列的个案研究,研究对象包含不同的社会团体,最后导向作家和读者群的知识精英。经由这样循序渐进的方式,我尝试"由下往上"书写文化史,就像早期的历史学家在处理社会与经济史——这也就是说,我从农民和技工的世界开始,一路往上钻进启蒙运动的世界。可是我并没有把这一切整合成为单一、没有缝隙的十八世纪法国文化记述,因为我不相信有那样的东西。我和许多现代或后现代的作家一样,并不担心我的著作以不够完整或不够全面的方式呈现。我担心的是严谨的程度,也就是提供的证据是否足以支撑使人信服的诠释。

我强调诠释,因为我了解历史就像其他的人文学科,本质上都是在进行诠释。历史无非是要理解别人如何理解人类所处的情境。研究像"屠猫狂欢"这样的文化插曲类似看戏:阅读演员的动作,以便了解他们表达的意思。你得到的结论不能和银行账目的结余栏或法官的判决书相提并论,因为历史诠释不必然有定论,倒是应该要有足够的空间容许见微可以知著的细微差别。可是,开放性的结论并不表示"横看成岭侧成峰",都可以说得通,也不表示诠释不可能犯错。以《哈姆雷特》为例,把该剧诠释成爆笑喜剧就是错误,虽然其他的诠释可能同时有效却彼此有出入,比方说从心理的影响力解读《哈姆雷特》相对于视该剧为从身体政治的角度探讨权力问题。

我从大名鼎鼎的人类学家克利福德·格尔茨(Clifford Geertz)那里借用这些观念,我们两人合开一门探讨历史与人类学的专题课长达二十年。可是这些观念也适合维克托·特纳、玛丽·道格拉斯、伊凡-普瑞恰以及年轻的学者如济斯·巴索和詹姆斯·克利福德。这几位人类学家各擅胜场，却同样强调象征具有多重意义的特性，而且他们都了解仪式是复杂的行为模式，表达多方面的意涵。

我强调象征的表达具有复杂且多义的特色，因为有些人评论本书疏于考虑上述基本要点。举例而言，罗杰·夏特耶辩称象征毫不含糊以线性方式连结符征和符旨，情形有如他从十八世纪辞典引出来的例子：狮子象征勇气。我同意狮子的形象可以暗示勇气，可是同一个形象也可以传达力量、凶残、王权以及其他特质，包括那些特质的不同组合。人类学家业已一再阐明普通民众使用这样的方式操纵仪式。所以说猫象征巫术、性欲和家庭生活，或者说模仿仪式对猫展开屠杀的用意是工人对老板同时进行审判、集体强暴和反叛，也是工人后来以默剧形式重复演出的街头剧场狂欢活动，诸如此类的想法并不过分。并不是演出这一场屠杀的人都以同样的方式了解这一出剧码，其中隐含丰富的意义可以多管齐下进行分析和整合。要像侦探推理故事的结局那样把丰富的意义简化成一个结论，这是误解人类在一般情况下创造意义以及十八世纪工人怎么有办法愚弄老板的途径。

这个议题用这么抽象的方式说明，听起来像是我们这一行说的"学术问题"，指学术界人士兴致勃勃争辩不休，对学术圈外的一般人士却话不投机半句多。但是我相信屠猫一事以及尝试解读其意义之举能够吸引社会大众的每一个人，只要那个人对人类的境况以及人类如何理解自身的境况感到好奇。通过嬉闹从事理解是个法子。屠猫狂欢虽然在我们看来似乎奇怪——对于我们当中的爱猫族根本就是面目可憎——却是圣塞佛伦街的工人所曾经经历

xix 的最有趣的一件事。我们如果能够了解这一场嬉闹的意趣,应该就有办法摆脱一些我们现代的世界观,进入活在我们之前两个世纪的寻常人的心态世界。这样的接触是使得这种历史研究有回报的可贵经验。如果读者享受这一场人类史学的实验,我希望他们会起而行,进一步深入探讨,因为历史学与人类学一直在互相补充,而如今距离《屠猫狂欢》问世已四分之一个世纪,这两门学科已协力创造一片研究的沃土,看来前途光明更胜于以往。

导　言 3

本书探讨十八世纪法国的思考方式。书中试图阐明的不只是人们想些什么，而且包括他们怎么思考——也就是他们如何阐明这个世界，赋予意义，并且注入感情。探究的途径不是遵循知识史的高速公路，而是探入文化地图尚未标示的一个领域，在法国称之为“心态史”(*l'histoire des mentalités*)。这个类别在英文仍然无以名之，为了简单起见，不妨称作文化史，因为它是以人类学家研究异种文化的同一方式处理我们自己的文明。它是人种志观察入微所看到的历史。

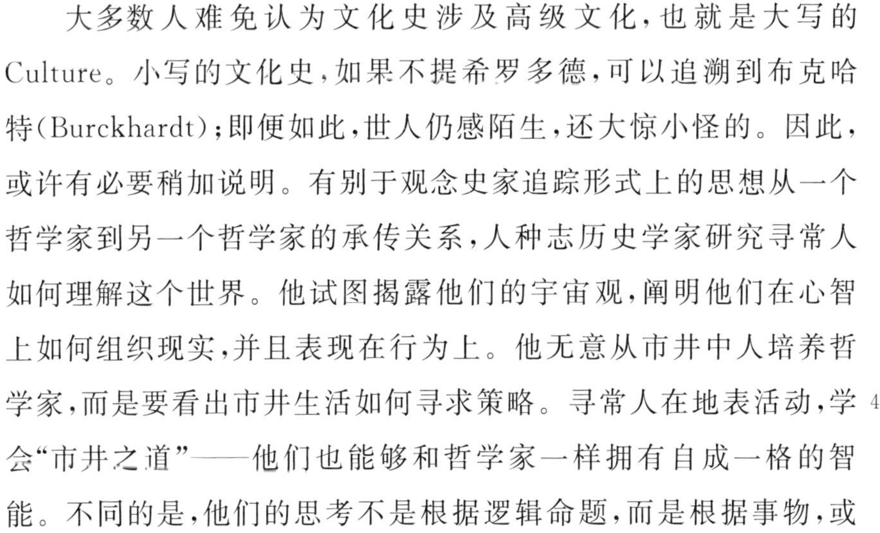

大多数人难免认为文化史涉及高级文化，也就是大写的Culture。小写的文化史，如果不提希罗多德，可以追溯到布克哈特(Burckhardt)；即便如此，世人仍感陌生，还大惊小怪的。因此，或许有必要稍加说明。有别于观念史家追踪形式上的思想从一个哲学家到另一个哲学家的承传关系，人种志历史学家研究寻常人如何理解这个世界。他试图揭露他们的宇宙观，阐明他们在心智上如何组织现实，并且表现在行为上。他无意从市井中人培养哲学家，而是要看出市井生活如何寻求策略。寻常人在地表活动，学 4
会“市井之道”——他们也能够和哲学家一样拥有自成一格的智能。不同的是，他们的思考不是根据逻辑命题，而是根据事物，或

是他们自己的文化中唾手可得的任何其他事物,比如故事或仪式。

什么东西有益于思考?二十五年前,列维-施特劳斯(Claude Levi-Strauss)把这个问题应用于亚马孙河流域的图腾与禁忌。为什么不试用在十八世纪的法国?怀疑论者会回答,因为不可能和十八世纪的法国人面谈;意犹未尽,他会补充说,档案永远不可能取代田野考察。说得没错,不过旧制度(法国 1789 年大革命以前的王朝)的档案多得出乎意料,不用担心旧材料在新问题中没有用武之地。进一步来说,可别以为人类学家有悠闲的时间和当地的语料供应人穷耗。他也一样闯进幽暗不明而且无从对谈的领域,他也必须解读当地人对于其他当地人的思考内容所作的诠释。心灵世界的矮树丛,在原始森林和在图书馆一样,是游人止步的。

但是,对于从实地考察回来的人而言,有件事似乎是清楚不过的:他人毕竟是他人。他们的思考方式和我们不一样。如果要了解他们的思考方式,我们应该从知己知彼着手。用历史学家处理史料的观点来看,这句话听来可能只是老生常谈,无非是告诫别犯时代误置的毛病。然而,这句话还是值得重复申明,因为稍一不慎就可能会指鹿为马还觉得心安理得,误以为两个世纪以前欧洲人就像我们今天一样思考与感受,误以为差别只在于他们头戴假发而脚穿木鞋。我们有必要不断摆脱看过去觉得眼熟这样的错觉,有必要持续服用治疗文化震荡的药剂。

我相信,不会有比在档案的瀚海中漫游更好的方法。一封旧制度时代的书信,读了而不会让人惊讶迭起很难——从随处可见的牙疼剧痛如影随形,到仅限于某些村落展示耙牛屎马粪的堆肥功夫,无奇不有。祖先的至理名言,进到我们的耳朵成了鸭子听

雷。翻开十八世纪的格言集，你会找到这样的条目，“谁流鼻涕，就 5
让他擤鼻子”(“He who is snotty, let him blow his nose”)。看不懂一句格言，或一个笑话，或一个仪式，或一首诗，我们知道其中必有通幽的曲径。在不见天日的角落翻拣文件，我们有可能解开闻所未闻的意义系统。这样的线索甚至可能引出令人啧啧称奇的世界观。

本书试图探索这一类陌生的世界观。书中根据大异其趣的文本所带出的惊讶，循声穷追猛打。“小红帽”的一个原始版本，屠猫狂欢的一则记载，描叙一个城市的一段奇文，一名警探所保存的令人称奇的档案——这些文件不可能拿来代表十八世纪的思想，当作敲门砖却绰绰有余。书中讨论的方式是从表达世界观最含糊笼统的陈述着手，而后越来越精确。第一章是民间传说的考据，论及的故事在法国几乎无人不晓，特别是在农村地区。第二章诠释一群都市技工流传的故事。循社会阶梯而上，第三章说明都市生活对于地方上的资产阶级到底有些什么意义。随后，场景转到巴黎以及知识分子的世界——先是警方所见，他们有自成一格的方法形塑现实(第四章)，其次是根据认识论从启蒙运动的主要文本挑选所得，这份文本就是《百科全书》的《序论》(第五章)。最后一章则说明卢梭和百科全书学派分道扬镳一事如何掀起思考与感受的新途径，其要义可以从卢梭在世时的读者的观点重读他的作品而体会出来。

阅读的概念乃是串联所有篇章的一贯之道，因为阅读一个仪式或一个城市，和阅读一则民间故事或一部哲学文本，并没有两样。考据的模式容或有不同，但是不论采用什么模式，阅读无非是

为了寻求意义——当代人所铭记的意义,在他们人已作古,而且在他们所见的世界景象已经时过境迁之后,仍能幸存的意义。因此,我试着读出自己的贯穿十八世纪的一条路,并且在我个人的诠释之外附录文本,以便读者可以自行诠释这些文本,然后和我唱反调。我并不期望一言而决,也不自命圆满。本书没有为旧制度之下所有社会团体与地理区域的观念与态度提出一份清单。本书也没有提供典型的案例研究,因为我不相信有所谓典型的农民或具
6 有代表性的资产阶级这样的事。取而代之的是,我寻求文献内容看来最丰富的旅程,循序渐进,不默认目标,一旦惊奇绊脚就立刻加快步伐。偏离人迹杂沓的途径,或许不是什么大不了的方法论,却有可能出奇制胜,从而享受某些奇观异景,而那些景观有可能是最具启迪之功。我看不出文化史应该避免稀奇古怪或拥抱常态模式理由,因为我们无从计算意义的平均值,也不可能把象征简化成最小公分母。

笔者坦承不按常理出牌,并非暗示因为人类学无奇不有,所以在文化史里头无事不可行。历史的人类学模式自有其行规,即使此一模式在不带感情的社会科学家看来,可能像文学一样不可尽信。其滥觞乃是基于这样的前提:个体无不借由通行的语法从事自我表达,我们经由学习而对种种感受进行分类,并且在我们的文化所提供的网络之内通过思考而了解事物的意义。因此,这个模式应该可以让历史学家发现思想的社会方向,并且梳理文献的意义,只要他们深入故纸堆探索其与周遭环境的关联,在文本与其文义格局之间来回穿梭,直到清出一条通路穿越陌生的心灵世界。

这样的文化史属于诠释性的科学。由于文学趣味太浓厚,在

英语世界似乎难以“验明正身”，无法名正言顺归入正统的“科学”类别，在法国却完全吻合人文科学（*sciences humaines*）。这个类别并不易解，无法求其完美也是意料中的事，不过即使在英语世界也犯不着因噎废食。我们全体，包括法国人和“盎格鲁-撒克逊人”，包括做学问的和种田的，都是在文化的束缚下从事活动，一如我们全都共享同样的口语成规。所以，历史学家应该看得出文化如何塑造思考方式，即使是最伟大的思想家也不可能免俗。诗人或哲学家有可能把语言推到极限，却也难免会有捉襟见肘的时候，一头撞上意义的外围框限。硬要突破那个框限，疯狂指日可待——荷尔德林（Hölderlin）和尼采（Nietzsche）的命运就是现成的例子。不过，在那个范围之内，立言大德之辈能够测试并移动意义的疆界。因其如此，狄德罗和卢梭在论及十八世纪法国“文化”的书中占有一席之地。把他们和说故事的农民以及对猫展开大屠杀的老百姓相提并论，我放弃了通常对于精英文化和通俗文化所作的区分，试着说明知识分子和社会大众如何应付性质类似的问题。 7

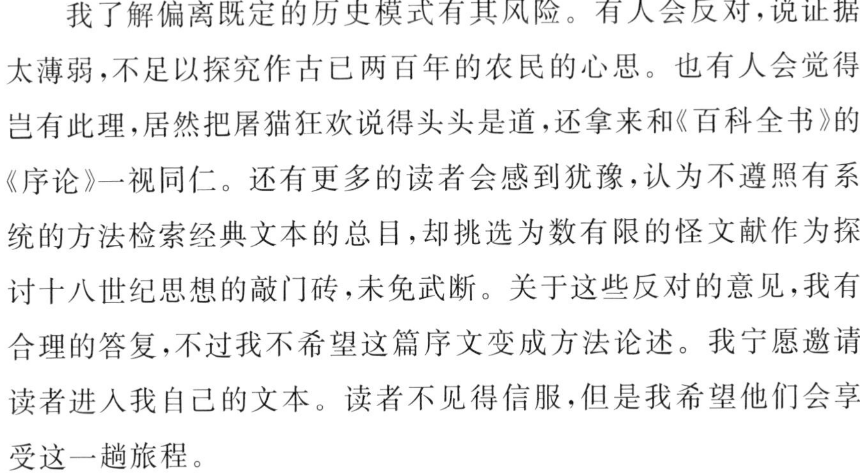

我了解偏离既定的历史模式有其风险。有人会反对，说证据太薄弱，不足以探究作古已两百年的农民的心思。也有人会觉得岂有此理，居然把屠猫狂欢说得头头是道，还拿来和《百科全书》的《序论》一视同仁。还有更多的读者会感到犹豫，认为不遵照有系统的方法检索经典文本的总目，却挑选为数有限的怪文献作为探讨十八世纪思想的敲门砖，未免武断。关于这些反对的意见，我有合理的答复，不过我不希望这篇序文变成方法论述。我宁愿邀请读者进入我自己的文本。读者不见得信服，但是我希望他们会享受这一趟旅程。

第一章　农夫说故事：鹅妈妈的意义

鹅妈妈故事，取自佩罗的《鹅妈妈故事集》原始插图

启蒙运动有漏网之鱼。说到那些未受启蒙的民众，他们的心 9
智世界似乎是一去不返。要为普通人在十八世纪找个立身之处，即使不是不可能，也是相当困难，竟至于搜寻他们的宇宙观显得愚不可及。但是，在知难而退之前，不妨暂且搁置怀疑之心，先来考虑一个故事——无人不知的一个故事，虽然大家熟悉的不是现在要提到的版本。这个版本却是十八世纪法国农家围坐在炉火边度过漫漫长冬时，用来打发上半夜所说的，纵使细节不完全一样，也是八九不离十。[1]

从前有个小女孩，她遵照妈妈的吩咐，带一些面包和牛奶去给奶奶。这女孩穿越树林的时候，一只狼走向她，问她上哪儿去。

她回答："去奶奶家。"

"你走哪条路，尖尖的路还是针针的路？"

"针针的路。" 10

于是这狼走尖尖的路，早先一步来到奶奶的家。它杀了奶奶，把她的血倒进瓶子里，把她的肉切成薄片，摆在盘子上。然后，它穿上奶奶的睡衣，躺在床上等候。

"敲门，敲门。"

"进来，我的小可爱。"

"哈啰，奶奶。我带了些面包和牛奶给你。"

"我的小可爱，你自己吃一些吧。桌上有肉也有酒。"

于是这小女孩找到东西就吃。她正吃着，一只小猫开口说："不要脸！吃你奶奶的肉，还喝你奶奶的血！"

狼接着说:“把衣服脱掉,上床来睡我旁边。”

“我的围巾要摆哪边?”

“丢进火里去;你再也用不着了。”

这女孩一再重复同样的问题,身上穿的一切——上衣、裙子、内衣和袜子——她一样一样地问。每一次,狼都是这样回答:“丢进火里去;你再也用不着了。”这女孩上了床,说:“奶奶,你的毛好多啊!”

“我的小可爱,毛多才保暖。”

“奶奶,你的肩膀好大啊!”

“我的小可爱,肩膀大方便扛木柴。”

“奶奶,你的指甲好长啊!”

“我的小可爱,指甲长抓痒才过瘾。”

“奶奶,你的牙齿好大啊!”

“我的小可爱,牙齿大才方便吃你。”

说着,狼把小女孩吃了。

这故事有什么寓意?对小女生来说,教训很清楚:和狼保持距离。对历史学家而言,这故事触及的是早期现代农民的心灵世界。怎么说呢?如何着手诠释这样的一个文本?心理分析是一条路。学者已经彻底分析过民间故事,辨识出隐而不彰的象征、无意识的主题和心理机制。就拿埃里希·弗罗姆(Erich Fromm)和布鲁诺·贝特尔海姆(Bruno Bettelheim)这两位最知名的心理分析学家对于“小红帽”(“Little Red Riding Hood”)的注解来示例举隅。

弗罗姆把这个故事当作和集体潜意识有关的一则谜语来诠释,

"毫无困难"就解译其中的"象征语言"而得出谜底。根据他的解 11
释,这故事涉及一个青少年面临成人的性欲,其中隐而不彰的意义乃是通过象征语言表现出来的。不过,他进行文本分析所用的版本和前面引录的并不相同。事实上,他在他采用的版本所看到的象征仰赖许多细节,而那些细节在十七和十八世纪的农民所知道的版本里头根本不存在。换句话说,他大费周章申论(子虚乌有的)红色的兜状连颈帽是月经的象征,这女孩手里拿的(子虚乌有的)瓶子是童贞的象征,所以母亲(子虚乌有的)告诫女儿不要偏离大路,以免误闯禁地。狼是使人销魂的男性。还有,在(子虚乌有的)猎人解救这女孩和她奶奶之后,被塞进狼肚子里的两个(子虚乌有的)石块代表不孕,是对于打破性禁忌的惩罚。这么看来,本着对于原始文本中遍寻不得的细节具有不可思议的敏感度,精神分析家把我们引入不曾存在过的心灵宇宙——至少在精神分析家诞生之前是不曾存在过的。[2]

怎么会把一个文本搞得那样离谱?问题不在于专业方面的教条——因为精神分析家对于象征的操作不需要比诗人来得严谨——而是无视于民间故事的历史方向。

弗罗姆不会为指出资料来源而费心,不过显然他的文本取自格林兄弟。这故事,连同"穿长筒靴的猫"("Puss'n Boots")、"蓝胡子"("Bluebeard")和其他少数的故事,是格林兄弟得自珍妮特·哈森普夫卢格(Jeannette Hassenpflug),这位小姐是他们在卡塞尔(Cassel)的邻居,过从甚密;珍妮特则是从她母亲那儿听来的,她母亲又是得自法国的胡格诺(Huguenot)家族。胡格诺一家人在逃避路易十四的迫害时,把这些故事带到德国。不过,他们并不是直接从通俗的口述传统听到这些故事。他们是在十七世纪末年，时髦的巴黎名士界正流行童话故事期间，从书上读来的，作者包括查理·佩罗（Charles Perrault）和玛丽·凯瑟琳·奥努瓦（Marie Cathérine d'Aulnoy）等人。佩罗是这个文类的健将，他倒是真的取材于一般民众的口述传统（他的主要来源可能是他儿子的奶妈）。但是，他润饰过了，以便迎合在沙龙进进出出的那些世故的女性雅士和宫廷人士的品位——他在 1697 年首度刊行《鹅妈妈故事集》（*Contes de ma mère l'oye*）就是给那一批人看的。因此，经由哈森普夫卢格家人传到格林的故事，既没有多少德国风
12 味，也难以代表民间传统。事实上，格林兄弟看出那些故事的文学与法国化特性，因此在《儿童与家庭的童话》（*Kinder-und Hausmärchen*）发行第二版的时候，把那些故事删掉了，仅有的例外是"小红帽"（即格林编码 26"红头巾"）。独独保留这一篇，显然是因为珍妮特·哈森普夫卢格添枝加叶，从"狼与小孩"（"The Wolf and the Kids"，编号 123 的故事类型，这是依照安蒂·雅恩[Antti Aarne]和司蒂斯·汤普森[Stith Thompson]所纂辑的标准分类码；参见格林编码 5"野狼和七只小羊"）移植过来一个快乐的结局，而"狼与小孩"正是德国最通俗的故事之一。所以说，小红帽是挟带法国血缘，辗转经由德国，偷渡进入英国的文学传统。她千里迢迢历经脱胎换骨，从法国农民传到佩罗家的奶妈，然后进入印刷厂，渡过莱茵河，回归口述传统，不过这一次是随胡格诺家族飘零异地，接着回归书籍形式，这一回却是条顿民族的树林产品，而不是法国旧制度时代农村家庭的炉火边。[3]

弗罗姆以及其他不计其数的心理分析注解并不操心文本变异

的问题——说真的，他们对这方面一无所知——因为他们得到了他们所要的故事。故事的开头是青春期的性事（红色的兜状连颈帽，这在法国的口述传统中根本不存在），结尾是自我（ego）的胜利（逃出魔掌的女孩，她在法国的故事中通常是被吃掉），顺利制伏原我（id，化身为狼，在传统的文本里从来不曾被杀死）。结尾皆大欢喜就是好事。

这个结局对于布鲁诺·贝特尔海姆来说特别重要。他是把“小红帽”说得头头是道的精神分析家行列中的最后一个。在他看来，这个故事，一如所有这一类的故事，关键在于煞尾的肯定讯息。他宣称，童话故事快快乐乐的结局使得儿童得以面对他们自己的无意识欲望和恐惧，正面交锋犹能全身而退，原我销声匿迹而自我获得胜利。在贝特尔海姆的版本中，原我就是“小红帽”里的恶棍，也就是快乐原则，这个原则在女孩超过口腔固恋期（oral fixation，即“汉塞尔和葛蕾特”[“Hansel and Gretel”；格林编码 15]所代表的那个阶段）但尚未到达成人阶段的期间，把她引上偏僻之地。原我也是狼，狼也是父亲，父亲也是猎人，猎人也是自我，而且不知怎么一回事又是超我（superego）。小红帽指示给狼她祖母住的地方，无异于以恋父的方式设法除掉她的母亲，因为母亲在灵魂的道德经济中也可以是祖母，而且在树林两边的房子其实是同一栋，就 13
像我们在“汉塞尔和葛蕾特”所看到的，而那两栋房子在故事里头也就是母亲的身体。如此左右逢源混合种种象征，使得小红帽有机会和她的父亲同床共眠，这个父亲就是狼，于是她的弑父恋母幻想有了发泄的渠道。她最后大难不死，因为她的父亲以自我、超我、猎人三合一的姿态再度出现，并且剪开她那既是狼又是原我的

父亲的肚皮而救她出来的时候,她在更高一级的存在层面上重生。这么一来,人人从此过着幸福快乐的日子。[4]

贝特尔海姆对象征抱持宽容的观点,因此和弗罗姆的密码概念比起来,他对这个故事所作的诠释不至于那么机械化。不过,他的诠释也是基于一些未加质疑的文本假定。他广征博引学界对于格林和佩罗的注释,显示他对于民间故事的认知具备某些学术素养。尽管如此,他解读"小红帽"和其他故事,却完全无视那些故事的历史。他的处理方式,简直就像对待病患一样,要他们四脚朝天躺在病床上;他不理会时间的深度,只看到当下的意义。他不质疑故事的来源,也不担心相同的故事在不同的文本中可能有不同的意义,因为他知道灵魂如何运作,知道灵魂一向如何运作。然而,揆诸事实,民间故事是受到历史条件制约的文献。它们历经许多世纪的演变,在不同的文化传统中自有不同的转折。民间故事绝不是表达人的内在生命一成不变的运作途径,而是意味着精神状态本身历经变迁。只要想象使用"小红帽"原始的农民版本来哄我们自己的孩子睡觉,我们就能够领会我们的心灵世界和祖先的心灵世界两者之间的距离。这么说来,这个故事的教训或许应该是:谨防精神分析家,而且小心运用资料来源。我们似乎走上了历史主义的老路子。[5]

然而,似乎毕竟不等于事实,因为"小红帽"令人咋舌的非理性成分在理性时代似乎格格不入。事实上,就暴力与性而论,农民的版本比精神分析家的版本更胜一筹(弗罗姆和贝特尔海姆根据格林兄弟和佩罗的说法,没有提到祖母被狼吃掉,也没有提到狼吃女孩之前要她脱衣服)。显然,农夫提到禁忌并不需要使用密码。

小红帽,古斯塔夫·多雷绘

法国农夫其他的鹅妈妈故事,也有同样令人不寒而栗的成分。举例来说,“睡美人”(“Sleeping Beauty”,故事类型 410;参见格林编码 50“玫瑰公主”)有个早期的版本,英俊王子已婚,他强暴公主之后,公主生了几个孩子,仍然昏睡不醒。后来,婴儿在吃奶的时候咬了她,这才破解魔咒。故事接着引出第二个主题:王子的岳母是个会吃人的妖精,她意图吃掉女婿的非婚生子女。原本的“蓝胡子”(故事类型 312;参见格林编码 46“怪鸟”与 66“小白兔的新娘”)讲的是一个新娘子的故事,她禁不起诱惑,打开丈夫家的一扇禁门,而这个丈夫已经梅开六度。她擅闯禁地,进入一个黑漆漆的房间,发现前任妻子的尸体,一个个张挂在墙上。惊吓之余,她手上拿的禁门的钥匙掉落在地板上的血泊里。她怎么擦拭也不干净,于是蓝胡子在检查钥匙的时候,发现她违反禁令。趁着他磨刀霍霍,准备以她为第七个受害人的时候,她赶紧躲进自己的卧室,穿
15 上结婚礼服。不过,她化妆故意慢条斯理,拼命拖延时间,终于等到她的兄弟,他们则是接到她的宠物鸽子的示警,火速前来搭救的。在一个来自灰姑娘联套(Cinderella cycle,故事类型 510B;参见格林编码 21“灰姑娘”)的早期故事里,女主角成为做家事的女仆以防止她父亲强迫她嫁给他。另有一个故事说,坏心肠的后母想把她推进炉子,却失手烧死了自己的刻薄女儿。法国农夫的“汉塞尔和葛蕾特”(故事类型 327;参见格林编码 15“汉塞尔与葛蕾特”)讲,男主角计骗食人魔割破他自己孩子的喉咙。数以百计不曾变成鹅妈妈印刷版的故事当中,有一个是“美女与妖怪”(“La Belle et le monstre”,故事类型 433),里头的丈夫一而再、再而三地在婚床上吃掉新娘。还有更令人难以释怀的故事。“三只狗”(“Les Trois Chiens”,故事类型 315)里头,妹妹在哥哥结婚时,把长钉藏在他的床垫里,伺机杀死他。最使人恶心的是“我妈妈杀我,我爸爸吃我”(“Ma mère m'a tué, mon père m'a mangé”,故事类型 720;参见格林编码 47“杜松树的故事”),母亲把儿子剁成碎肉,拌洋葱片烘焙,由女儿端给父亲吃。就是这样,从强暴与兽奸,到乱伦与吃人肉,样样不缺。法国十八世纪那些说故事的人,绝不会以象征掩饰他们要传递的信息,而是赤裸裸描述一个阴森森的野蛮世界。

历史学家如何了解这样的一个世界?要在早期鹅妈妈的精神

退潮波中站稳脚跟，历史学家得抓牢两个学术涵养：人类学与民俗学。讨论到理论的时候，人类学家对于他们的学科所赖以建立的基本原理并无共识。一旦进入矮树丛，他们为求了解口述传统，却使用可以不分青红皂白应用于西方民间故事的技巧。除了某些结构主义学派的人之外，他们看出故事和说故事的艺术有关连，也看出故事和故事发生的背景有关联。他们寻求的是说故事的老手向观众讲述世代相传的主题所用的方法，无非是让时间和地点的特殊性能够穿透主题的普同性而显现出来。他们根本不期望哪一天会发觉直接的社会评论或形而上寓言成为一种论述语调或文化风格——论述语调与文化风格传达特定的时代思潮与世界观。[6]相对
于美国专家常区分地道的和冒牌的民俗学，法国人所称“科学的” 16
民俗学包括了，根据安蒂·雅恩和司蒂斯·汤普森发展出来的标准化分类码，进行故事的编纂与比较。这不必然排除像弗拉迪米·普洛普（Vladimir Propp）所从事的形式主义分析，只不过强调的是严谨的文献证据，诸如说故事的时机，说故事者的背景，以及受到书写来源污染的程度。[7]

法国的民俗学家已经记录大约一万个来自许多不同的方言，遍及法国境内各个角落以及境外说法语的地区的故事。举例而言，费利斯（Ariane de Félice）于 1945 年为民俗博物馆在贝里（Berry）从事调查，记录到“小普塞”（“Le Petit Poucet”，即英文版的“Tom Thumb”或“Thumbling”，中译“小拇指”，故事类型 327；参见格林编码 37 与 45）的一个版本，是 1862 年在法国中部安德尔省（Indre）的村庄埃居宗（Eguzon）出生，一个名叫厄弗拉西·皮雄（Euphrasie Pichon）的农妇告诉他的。1879 年，德鲁耶（Jean

Drouillet)写下另一个版本,是听他母亲欧仁妮(Eugénie)说的,欧仁妮又是得自她母亲奥克塔维·里费(Octavie Riffet),这祖母住在也是法国中部的歇尔省(Cher)的村庄泰莱(Teillay)。这两个版本几乎一模一样,完全没有受到最早出现的印刷本的影响,也就是查理·佩罗在1697年出版的本子。此处提到的两个版本,连同民俗学家另外搜集并且就其主题逐一比较过的八十个版本,全都属于口述传统,都是印刷文化洪流的幸存者,所受到的污染少得令人惊讶,而且这情形持续到十九世纪末年。在法国民俗典藏目录中,大多数的故事乃是1870到1914年间记录的,当时正值“法国民间故事研究的黄金时代”,而且那些故事都是农夫说的,都是他们小时候听大人说的,是早在乡村地区普遍识字之前的事。因此,1794年出生,名叫南妮特·莱韦克(Nannette Levesque)的一个文盲农妇,在1874年口述的“小红帽”版本可以上溯到十八世纪;1803年出生的一个家事仆人路易·格罗洛(Louis Grolleau),在1865年口述一则“虱子”(“Le Pou”,故事类型621),他第一次听到这故事的时候,法国政体仍然是帝制。这些说故事的乡下人,和其他说故事的人一样,依照自己的生活环境调整故事的背景;但是他们不更动主要的叙事要素,不外乎利用重复、押韵以及其他有助于记忆的技巧。虽然“表演”要素——这是当代民俗研究的重心——在旧文
17 本中无从显示,但民俗学家辩称第三共和所保存的记录提供了足够的证据,足使他们重建存在于两个世纪以前的口述传统的梗概。[8]

这样的说法似嫌夸张,但是比较研究业已透露同一个故事的不同记录之间惊人的相似性,即使这些故事是流传在偏远的乡村,

彼此距离遥远，而且远离书籍流通的地区。例如，在一篇研究“小红帽”的论文中，保罗·德拉鲁（Paul Delarue）比较奥依语（langue d'oïl；中古时代法国卢瓦尔河以北地区所使用的方言）大片地区记录的三十五个版本。其中二十个版本和“祖母的故事”（“Conte de la mere grand”）如出一辙，也就是本文开头引述的原始版本，只有少数细节不一致（有时候小女孩被吃掉，有时候她用计逃脱）。两个版本和佩罗的故事近似（首度提及红色的连颈帽披肩）。其他的则混杂口述与书写的记叙，两种成分一判即明，有如法式沙拉酱中的大蒜和芥末。[9]

“民间传说”（“folklore”）是十九世纪新创的词。[10]文书证据显示，在有人想到“民间传说”这个术语之前，这些故事很早就存在了。中古时代的传教士援引口述传统，以便解说道德论点。他们的布道词传抄在十二到十五世纪的许多“例证故事”（“exempla”）辑本中，引证的来源正是十九世纪人类学家在农舍里头，振笔疾书传下来的那些故事。虽然骑士传奇（chivalric romances）、武勋之歌（*chansons de geste*）和粗鄙故事（*fabliaux*）的起源仍然是一团迷雾，大量的中古文学援引通俗的口述传统似乎是错不了的，反过来说则不然。“睡美人”出现在十四世纪的亚瑟王传奇（Arthurian romance）时期。“灰姑娘”出现在1547年诺埃尔·迪法伊（Noel du Fail）的《乡野闲谈》中（*Propos rustiques*），该书追踪民间故事，直溯到农民逸闻，并阐明其传承关系。迪法伊为法国的“炉边夜谈”（*veillée*）习俗留下最早的记载：入夜后大家围坐在炉火边，男人修理工具，女人缝补衣物，边听已经流传几个世纪、三百年后又由民俗学家记录下来的古老故事。[11]姑且不论这些故事是说来娱

乐大人还是吓唬小孩,就像“小红帽”的例子那样具有警惕作用,它们无不属于通俗文化的宝藏,农民视若拱璧,珍藏数世纪之久几乎保持原貌。

18 因此,十九世纪末与二十世纪初所搜录的民间故事汇编,提供了一个接触文盲大众的难得机会,这些民众已湮没在过去时光中无迹可寻。民间故事的年代和地点都无法像其他历史文献那样明确辨认,如果因为这一点而加以排斥,那无异平白放弃为数有限可以贴近旧制度之下农民心灵世界的一个切入点。可是试图穿透那个世界,也就是要面对一连串的障碍,举步之艰难不下于莽约翰(Jean de l'Ours)从阴间救出三位西班牙公主(故事类型 301;参见格林编码 91“土里的矮人”),或小帕乐(little Parle)着手夺取食人巨魔的宝藏(故事类型 328)所遭遇到的。

最大的障碍是不可能亲耳听古人说故事。记录的版本不论多精确,毕竟无法传递故事与生活在十八世纪紧密关联的种种效果:戏剧性的停顿,狡黠的眼神,利用手势设定场景——如白雪公主坐在纺纱机前、灰姑娘为同父异母姊姊抓虱子——敲门声(通常是敲听者的额头),或一声棒击或放屁。凡此种种都有助于形塑故事的意义,也都是历史学家求之不可得的。历史学家无法确定扉页间白纸黑字没有气息的文本,到底是不是精确记载发生在十八世纪的表演。他甚至没有把握确认记录的文本是否吻合一个世纪以前尚未记录的版本。他虽然有可能考掘出足够的证据,证明故事本身的确存在过,却无法祛除心中的疑虑,怀疑故事传到第三共和国时期的民俗学家笔下,可能已经大幅度改头换面。

由于这些不确定的因素,根据一则故事的单一版本提出诠释似乎不是明智之举，根据可能不曾发生在农民版本中的细节——如兜状连颈帽和猎人——分析其象征意义的危险就更不在话下了。不过，话又说回来，某些版本是有足够的记录："小红帽"有三十五个版本，"小拇指"有九十个，"灰姑娘"有一百零五个。这样的样本数量足使我们勾勒出一则故事在口述传统中的梗概。我们可以在结构的层面上进行研究，看看叙事如何组织以及主题如何系结，而不是专注于华而不实的细节。然后，我们可以拿来和别的故事进行比较。最后，经由全面比对法国的民间故事，我们可以辨明 19
一般的特征、统摄全局的主题，以及风格和语调上的共相要素。[12]

我们也可以求助于口述文学的研究成果，以期安心。米尔曼·帕里(Milman Parry)和阿尔贝·洛尔(Albert Lord)已经说明，即使是像《伊利亚特》那么大部头的民间史诗，如何能够在南斯拉夫的文盲农民当中的吟诗人之间忠实地承传。这些"唱书人"并非拥有咸信"原始人"特具的超人记忆能力。他们根本用不着死记多少内容。取而代之的是，他们根据现场听众的反应，随机结合定型语词、制式套语和叙事细节。记录显示，同一个唱书人在不同场合所吟诵的同一部史诗，无不各具特色，每一场表演都是独一无二的。可是，1950年所做的记录和1934年所做的记录两相比较，实质内容并没有差异。虽然相隔十六年，唱书人还是像踩在熟悉无比的路上，一路走到底。他也许在这里拐个小弯抄捷径，在那里喘口气欣赏风光，却总是不离熟悉的土地——事实上是熟悉到他会说每一次踏出脚步都是重复以前的步伐。说到重复，他的理解和读书人是不一样的，因为他没有文字、诗行与篇章等概念。文本对他来说并非一成不变，这和印刷品的读者显然不同。他边表演边创造

他的文本，穿越旧主题却不断挑出新路径。他甚至能够利用出自印刷品的材料，因为史诗就整体而论远超过部分的总和，因此细节的更动几乎不会干扰到全盘的构型。[13]

洛尔的调查研究确认了弗拉迪米·普洛普以不同的分析模式所获致的结论。那个模式显示，在俄罗斯的民间故事中，细节的变异如何维持一贯的附属地位而不至于喧宾夺主。[14]在波利尼西亚(Polynesia)、非洲、北美洲和南美洲的文盲民众当中进行实地考察的研究人员也发现，口述传统的韧性相当惊人。至于口述来源是不是能够为过去的事件提供可靠的记叙，这个问题就没有定论了。罗伯特·洛伊(Robert Lowie)在二十世纪初，从克劳族印第安人(Crow Indians)搜集故事，他的立场是极端的怀疑论：“不论是在什么样的情况下，我都无法相信口述传统有任何历史价值。”[15]然
20 而，所谓历史价值，洛伊的意思是事实上的精确(他在1910年记录一个克劳人讲述达科塔人[Dakota]抵抗印第安民族联盟的一场战役；1931年，这同一位语料供应人向他描述该战役，却宣称那一次是抵抗夏延人[Cheyenne])。洛伊承认，这些故事，就本身而论，有其高度的一致性，歧出与转折都吻合克劳族人叙事的标准模式。因而，他的发现其实印证下述的看法：就传统的说书而论，形式与风格的连贯比细节的变异来得重要，北美印第安人如此，南斯拉夫的农民也一样。[16]差不多一个世纪以前，弗兰克·汉米尔顿·库欣(Frank Hamilton Cushing)在祖尼族(Zuni，墨西哥中西部与亚利桑那州交界处的印第安人)注意到这个特性令人大开眼界的一个例子。1886年，他在美国东部担任祖尼族代表团的解说员。一天晚上，大家轮流说故事，他讲了“公鸡和老鼠”(“The Cock and the

Mouse”），这个故事是他在一本意大利民间故事中读到的。大约一年之后，他很惊讶听到一个回到祖尼的印第安人说出同一个故事。意大利主题仍然清晰可辨，毫无疑问可以归入雅恩-汤普森的分类体系（就是故事类型 2032）。但是，故事的其他部分，包括叙事的骨架、譬喻词、典故、风格以及整体的感觉，处处洋溢祖尼的风味。我们看到的不是本土的故事被意大利化，而是意大利的故事被祖尼化。[17]

承传的过程影响故事的内容，而且不同的文化各有不同的影响，这毋庸置疑。在吸收新素材的时候，有些民间传说的主体比其他的更能有效抗拒“污染”。但是，在文盲民众当中，口述传统简直是顽强兼长命，几乎各地都一样，即使初次暴露在印刷文字之前也不会崩溃。虽然杰克·古迪（Jack Goody）辩称一条“识字线”划过整个历史，因而分隔出“书写”或“印刷”文化的口传形态，传统的说故事在进入识字期之后很长的一段时间，似乎还是能够维持灿然可观的局面。在那些曾经走荒入野追踪故事的人类学家和民俗学家看来，十九世纪末法国农民之间说来说去的故事，和一百年或更久以前的祖先所说的非常相似，这样的想法丝毫不过分。[18]

这位专家的证言固然让人宽心，却没能全面清除诠释法国故事的障碍。文本唾手可得，原封不动躺在金室宝库中，像巴黎的民
俗博物馆，还有保罗·德拉鲁和玛丽-路易丝·特内兹（Marie- 21
Louise Tenèze）的学术钩沉。可是我们不可能翻开故纸堆就拿来检视，仿佛那是旧制度的许多照片，是人已作古的农民不带成见为我们拍照的。那些文献毕竟是故事。

那些故事，就如同大多数的叙事种类，是从因因相袭的主题发展成制式情节,主题的来源不一而足,可能来自任何一个地方。说来令人泄气,它们没有特性,任谁也无法辨识确实的时间与地点。雷蒙·詹姆森(Raymond Jameson)研究过九世纪时一个中国灰姑娘的案例。她那一双鞋子是从鱼精得来的,不是从神仙教母,她遗落一只鞋子是在农村节庆掉的,不是在王宫舞会。可是她和佩罗的女主角是如假包换的同一个模子塑出来的。[19]民俗学家在希罗多德(Herodotus,公元前五世纪的希腊历史学家)和荷马的作品认出了她们的故事,也在古埃及的纸莎草卷和迦勒底(Chaldea,今伊拉克南部的古地名)的石板上看到她们的身影;她们的记载散见于世界各地,从北欧到非洲,从孟加拉海滨的印度人到密苏里河沿岸的印第安人等。散布之广令人吃惊,竟至于有人相信祖本故事(Ur-stories)以及一个神话、传说与故事的基本印欧库藏(Indo-European repertory)确有其事。此一趋向在弗雷泽(Frazer)、荣格(Jung)和列维-施特劳斯等人体系宏伟的理论中昭然若揭,可是对于有心探讨现代早期法国农民心灵的人来说,这没什么助益。

幸运的是,民俗学有个比较切合实际的趋向,使得隔离传统法国故事的稀有特征成为可行之道。雅恩-汤普森的分类体系含括所有印欧民间故事的变体,德拉鲁和特内兹的《法国民间故事》(*Le Conte populaire français*)据以安排那些稀有特征,因而提供了比较研究的基础。比较研究的结果透露了一般主题在法国土壤生根进而茁长的途径。以“小拇指”(“小普塞”,故事类型 327)为例,只要拿来和它的德国表亲“汉塞尔和葛蕾特”(格林编码 15)做个比较,即可看出浓厚的法国风味,在佩罗笔下和农民版本都一样。格林兄弟的故事强调神秘的森林和小孩子面对难以理解的危险时的纯真，其中有较多的幻想与诗意，譬如用面包和饼干盖成的房子以及关于魔鸟（即中译本的野鸭）的细节。法国小孩遭遇食人妖，却是在非常写实的屋子里。食人妖先生和食人妖太太讨论他们的大餐计划，就像任何一对已婚配偶；他们彼此找对方的茬，和小拇指 22
的父母没有两样。事实上，这两对伴侣很难区分。两个没脑筋的妻子同心撵走家中的财宝，挨丈夫痛骂如出一辙，只有一点不一样：食人妖先生对他的妻子说，她就算被吃掉也是死有余辜，如果她不是那么难以下咽的“老兽”，[20]他会自个儿动手张口。和他们的德国亲戚不相同的是，法国食人妖的角色简直就是富甲一方的地主。[21]他们拉小提琴，探访朋友，睡在胖嘟嘟的食人妖太太身边心满意足地打鼾；[22]而且虽然庸俗透顶，爱好家庭生活和待客有方都是假不了的。难怪我们看到“皮山皮秀”（“Pitchin-P itchot”）里头的食人妖蹦蹦跳跳进家门，背上背个大袋子，欢天喜地叫喊：“凯瑟琳，摆上大锅子。我抓到了皮山皮秀。”[23]

德国的故事保留恐怖和幻想的语调，法国却敲出幽默和家居生活的声调。金鸲鸟就住在养鸡场里。举凡精灵、妖精、山鬼，印欧民族整个阵式堂皇的超自然生物族群，在法国被简化到只剩两类，就是食人妖（ogres）和仙人（fairies）。而且这些退化的生物无不具备人类的弱点，因此通常让人类有机会化解灾厄，当然是靠诡计，也就是通过他们的心机和“笛卡尔主义”——法国人把这个哲学术语滥用于他们机心巧诈的习性。在佩罗没有为他自己的1697年版法国化的鹅妈妈故事另起炉灶的许多故事中，这种法式笔触一望即知。例如“小铁匠”（“Le Petit Forgeron”，故事类型317）里头那个年轻铁匠的翎饰，他杀死巨人就是运用典型的法国招式;又如"傻子约翰"("Jean Bête",故事类型 675;参见格林编码 54"背囊、帽子和角笛")里头那个布列塔尼(Bretone)农夫的土里土气,他有求必应,而他要的竟然是"粗酿的酒和一碗鲜奶泡马铃薯";或者是"癞痢头约翰"("Jean le Teigneux",故事类型 314;参见格林编码 136"铁汉斯")里头那个园丁师傅职业上的忌妒心,他和他的学徒一样没能完成修剪葡萄藤的工作;或者是"美女厄拉莉"("La Belle Eulalie",故事类型 313;参见格林编码 51"鸟童"和 79"水魔女")里头那个小魔女的机灵,她在床上留下会说话的两个面团,然后和爱人一起逃难。我们不能够把法国的故事和特定的事件挂钩;同样的道理,我们不应该把法国故事稀释成没有时间坐标的普世神话。那些故事着着实实落在中间的地段,那个地段叫作"近代法国",就是存在于十五到十八世纪的法国。

23 在那些对于历史务求精确的人而言,那个时段或许模糊得令人沮丧。但是在心态史的范畴之内,精确也许不妥当,而且是不可能的,因为这个类别所需求的方法与政治史之类的传统类别所使用的判然有别。世界观不可能像政治事件那样加以编年,其"真实"的程度却不稍逊。要不是有心智带头发号施令朝真实世界的常识观念冲锋陷阵,政治不可能发生。常识本身就是社会所建构出来的真实,随文化之不同而各显其貌。那不是集体想象出来强制大家接受的无稽之谈,而是在既有的社会秩序中表达经验的共同基础。因此,要重建旧制度之下农民看待世界的方法,我们应该从追问下述的问题着手:他们有什么共同之处?他们在日常的乡村生活分享了哪些经验?

由于社会史家几个世代以来的研究,要回答前述的问题总算有了眉目。答案势必有条件限制，而且必定限于概括性的论述，因为一直到大革命，甚至有可能延续到十九世纪，法国谈不上是个大一统的国家，只是由不同的地区拼凑而成的王国，王国之内各地的条件差异甚大。皮埃尔·古贝尔（Picrre Goubert）、埃马纽埃尔·勒华拉杜里（Emmanuel Le Roy Ladurie）、皮埃尔·圣-雅各布（Pierre Saint-Jacob）、保罗·布瓦（Paul Bois）以及其他许多人，已经逐区揭露农民生活的独特性，阐明农民生活的专题论著一部接一部发表。这些专论内容之深入，使得法国的社会史看来有如集例外之大成的一场阴谋，试图证明规则不可靠。即使在这样的场合，还是会有误用专业主义的危险，因为只要对细节保持足够的安全距离，全盘景象也就呼之欲出了。事实上，法国社会史的研究在《法国经济与社会史》（*Histoire économique et sociale de la France*；Paris，1970）这样的教科书中已经达到同化的阶段，在《法国农村史》（*Histoire de la France rurale*；Paris，1975—1976）这样的教科书中也已达到综合的阶段。大体的情形如下所述。[24]

法国现代时期之初，尽管有战争、瘟疫与饥荒，存在于乡村层面的社会秩序却总能维持惊人的稳定。农民拥有相对的自由——虽然比不上在英格兰变成无地产劳工的自由民，却超过易北河（Elbe）以东沦为与奴隶无异的农奴。但是他们逃不出领主制度的
紧箍咒，那一套制度一方面不允许他们拥有足够的土地，以免他们 24
获得经济独立，在另一方面也同时把他们生产所得的盈余吸个精光。男人从清早劳动到薄暮，在散处各地的长条状农地上锄土，使用的犁具和罗马人所用的没两样，收割谷物是用原始的镰刀劈砍，以便留下足够的残株作为公有放牧。女人晚婚——结婚年龄介于

二十五到二十七岁——只生五或六个小孩,能够长大成人的只有两个或三个。大多数人处于长期营养不良的状况,主要仰赖面包和稀粥维持生活,偶尔加上自己种的蔬菜。一年只吃到几次肉,比如节庆日,不然就是秋季杀生,后者是为了应付草料库存不足以让家畜度过寒冬的情况。他们一天摄取不到维持健康所需的两磅面包(两千卡热量),因此面临谷物不足与疾病的两面夹击,使得他们简直是束手待毙。总人口数在一千五百万到两千万之间起伏,扩增到产能的极限(平均密度是每平方公里四十人,平均年出生率是千分之四十)就爆发人口危机。从 1347 年第一次黑死病肆虐,到 1730 年代第一次人口数与生产力大跃进,足足有四个世纪之久,法国社会始终被困在僵化的制度和马尔萨斯人口论的条件限制之内,经历一段停滞不前的时期。那一段时期也就是费尔南·布罗代尔(Fernand Braudel)和埃马纽埃尔·勒华拉杜里所称“静止的历史”。[25]

这个称呼如今看来不无夸张之嫌,因为它谈不上持平看待宗教的冲突、谷物引发的动荡以及反抗国家扩权的暴动,这些事件搅乱了中古时代末年农村生活的模式。不过,二十世纪五十年代首度使用的时候,“静止的历史”的概念——历史是长时期的连续结构体——乃是用于修正视历史为一连串政治大事的倾向。大事纪要史,亦即只叙述重大事件的历史,通常只发生在农民的头顶上方,在遥远的巴黎和凡尔赛。高官大人一代换过一代,战争停了又开打,乡村的生活仍然不受波及,印象中自有记忆以来就是这个样子。

25 在乡村的层面,历史看来是静止的,因为领主体制和生存经济

（生产所得以维持生存所需为主，很少有剩余可供出售或交换的经济形态）把村民束缚在土地上，原始的农业技术使得他们根本没有机会摆脱束缚。谷物生产仍维持在五对一这个原始的收成比率，相对于现代农业播种可以生产十五甚至三十倍的收成。农夫生产不出足以养活大量牲畜的谷物，因此没有足够的家畜制造田地施肥以增加产量所需的粪便。由于这样的恶性循环，他们不得不采行三年或两年的农作物轮栽，总要保留相当高比例的休耕农地。苜蓿之类的作物是可以还原土壤的氮含量，但是他们不能利用休耕地种植这一类作物，因为在三餐难以为继的情况下，他们不会冒险进行试验，何况他们对于氮的作用一无所知。集体耕种的方式也大幅度缩减试验的空间。除了少数有围篱的地区，如西部的树围地（*bocage*，以树木围隔农地），农夫都是在开放的田野上零星分布的长条状农田上耕种。他们集体播种，集体收割，大家共享拾穗和放牧的权利。农地的外围是公有地和公有林，那是他们的牧草、薪柴、坚果和浆果的来源。个人能够尝试创新之举的唯一地段是紧邻住家区分地的后院。他们在那里积粪堆肥，或种亚麻以便纺纱，也种菜和养鸡，可以自己食用，也可以拿到市场去卖。

后院菜园的供应通常只够一家人糊口，维持经济独立却得要有二十、三十或四十英亩的土地，那正是他们所欠缺的。需要那么多的土地是因为他们的收成受到太多的剥削，包括领主岁贡、什一税（这是源于《旧约》而为基督教采行的税赋制度，个人捐出收入所得的十分之一供教会事业之用）、地租和税赋。1789 年大革命以前，法国君主制度下最重要的直接税是平民税（*taille*），贵族免征，平民则按人头纳税。在法国中部和北部的大部分地区,此一名目的征收操纵在比较富裕的农民手中,根据的是法国一个古老的原则:压榨穷人。因此,税捐征收在乡村内部撑开一个裂口,积欠的款项则形成伤害。比较穷的农民经常向富裕人家借贷,而富裕人家就是在村中相对富足而鹤立鸡群的人,他们拥有足够的田地,可
26 以把剩余的谷物拿到市场上出售,豢养大量的牲畜,并且雇用穷人从事劳动。以劳力偿还债务可能使得富裕的农民招恨,程度不下于领主和征收什一税的教会人士。恨上加嫉,又有利益上的冲突,这在农民社会是家常便饭。农村根本不是什么快乐和谐的社区或礼俗社会(*Gemeinschaft*)。

道理很简单:大多数农民的农村生活是一场生存竞争,有幸存活下来意味着站在足以糊口和三餐不继的分隔线上方。贫穷线因地而异,视缴纳皇家税赋、什一税和领主岁贡所需的土地数量而定;此外,他们还得贮存足够的谷实供来年播种并养活一家人。遇上歉收,穷苦人家得要购买食物,消费者的身份又使他们被剥一次皮,因为谷荒导致谷价上扬,有钱的农民也会趁火打劫。此所以连续的歉收会造成乡村经济的两极化,迫使勉强可以糊口的家庭沦为三餐不继,富者却愈富。面对这样的困境,"小人物"唯有取智求生。他们下田出卖劳力,在自己的家里纺纱织布,打零工,出门沿路寻求做活的机会,不辞路遥只求可以干活。

许多人甚至连这样的机会也不可得。于是他们成了有家归不得的一群,随同法国"流动人口"当中的无业游民载浮载沉,这包括在十八世纪八十年代多达数百万求生无望的人。是有快乐的少数,如凭一技之长走遍法国的技工,以及偶尔可见巡回各地的戏班

子和江湖郎中;除了这些人,离乡背井意味着觅食求生的天涯路。流浪汉闯进鸡舍,偷挤牛奶,看到围篱上的晾晒衣物就顺手牵羊,看到马就偷剪尾毛(转手给家具装饰商有利可图),看到有人施舍救济就摆出种种苦肉计冒充残废。他们不断地从军又逃兵,四处冒充新兵。他们干起走私的勾当,拦路抢劫,扒手、卖淫样样来。到最后,他们沦落在济贫院,不然就是钻进树丛或干草堆,乡下佬从此一命呜呼。[26]

对于留守村中而生活在贫穷线以上的家庭,死亡的降临同样冷酷无情。正如皮埃尔・古贝尔、路易・亨利(Louis Henry)、雅克・迪帕基耶(Jacques Dupâquier)以及其他社会人口学家指出的,在现代法国初期的每一个地方,生活都是一场对抗死亡的无情 27
斗争。在十七世纪诺曼底的卡吕莱(Crulai),未满周岁的婴儿夭折率是千分之二百三十六,在当今却只有千分之二十。十八世纪出生的法国人,有百分之四十五在十岁以前去世。年纪超过十岁的孩子,很少能够活到成年而双亲都还健在的。由于死亡这不速之客,少有父母活到生育年龄结束。婚姻平均维持十五年,只及当今法国人的一半,扮演杀手的不是离婚,而是死亡。在卡吕莱,五个丈夫当中就有一个丧妻然后再婚。继母四处增加,数目远超过继父,因为寡妇再婚的比例是十分之一,前夫或前妻的子女未必都像灰姑娘那样受虐待,但是兄弟姊妹之间的关系可能相当紧张。一个新诞生的孩子通常意味着清寒与赤贫的差别:就算他不至于过度消耗家庭的存粮,却可能在分祖产时,因为继承人的数目增加而使下一代分得的土地大为减少。[27]

每逢人口增加,土地持分随之缩小,贫穷化也就如影随形。有

的地方实施长嗣继承制,因而减缓前述的过程,不过晚婚是各地通用的最佳防护机制,虽然晚婚的趋势必定牺牲家庭的感情生活。旧制度的法国农民和同时期的印度农民不一样,前者通常是等到拥有农舍才结婚。他们很少有非婚生子,婚后生小孩大概是四十岁的事。试以贝桑港(Port-en-Bessin)这个地方为例,女人在二十七岁结婚,停止生育的平均年龄是四十岁。人口学家找不到十八世纪末年以前有节育或出现大量非婚生子女的证据。现代早期的男人并不是以有能力控制生命为了解生命之道。早期的女人无法设想主宰自然,因此凡事以上帝的意志为依归,就像"小普塞"这个故事里头小拇指的母亲那样。可是晚婚,生育期短,又加上哺乳期长,怀孕的机会大为减少,家庭的规模自然受到限制。最严酷又最有成效的抑制因素当然是死亡,包括母亲自己的死亡、难产以及婴孩夭折。死胎,他们称作 *chrissons*,有时候只是在不知名的集体坟
29 场草草埋葬了事。婴儿有时候被自己的父母闷死在床上——根据主教发布的禁止父母和未满周岁的小孩同床共寝这样的事实来判断,这里说的意外事故相当常见。一家人挤在一张或两张床铺上,家畜围绕以便取暖。因此,父母从事性活动时,小孩成了无法置身度外的旁观者。没有人会把小孩当作一派纯真的受造物,也没有人会把孩童本身当作跟青少年、青年与成年判然有别,可以根据特殊的服装与行为风格而加以区分的一个明确的人生阶段。儿童一旦能够走路,就是跟在父母身边一起劳动。一到十来岁,他们就和农家雇工、仆人与学徒一样参与成人的劳力工作。

现代法国初期的农民生活在一个举目皆是后母与孤儿、天地不仁、劳力无止尽、感情生活之粗糙与压抑令人不忍卒睹的世界。

从那以后，人类的处境迄今已经历大幅度的变化，我们现在几乎无法想象那个世界在那些生活脏乱又粗野而且生命短暂的人们看来是什么样子。这就是我们需要重读鹅妈妈的原因。

不妨把佩罗的鹅妈妈最广为人知的四个故事，拿来和农民所说主题相同的故事做个比较。这四个故事是“穿长筒靴的猫”、“小拇指”、“灰姑娘”和“荒唐的愿望”（“The Ridiculous Wishes”）。

穿长筒靴的猫，古斯塔夫·多雷绘图

在“穿长筒靴的猫”里头,一个穷苦的磨坊主人去世之后,把磨坊留给长子,一头驴子留给次子,老三只分得一只猫。佩罗评论道:“既没有找来公证人,也没有找来律师,他们会把少得可怜的祖产吃个精光。”我们显然是在法国,虽然这个主题的其他版本散见于亚洲、非洲和南美洲。在法国,农夫的继承制和贵族一样,通常独厚长子,为的是预防祖产零星分割。然而,磨坊主的幼子继承一只精擅家常诡计的猫。这只服膺笛卡尔哲学的猫环顾四周,触目皆是虚荣、愚蠢与贪得无厌;它利用一系列的花招,无所不诈取,后来促成它的主人跃登龙门,娶了个富家女,自己也坐拥大片产业。虽然在佩罗之前的某些版本里头,这主人最后要了这只猫,而这只猫其实是狐狸,也没有穿长筒靴。

30 来自口述传统的“雌狐”(“La Renarde”,故事类型 460;参见格林编码 29“有三根金毛的鬼”),破题的方法类似:“从前有两兄弟,大哥叫约瑟夫,经营农田。小弟叫巴蒂斯特,只接收一捧硬币,而且有五个孩子,却没有多少东西可以养活他们,因此捉襟见肘。”[28] 实在是走投无路,巴蒂斯特向哥哥求乞谷物。约瑟夫要他脱掉那一身破衣,裸身站在雨中淋雨,然后去谷仓打滚。他的身体能够黏住多少谷子,全部归他所有。巴蒂斯特接受了这样的提议,认为那是哥哥的爱心。可是他没能获得足够的食物养活一家人,只好出门去流浪。他终于遇到一位好心的小神仙,就是雌狐。雌狐帮他解决一串谜语,使他得到埋在地下的一坛黄金,并且应验一个农夫的梦:一座房子、田地、牧场、林地,“而且他的孩子每人每天各有一个蛋糕”。[29]

“小拇指”(“小普塞”,故事类型 327)是“汉塞尔和葛蕾特”(格林编码 15)的一个法国版本,虽然佩罗的标题取自属于故事类型700 的一篇。即使佩罗的版本已经稀释过,我们仍然可以在这故事里瞥见《人口论》作者马尔萨斯所描述的世界:“从前有个樵夫,夫妻两人有七个小孩,都是男孩……他们很穷,为了这七个小孩备感不便,因为这些孩子年纪太小,没有一个能够养活自己……有一年收成很不好,饥荒严重得不得了,这一对穷夫妻决心弃养他们的孩子。”实事求是的语调透露出孩子夭折在早期的现代法国是多么寻常。佩罗在十七世纪九十年代中叶写这个故事,当时正值十七世纪人口危机恶化的高峰——瘟疫和饥荒夺走了法国北部十分之一的人口,穷苦人家吃的是皮革制造商弃置在街道的内脏,尸体的嘴巴还含着杂草,母亲“遗弃”养不起的婴儿,任由他们罹病、等死。小拇指的父母把亲生子遗弃在树林里,无非是希望渡过多次席卷十七和十八世纪农民的难关。这个难关就是身处人口浩劫的时期如何求生。

同样的主题也见于这个故事的农民版以及其他的农民故事,附带出现的还有杀婴和虐待儿童的其他形态。有时候父母把孩子丢在街头当乞丐和小偷;有时候父母自己离家出走,留下孩子在家 31
乞讨维生;有时候他们把孩子卖给魔鬼。在“法师的学徒”(“The Sorcerer's Apprentice”,“La Pomme d'orange”,故事类型 325;参见格林编码 68“骗子和师傅”)里头,父亲被压得喘不过气,因为“孩子多得像筛子的网洞”。[30]引述的语词出现在好几个不同的故事里,应该是夸张描写马尔萨斯所描述的人口压力,不能取为家庭规模的证据。婴儿呱呱坠地的时候,父亲把他卖给魔鬼(在某些版本里是卖给法师),换取十二年食物无缺。十二年期满,这男孩学

会了一身本领,包括把自己变成种种动物,于是要诈逃回父亲身边。没多久,食厨空空如也,一家人再度面临挨饿。这男孩把自己变成猎狗,好让他父亲再一次把他卖给化身为猎人的魔鬼。父亲捞够了钱之后,猎狗变回男孩跑回家。父子俩如法炮制同样的诡计,这一回是男孩变形为马。这一次魔鬼握紧魔术项圈,而这项圈的作用是防止马变回人形。可是一个农家雇工牵马到池塘喝水,就这样给了机会,马变成青蛙逃之夭夭。魔鬼变形为鱼,要把青蛙一口吞下肚。眼看青蛙变成鸟,魔鬼跟着变形为鹰,紧追不舍。鸟飞进奄奄待毙的国王的寝宫,变形为一个柑橘。于是魔鬼以医生的模样现身,要求以治好国王的病交换那一个柑橘。柑橘掉落在地板上,变成一堆黍粒。魔鬼见状,变成一只小鸡,开始要大快朵颐。但是最后那一颗黍粒变成狐狸,狐狸吃掉母鸡,终于赢得这一场变形比赛。除了提供娱乐,这个故事还生动反映为了争取有限资源而进行的一场斗争:穷人抗衡富人,“小人物”抗衡“大人物”。有些版本把魔鬼的角色改头换面,代之以“领主”,最后以“仆人吃掉主人”[31]收尾,明显表达社会评论。

32 吃或不吃,这是农民在他们的民间故事和日常生活中同样遭遇的问题。这个问题出现在无数的故事中,通常和邪恶后母的主题有关。这个主题在旧制度的家庭生活必定有特殊的意义,因为旧制度的人口统计资料显示,后母在乡村社会的数量相当可观。佩罗在“灰姑娘”(格林编码 21)里反映这个主题堪称持平,但是他忽略了营养不良这个相关的主题,而营养不良在这个故事的农民版本相当醒目。在一个常见的版本“小安内特”(“La Petite Annette”,故事类型 511;参见格林编码 130“一眼两眼三眼”)中,坏心眼的后母每天只给安内特一片面包皮,还要她看管羊群,又胖又懒的同父异母姊妹却是整天在家里无所事事,吃的是羊肉,把餐盘留给牧羊回来的安内特去洗。安内特几乎要饿死了,圣母玛利亚适时出现,交给她一根魔棒。安内特只要拿这魔棒轻触一只黑绵羊,就会冒出一顿大餐。没多久,这女孩长得比异母姊妹更丰满。安内特变漂亮了——在旧制度,一如在许多原始社会,丰满就是美,异母姊妹起了疑心,后母用计发现黑绵羊有魔力,把它杀死,拿羊肝给安内特吃。安内特暗地里设法埋葬羊肝,埋葬的地方长出一棵树。数木高得谁也摘不到果子,只有安内特例外,因为只要她走近这棵树,树枝就自动低垂。一位过路的王子(他和全国境内其他的人一样贪婪)要定树上的果子,允诺迎娶能为他摘到手的姑娘为妻。后母想要帮亲生女儿促成这桩婚姻,造了一个大梯子。可是她爬上梯子,却摔坏了自己的背。后来安内特摘下果子,嫁给王子,从此过上幸福快乐的日子。

在某些故事中,营养不良和父母疏忽是分不开的,最显著的是“美人鱼和鹰”(“La Sirène et l’épervier”,故事类型 316;参见格林编码 181“池中的水精”)以及“布里吉特,没有生我却要养我的妈妈”(“Brigitte, la maman qui m’a pas fait, mais m’a nourri”,故事类型 713)。寻求食物几乎是这些故事共通的,甚至佩罗笔下也不例外,比如在“荒唐的愿望”里头是以谐拟(burlesque)的形态出现的。一个穷苦的樵夫行善获得回报,可以许三个愿望,有求必应。他在想着许什么愿才好的时候,肚子正饿,于是许了个要有一根香肠的愿。果然盘子上出现一根香肠。他的妻子泼妇骂街成癖,气不过他平白浪费一个愿望,大吵了一顿。他受不了,恨不得香肠长

在她的鼻子上。话才说出口,果然香肠就长在她的鼻子上。眼看
33 妻子的容貌不像样,他只好利用最后一个机会让她恢复原状。于是,这一对夫妻又回到从前苦哈哈的日子。

在农民的故事中,愿望通常以食物的形态出现,而且从来不会是荒唐的愿望。退役之后走投无路的军人拉腊梅(La Ramée),和受到虐待的继女一样是个定型人物,在"魔鬼和马蹄铁匠"("Le Diable et le maréchal ferrant",故事类型 330;参见格林编码 81"懒散的人"和 82"赌徒汉斯")里头沦为一贫如洗。他把最后仅剩的几个硬币和其他的乞丐分享,其中一个乞丐后来证实为圣彼得冒充的。为了报答他的善心,他获准提出任何愿望。他要求的不是进天国,而是"一顿大餐"——在其他的版本则是"白面包和一只鸡","葡萄干甜卷面包、一根香肠和多得可以喝个过瘾的酒","他在客栈看到的烟草和食物",或"永远有面包可吃"。[32] 一旦拥有魔杖、魔戒和超自然的助手,农民主角的第一个念头总是食物。他许的愿向来没有什么想象力。他只要"今日特餐",菜色千篇一律是如假包换的农民餐,虽然内容可能随地区而异,比方说在科西嘉岛端出来的"蛋糕、炸面包和奶酪片"。[33] 说故事的农夫通常不会描述食物的细节。就是因为对美食一无所知,他只能往主人翁的餐盘堆积;如果要豪华一下,他会加上一句"甚至还有餐巾"。[34]

有一样奢侈品鹤立鸡群:肉。在一个只有蔬果的社会,最奢侈的莫过于大口咬肉吃,羊肉、牛肉、猪肉都没关系。"瓦尔达王国"("Royaume des Valdars",故事类型 400;参见格林编码 92"金山的国王"、93"乌鸦"和 193"鼓手")里的婚宴包括有烤猪,带着穿腹而过的叉子四处跑,因此来宾伸手张口就可以大快朵颐。一个寻常

的鬼故事的法国版“贪吃鬼”（“La Goulue”，故事类型366），讲一个农村女孩坚持每天吃肉。她的父母无法满足她这个非比寻常的要求，只好从新下葬的尸体割下一条腿给她吃。第二天，她在厨房的时候，这尸体出现在她面前。死尸命令她洗右脚，接着洗左脚。她发觉左脚不见了，死尸喊道：“被你吃掉了。”然后，死尸带这女孩回到坟墓，把她吃了。这个故事后来出现英文版本，特别是由于马克·吐温的手笔而广为人知的“金手臂”，故事的发展如出一辙，但是少了肉食的成分——看来就是这个成分使得这个故事对旧制度的农 34
民有吸引力。但是，不管他们填肚子是靠肉还是靠粥，法国农民的主角最大的心愿就是填饱肚子。灰姑娘所盼望的，全都属于农民的世界，即使她得到了王子。“她拿魔棒轻触黑绵羊，立刻出现满满的一桌菜肴在她眼前。她要吃什么就可以吃什么，而且吃到撑肚皮。”[35]吃到饱，吃到没胃口，[36]这是农民在想象的天地里搜索枯肠时最主要的乐趣，这个乐趣是他们在生活中罕能实现的。

他们也想象其他的美梦成真，包括城堡和公主的标准戏码。不过他们的愿望一向固着在日常世界的寻常物件。有个主角得到“一只乳牛和几只小鸡”；另外一个主角得到一个大衣橱，里面装满了亚麻布。还有一个得到轻便的工作、定时的餐点和满满的一袋烟草。黄金倾盆而下落进壁炉的时候，故事里的主角拿去买“食物、衣服、一匹马和土地”。[37]在大多数的故事中，愿望的实现都被转化成求生的纲领，而不是避世的幻想。

因此，纵使偶尔有幻想的成分，这些故事一贯植根于现实世界。它们几乎总是发生在两个框架之内，非此即彼，而这两个框架正好对应旧制度之下农民生活的双重背景：一个是家族与乡村，另一个是大马路。乡村与公路的对比贯穿这些故事,正如同十八世纪法国各地的农民生活都看得到那样的对比。[38]

旧制度之下的农民家庭不可能存活,除非每一个人都工作,而且像一个经济单位那样一起工作。民间故事一再显示,父母在田里操劳的时候,孩子也在采集食物、看顾羊群、汲水、织毛线,不然就是乞讨。他们绝不会谴责剥削童工,倒是闲置童工使他们满腔怒火。"三个纺纱女"("Le Trois Fileuses",故事类型 501)故事中,父亲决心摆脱女儿,因为"她好吃懒做"。[39] 他鼓动簧舌,让国王相信她一个晚上能够纺七锭(十万零八千码)麻纱,其实她是吃七个蛋饼(这个故事的背景是昂古穆瓦[Angoumois]*)。国王命令她

35 展现绝活,并且允诺如果她办得到就娶她。有三个纺纱魔女,长相一个比一个更畸形,她们帮她完成指定的工作,希望以受邀参加婚礼作为回报。她们出现在婚礼上的时候,国王问起她们貌丑的原因。她们答以工作过度,并且警告国王说,如果他的新娘持续纺个不停,将来就是跟她们一样的丑八怪。就这样,这女孩逃过劳役,她父亲摆脱一个贪吃鬼,穷人翻身而富人认命(有些版本以地方上的领主代替国王)。

"踩高跷的小鬼"("Rumpelstilzchen",故事类型 500,有些相关的版本属于故事类型 425;参见格林编码 55"踩高跷的小鬼")的法国版故事轮廓相同。母亲因为女儿不做事而责打她。路过的国王或当地的领主问怎么一回事,母亲要诈,借机要摆脱家中不事生产的成员。她辩称这女孩是工作狂,连她家床垫的每一根麦秆都

* 昂古穆瓦:法国西部的旧省名。——译者

要拿来当纱纺。国王心想这是好事,就带走这女孩,命令她做超人的工作:她必须把干草堆全部纺成麻纱,每天装卸五十车的肥料,把堆积如山的麦谷和粗糠区分开来。由于超自然力量的介入,这些工作到头来总是能够圆满完成。这是以夸张的形态表达农民生活的基本事实。从幼童直到死亡之日,每一个人都面临无止尽、无限量的劳动。

结婚非但无法逃避工作,甚至还加重负担,因为婚姻使得妇女在家事和农事两头忙之外,还得投入农家工业这个“制造”体系。这些故事一成不变让农妇在白天照料家畜、拖木柴或割粮秣,天黑就把她们摆在纺纱机前面。有些故事把她们的工作形容得比较夸张,说她们套着轭像牛一样犁田,头发上绑着桶子在井边打水,或者光着上半身用乳房清洁炉灶。[40]即使婚姻意味着接受新的工作量和面临生产的危险,贫穷人家的女孩照样需要嫁妆才嫁得出门——除非她不计较嫁给青蛙、牛或可怕的野兽。虽然动物变成王子是常见的逃避形态,可是动物不尽然是王子变成的。“嫁给动物的女孩”(“Les Filles mariées à des animaux”,故事类型552)是农民婚姻策略的谐拟版本,故事中的父母把四个女儿分别嫁给狼、
狐、兔子和猪。根据这个故事的爱尔兰版和北欧版,这四对配偶出 36
门经历一连串的历险,这是动物变回人必经的途径。法国版本只告诉我们,女儿和女婿应母亲的叫唤而随侍在侧——羊肉是狼提供的,火鸡是狐抓来的,甘蓝菜是兔子偷来的,粪便是猪供应的。女儿找到了各有所长而无可挑剔的供应者,非得认命不可;寻粮求生各司其职,这是基本的生活之道。

儿子在故事里头拥有较大的活动空间。他们探索公路人生这

个农民经验的第二个方向。男孩出门寻求未来,由于老太婆的助力而通常功德圆满。提供助力的老太婆只乞求一片面包,到头来却证实为仁慈的仙女扮装的。虽然有超自然力量的介入,男主角还是得走入现实世界,为的不外是逃离家中的贫穷,前往更青翠的草原寻找受雇的机会。他们不见得都能得到公主。在“动物的语言”(“Le Langage des bêtes”,故事类型 670;参见格林编码 33“三种语言”)里头,一个找到牧羊工作的穷苦小伙子,好心帮助一条蛇精。善心得善报,他找到埋藏在地下的黄金:“他在口袋里装满黄金,第二天早上赶羊群回到农场,要求娶主人的女儿。她是村子里最漂亮的女孩,他暗恋她已有好长的一段时间。这父亲看到牧羊人变富有了,答应把女儿嫁给他。八天后,他们结婚;由于农夫和他的妻子年岁已大,就把农场整个交给女婿管理。”[41]农民的故事中组成梦境的素材就是这样。

其他的男孩走上公路是因为家中没有土地,没有工作,没有食物。[42]他们担任农场的雇工或家仆,最幸运的则成为学徒——向铁匠、裁缝、木匠、法师或魔鬼学一技之长。“莽约翰”(“Jean de l'Ours”,故事类型 301B)的男主角跟铁匠学了五年的手艺之后,带着一根铁棒闯江湖,铁棒是他五年来的劳力报酬。他一路上纠集旅人,都是些怪家伙(折橡臂和劈山掌),一起闯鬼屋,打倒巨人,斩妖除魔,最后他娶了西班牙公主。这是标准的历险故事,却是摆在典型的法式框架里。“大胆约翰”(“Jean-sans-Peur”,故事类型
37 326)和法国故事中许多受人喜爱的男主角都是遵循同样的情节纲要。[43]他们的功业发生在工匠和农民听众所熟悉的背景中,那些工匠一个个都曾经背负青春上公路闯荡江湖,那些农民一个个都得

在夏季农收过后定期背井离乡，以牧羊人、小贩和流动劳工的身份行百里路。

他们行旅所经之地，处处危机四伏，因为那时候的法国尚未建立有效的警力，而且在中央高原（Massif Central）、侏罗山（Jura）、孚日省（Vosges）、朗德（Landes）、西部的树围地区（*bocage*）这一大片土地上，分隔各个村庄的荒郊野地仍有土匪和野狼出没。男人得要安步当车穿越这一片没有安全保障的领域，如果遇不到好客的农家或付不起客栈的住宿费，他们只能在干草堆或树丛下席地而睡。即使有幸睡在床铺上，钱包被偷或喉咙被割的风险还是大得很。法国版的小拇指以及汉塞尔和葛蕾特两兄妹，在树林深处敲神秘屋的门时，在他们身后嗥叫的野狼为故事添加写实而非幻想的笔触。诚然，门是食人魔和女巫打开的。可是在许多故事里头，例如"伐木工的男孩"（"Le Garçon de chez la bûcheronne"，故事类型 461；参见格林编码 29"有三根金毛的鬼"），屋子里就是像曼德兰（Mandrin）和卡图什（Cartouche）之辈的土匪帮，他们确实使得十八世纪出门远游得冒大风险。团体旅行是可以互相照应，可是同行的伙伴也信赖不得。他们固然有可能在大难当头的时候拉你一把，如"半只鸡"（"Moitié Poulet"，故事类型 563）和"无与伦比的船"（"Le Navire sans pareil"，故事类型 283），可是他们也可能在有利可图的时候加害于你，如"莽约翰"（故事类型 301B）。小路易的父亲劝诫他永远不要跟驼背的人、跛脚的人或卡库人（*Cacous*，像贱民一样制造绳索的人；故事类型 531）一起旅行，是有道理的。不寻常的事就代表有潜在的危险。不过，没有诀窍可以在旅途上化险为夷。

对于在法国的公路上熙来攘往的人群而言,寻求好运是乞讨的委婉说法。乞丐在故事里头俯拾皆是——这里指的是真正的乞丐,不只是指那些冒充乞丐的神仙。“手镯”(“Le Bracelet”,故事类型590)里头,一个寡妇和她的儿子被贫穷压得喘不过气,于是放弃他们在村子边缘的草屋,走上公路,全部的家当就装在一个布袋里。他们穿越险象环生的森林,遇上一帮强盗,途经穷苦人家,
38 最后由于一个魔手镯才得救。在“两个旅人”(“Les Deux Voyageurs”,故事类型613;参见格林编码107“两个旅行的人”)故事中,两个退役军人以抽签决定挖谁的眼睛。他们乞食无门,唯一想得出来的求生方法是组成乞丐搭档,瞎子配导盲。在“诺鲁阿”(“Norouâs”,故事类型563;参见格林编码36“三兄弟”)里头,对仰赖一小块田地维生的农民家庭来说,一次亚麻收成就可能造成求生有望与穷困潦倒的差别。是有好收成,可是暴风诺鲁阿吹走了在田里曝晒的亚麻。农夫带着棍子,死命追打诺鲁阿。但是他随身携带的粮食吃光了,只好乞食为生,求宿马厩角落,跟流浪汉没两样。最后,他在山顶上找到诺鲁阿,大声叫嚷:“还我亚麻！还我亚麻!”这风神起了怜悯心,给他一块魔术桌巾,只要一摊开就会供应食物。农夫“吃到饱”,第二天晚上就住进客栈,桌巾却被老板娘给抢了。他又去找了诺鲁阿两趟,得到一根魔棍。老板娘挨了魔棍一阵毒打,被迫交还桌巾。农夫从此过着快乐的日子——也就是说,从此食橱不空。可是,他的故事恰恰说明徘徊于留在乡村守贫和走上公路潦倒两者之间进退维谷的窘态。[44]

因此,只要看看佩罗背后鹅妈妈故事的农民版,即可发现写实的成分——不是忠实记录晒谷场上的人生(农夫其实不可能有孩

子多如筛子的网洞，他们也不吃孩子），而是呈现一幅处处对应历史学家从档案堆拾掇拼凑所得的图像。图像吻合，吻合正是重点所在。朴朴实实显现生活是怎么过的，包括乡村里和公路上的生活，这些故事有助于农民适应客观的环境。它们标识出世界的现况，阐明在残酷的社会状态之下，贪求非分是愚蠢的行为。

然而，说明社会写实的根基撑起了民间故事的幻想和避世趣味，这样的论点不至于太牵强。[45]农民不必求助于“小红帽”就能够获知生活是残酷的。民间故事可以发现残酷，社会史也可以发现残酷，从印度到爱尔兰、从非洲到阿拉斯加，到处都一样。诠释这些法国故事，如果不以含糊笼统的概述为满足，我们需要知道是否有什么东西使得这些故事和其他变体判然有别。起码我们需要尝试进行比较分析的工作。 39

首先，我们来考虑说英语人士最熟悉的鹅妈妈。无可否认的是，显然不同类的摇篮曲、数歌谣和性趣歌的辑本在十八世纪英格兰和鹅妈妈这个名字分不开，它们和佩罗在十七世纪法国写《鹅妈妈故事集》据以取材的故事来源根本少有相似之处。但是英国的鹅妈妈，和法国的一样，自有其发微启明的作用；而且，幸运的是，其中多的是可以确定年代，因为这些歌谣往往反映特殊的时代背景。举例来说，“奋战贝尔岛”（“At the Siege of Belle Isle”）属于七年战争（Seven Years' War，1756—1763），“扬基笨汉”（“Yankee Doodle”）是美国革命时期的产物，“约克老大公”（“The Grand Old Duke of York”）来自法国的革命战争。然而，大多数歌谣是较为现代才有的，是1700年以后的事，虽然有人不死心，努力要把它们和比较远古的名字与事件联系起来。专家如欧皮夫妇（Iona and

Peter Opie)已经找到些许证据,主张矮冬瓜(Humpty Dumpty)就是理查三世(Richard Ⅲ,1452—1485),卷发姑娘(Curly Locks)就是查理二世(Charles Ⅱ,1630—1685),小不点(Wee Willie Winkie)就是威廉三世(William Ⅲ,1650—1702),莫翡小姑娘(Little Miss Muffet)就是苏格兰的玛丽女王(Mary Queen of Scots,1542—1587),蜘蛛则是约翰·诺克斯(John Knox,1514—1572)。[46]

不管怎么说,这些英国歌谣的历史意义主要在于语调,而不在典故。它们比法国和德国的故事来得欢乐,也比较轻浮,或许是因为其中有太多属于十七世纪以后,那时的英格兰已经摆脱马尔萨斯人口论的紧箍咒。不过,一些比较古老的的歌谣就看得出人口学方面的苦恼。所以,小普塞的母亲登陆英格兰之后:

有个老太婆,住在鞋里面,
孩子一大堆,不知怎么办。

和各地的农民一样,她喂孩子喝菜汤,她买不起面包;她也是鞭打孩子出气。鹅妈妈故事里头的其他孩子,伙食也好不了多少:

豌豆麦片粥热腾腾,
豌豆麦片粥变凉拌,
豌豆麦片粥在锅中,
挨过了九天。

衣服也半斤八两：

当我还是小女孩，
差不多有七岁大，
我还没有衬裙穿，
天气变冷难御寒。

有时候，他们离家就没了下落，如都铎-斯图亚特王朝时期的歌谣：

老太婆有三个儿子，
杰瑞、吉姆和鸠恩。
杰瑞上吊，吉姆淹死，
鸠恩失踪下落不明，
三个儿子通通完蛋，
杰瑞、吉姆和鸠恩。

在旧的鹅妈妈故事中，生活艰苦。许多人物穷苦潦倒：

摇啊摇，玛格丽，
卖了床，麦秆当床睡。

确实是有人懒散享清福，如乔治王时期(1714—1803)酒吧女埃尔茜·马莉(Elsie Marley)(化名为南茜·道森[Nancy Dawson])的情形：

她赖床不喂猪，
一直赖到八九点。

卷发姑娘大快朵颐，享受一顿草莓、糖和奶油的大餐，不过她似乎已经是十八世纪末的女孩了。哈伯德老妈妈（Old Mother Hubbard）是伊丽莎白时代的人物，得要应付空荡荡的食橱，跟她同时代的小汤米（Little Tommy Tucker）则被迫唱歌换一顿饭吃。蠢赛门（Simple Simon）可能属于十七世纪，身无分文。他是个不会害人的乡村白痴，不像那些人穷却威胁大的流浪汉以及行为反常之辈，他们出现在比较古老的歌谣中：

41 听啊听，
狗在叫，
镇上来了乞丐帮，
有的穿破衣，
有的皮袋装，
一个鹅绒长袍身上披。

鹅妈妈故事里的人物，多的是为贫穷所逼而行乞兼偷窃：

圣诞节就到来，
鹅儿长得肥又肥。
施舍一文也慷慨，
老头帽子里边摆。

他们专找没有自卫能力的小孩子下手:

有个乞丐不要脸,
说要我的小布偶,
伸手一抓就偷走。

甚至同是天涯沦落人也不放过:

有个人身无长物,
强盗成群要抢他;
他呀爬上烟囱顶,
他们认为已得手。

古老的歌谣包含大量无意义却逗趣的幻想;可是在嬉笑声中,偶尔听得到失望的旋律。人生苦短入耳来,就像所罗门·葛伦迪(Solomon Grundy)的情形,或是赤贫压顶当头罩,就像另一个不知名的老妇人的情形:

有个老太婆
什么都没有,
所以人家说
迟早会发疯。
她没得吃,
她没得穿,

没什么好损失,
没什么好害怕,
42 什么也不求,
什么也不给,
她死的时候,
什么也没留。

鹅妈妈的世界并非处处有欢乐。年代比较古老的歌谣属于比较古老的贫穷、失望和死亡的世界。

大体说来,英格兰的歌谣和法国的故事是有些关联。然而这两者却不见得适合拿来做比较研究,因为它们分属不同的文类。虽然法国人也唱数歌谣(*contines*)和摇篮曲给孩子听,但他们不曾像英国人发展出儿歌那样的东西;英国人也不曾像法国发展出丰富的民间故事宝库。尽管如此,英国的民间故事也足够我们进行比较的工作。以之为基础,我们可以把比较的对象延伸到意大利和德国,在那两个国家我们能够从事更有系统的研究。

英国民间故事充斥奇想、幽默与幻想的细节,处处都是儿歌里头看得到的。这两个领域出现许多相同的人物:蠢赛门、费医生(Dr. Fell)、戈腾的聪明人(the Wise Men of Gotham)、“杰克盖的房子”(“The House That Jack Built”)里头的杰克,尤其是小拇指。小拇指是民间故事的主角,英国最早出版的重要儿歌选集《小拇指精选歌本》(*Tommy Thumb's Pretty Song Book*, 1744)就借用他的名字。[47]可是小拇指和他的法国表亲小普塞少有相似之处。英国的故事铺陈他戏谑的一面和服装方面小人国式的古怪趣味:“神仙帮他打扮，头上戴的是橡叶做的帽子，身上穿的是蜘蛛网织成的衬衫，蓟花的冠毛织成的外套，羽毛做的长裤。袜子是苹果皮，是用他母亲的一根睫毛绑起来的，鞋子是老鼠皮，有毛的一面作衬里。”[48]小普塞的生活没有这样的细节可以增辉。法国的故事（故事类型700）没提到他的穿着，也没有安排神仙或其他超自然生物当他的助手。相反地，法国人把他摆在一个无情的农民世界，让他独力抗衡土匪、野狼和村子里的教士。他靠的是机智，那是“小人物”对付大世界仅有的法宝。

虽然有鬼怪和妖精充斥其间，英国故事的世界似乎温煦多了。
即使斩杀巨人也是发生在睡乡。因此，“杰克杀巨人”（“Jack the 43
Giant-Killer”）有个口述版本是这样起头的：

> 很久很久以前，那是一个非常美好的时代，那时的猪叫作家，狗吃的是酸橙，猴子也嚼烟草，房子的屋顶是薄煎饼盖成的，街道铺的是李子布丁，烤猪背上插着刀和叉在街头巷尾跑来跑去，一路上叫着：“来吃我吧！”那是旅行者的黄金时代。[49]

杰克就像所有的傻瓜一样，拿家中仅有的一头母牛交换几颗豌豆，然后在魔术道具——一条匪夷所思的豌豆茎、一只下金蛋的母鸡和一把会说话的竖琴——的帮助之下，一路向富贵攀爬。他是蠢赛门那一类型的人，就像英国的故事天地中无数的杰克和乔克（Jock）。勇敢却懒惰，心肠好却脑筋钝，他在一个随遇而安的世界误打误撞闯出快乐的结局。他起先的贫穷，甚至巨人在豌豆茎上叫器产生不吉祥的回声,都无从破坏整个故事的气氛。既已克服艰难险阻,杰克得到报偿,到最后看来就像吹号手小杰克(Little Jack Horner):“我是个多么乖的男孩啊!”

杀死巨人的法国人属于另一类:小约翰(Petit Jean)、帕尔(Parle),或是小费迪(Le Petit Fûteux),同一个故事随版本不同而名字各异(故事类型 328)。超矮小的幼子,“非比寻常的机灵……总是生龙活虎又警觉性高”,他和没人缘的哥哥一起从军。哥哥说服国王派遣弟弟从事死亡任务,去偷巨人的宝藏。这个“好好先生”和大多数的法国巨人一样,不是住在豌豆茎上方子虚乌有的什么地方。他是地方上的地主,拉小提琴,和妻子拌嘴,邀请邻居到家里共享烤小男孩大餐。小约翰不只是带着财宝逃命;他还哄骗巨人,吵得他不能睡觉,在他的汤里面加过量的盐巴,骗他的妻子和女儿进入炉子把自己活活烤死。最后,国王指派小约翰从事另一项看似不可能完成的任务,要他活捉巨人。这个小英雄化装成国王的模样,驾马车,车上载着一个大铁笼。

> 巨人问道:“国王陛下,您带那个大铁笼是干嘛用
> 的?”小约翰回答:“我要去抓小约翰,他在我面前要尽了
> 44 各式各样的诡计。”巨人:“他害我更惨。我也找他去。”
> “但是,巨人,你想你单枪匹马够力吗?他的力气恐怕大
> 得吓死人。这个铁笼子是不是关得住他,我可不敢打包
> 票。”“不用担心,国王陛下,我不用铁笼子就能够对付他;
> 如果您喜欢,我可以试试您带的那一个。”

于是,巨人进入铁笼子。小约翰把它上锁。巨人使尽吃奶的力气要折断铁栏杆,筋疲力尽还是折不断。小约翰这才说出自己的身份,也不理会巨人气个半死,把他交给真正的国王。国王赏他一个公主。[50]

把意大利的变体混入同一故事类型的不同版本,即可观察到趣味的变化,从英国的幻想到法国的机灵与意大利的谐拟,巧妙各擅胜场。就拿故事类型 301 来说,这一类型的故事讲的是公主获救而脱离中了魔咒的下界,英国的主角是另一个杰克,法国的主角则是另一个约翰。杰克遵照小矮人的指示而使公主获释。他降落到一个坑洞里,追着一个魔球跑,接连在铜宫、金宫和银宫杀死巨人。法国的约翰得要奋战比较险恶的环境。与他同行的伙伴背弃他,使得他在鬼屋落入魔鬼之手;释放公主之后,他靠绳子要爬出洞穴,他的伙伴却砍断绳子。意大利的英雄是王宫里的面包师傅,因为调戏国王的女儿而亡命在外,他走相同的路线,也经历同样的危险,却是一路上笑料百出而趣味横生。魔鬼藏身在魔球中,沿着鬼屋的烟囱滚落而下,在他的两脚之间跳来跳去,想要绊倒他。这面包师傅处变不惊,站上椅子又爬上桌子,又把椅子叠在桌子上,他就站在上头拔鸡毛,魔球则在四周又弹又跳。眼看法术无法击败特技,魔鬼走出魔球,说是要帮忙准备餐点。面包师傅要他拿薪柴,接着手起刀落砍下他的头颅。他在地洞运用类似的伎俩,让挟持公主的法师人头落地。就这样一计又一计见招拆招,终于赢得心上人。这情节与英国和法国的版本一模一样,似乎是通过即兴喜剧在流传,并没有进入童话的国度。[51]

如果拿来和德国版本做比较,意大利故事以滑稽手法体现马

45 基雅维里精神的特色更显得突出。“想要知道什么是害怕的青年”(“The Youth Who Wanted to Know What Fear Was”,格林编码 4“学习害怕的人”)的意大利版本包含有一个 Alphonse-Gaston 老套:男主角“计”高一筹打败魔鬼,使得魔鬼先一步走上排成一列的盘子。[52]意大利的小红帽智取野狼,使得他误把布满钉子的薄饼当作摇篮,任凭小红帽又摇又晃的,虽然后续的发展和法国版本一样,魔鬼骗过小红帽,在她吃了祖母之后,她自己被魔鬼吃掉。[53]意大利版“穿长筒靴的猫”,和法国版一样,但是和德国版不一样(故事类型 545,格林编码 106“磨坊的年轻人和小猫”),它看准了世人爱慕虚荣,利用他们贪小便宜的心理,为主人骗取一座城堡和一个公主。意大利的“蓝胡子”(故事类型 312;参见格林编码 46“怪鸟”和 66“小白兔的新娘”)足以说明,故事虽然保留同样的结构,语调却可能大相径庭。

在意大利,蓝胡子是个魔鬼,他接二连三拐骗村姑到地狱去,说是要雇用她们洗衣服,然后使出常见的诡计引诱她们,把禁门的钥匙交给她们保管。禁门是通往地狱的门户,一旦经不起好奇心的驱使,门一开就喷出火焰,把魔鬼插在她们头发上的鲜花给烧焦。魔鬼外出回来,看到鲜花烧焦就知道她们打破了禁忌,于是一个接一个把她们丢进火中。同样的过程一再重复,直到魔鬼碰上露希雅(Lucia)。露希雅在姊姊遭遇不测之后,同意为魔鬼工作。她也打开禁门,看到姊姊们在火焰中。因为她有先见之明,把鲜花留在安全的地方,魔鬼没有证据怪她违背禁忌。反倒是她获得足以反败为胜的助力——起码足以许个愿。为了找人帮忙清洗魔鬼累积的一大堆脏衣物,她要求他把衣物袋送回家给她妈妈。魔鬼接受了这个工作，还夸口说他力气够大，可以一口气走完全程，用不着在途中搁下袋子休息。露希雅回答说，她会盯着他遵守诺言，因为她有千里眼。其实她从地狱火救出姊姊之后，把她们偷偷塞进衣物袋。不知情的魔鬼很快就把她们扛回安全的地方。每一次他停下来休息，她们就喊道："我看到了！我看到了！"到最后，露希雅使用同样的计谋逃出虎口。所有的女孩就这样死里逃生，以其人之道还治其人之身，反将魔鬼一军。[54]

这个故事的德国版本（格林编码 46"怪鸟"），故事大纲相同， 46
不过加上了恐怖的笔触，意大利版本却是以幽默见长。里头的恶棍是个神秘的魔法师，他把女孩子们带到阴森森的树林中的一座城堡。禁房里面充满了恐怖，叙事的主轴是残杀本身："他把她往下一丢，抓着她的头发在地上拖，在断头台上砍断她的头，把她劈成碎片，好让她的血流在地上，然后把她丢进盆子里，和其他的女孩做伴。"[55]女主角手中紧握着钥匙不放，因此逃过一劫，而且还获得魔力，比魔法师本人更胜一筹。她组合姊姊们被肢解了的尸体，使她们死而复生，然后把她们藏在篮子里，上面覆盖黄金，命令魔法师带回去给她们的父母，她自己留下来准备她和魔法师的婚礼。她先把一具骷髅打扮成新娘的模样，摆在窗前，然后在自己的身上涂满蜂蜜，在羽毛堆中打滚，浑身沾满羽毛，这样化装成一只巨鸟。魔法师在她回家的路上遇到她，问她婚礼准备得如何。她以韵文回答，说他的新娘已经打扫好屋子，在窗前等他。魔法师快马加鞭赶回家；他和同伙共聚一堂，婚礼即将开始，就在这时候，这女孩的亲戚已经潜行而至，把所有的门上锁，放了一把火，房子烧成平地，里头的人没有一个活命的。

正如前文说的,法国的版本(故事类型311与312),包括佩罗改写的,含有一些令人恶心的细节,可是绝无格林兄弟笔下的恐怖。有一些强调逃命的计谋,大多数则是借女主角的拖延策略以营造戏剧效果。她慢条斯理穿新娘礼服的时候,坏人(魔鬼、巨人、长了蓝胡子或绿胡子的“大爷”)磨刀霍霍,她的兄弟则赶路去救援。相较之下,英国的版本几乎都是欢欢喜喜的。“皮里福”(“Peerifool”)以彼得兔(Peter Rabbit)的方式揭开序幕,就是潜入甘蓝菜园偷采甘蓝。故事曲折,插曲层出不穷,谜语、精灵所在多有,但是没有横遭肢解的尸体。结局总是如君所愿,干净利落收拾巨人(被沸水烫死)。[56]虽然每一个故事都坚守同样的结构,但传统不同则版本有别,产生的效果也完全不一样——意大利的版本富喜感,德国的版本以恐怖著称,法国的版本特具戏剧效果,英国的版本逗趣。

47 当然啦,说故事的人从一个故事几乎能够营造出任何效果,全看他怎么个说法而定。我们无从得知两个世纪以前,“蓝胡子”的不同版本对于欧洲不同地区的听众实际上产生什么效果。就算我们能够知道,想要通过比较不同的变体而归纳出有关民族性格的结论,也会显得荒唐。但是,有系统地比较若干个故事应该有助于分离出使得法国的口述传统别具一格的特质。故事的可比较性越高,比较的工作就越有效益,法国和德国的版本正是如此。如果比较的工作做得彻底,甚至能够源源推出统计表与结构图充斥其间的研究成果。

试以“死亡教父”(“Godfather Death”,故事类型332;参见格林编码44“替人命名的死神”和42“命名的教父”)为例。法国和德国的版本有着相同的结构：甲、一个穷人选择“死亡”当他儿子的教父；乙、死亡使这儿子成为名医；丙、这儿子存心欺骗死亡，换来一命呜呼的下场。在此处讨论的这两个版本，父亲拒绝接受上帝当教父，因为他所知道的上帝偏爱有钱又有权的人，倒是死亡平等对待所有的人。这个德国故事的格林兄弟传抄本，对于这种不敬上帝的心态深不以为然：“这个人这么说，因为他不明白上帝分贫富有多明智。”[57]法国版本对这个问题持开放的态度，而且持续暗示欺骗在人生的旅途上自有其妙用。由于死亡的玉成，这医生诊断绝无闪失，发了大财。看到死亡站在病患的床尾，他就知道药石罔效。如果死亡出现在床头，这表示病患将会康复，随便开什么药方都没关系。有一次，这医生成功预言某“大爷”回天乏术，喜出望外的继承人回报给他两座农场。又有一次，他看到死亡出现在公主的床尾，就把公主的身体旋转一百八十度，床头变床尾，摆了死亡一道。公主死里逃生，和医生结婚，两人白头偕老过着幸福快乐的日子。德国版本的医生使出同一策略的时候，死亡掐住他的喉咙，把他拖到插满蜡烛的一个地洞，每一根蜡烛代表一个生命。医生看到自己的烛火只剩微光，要求延长寿命，死亡偏偏把它熄灭。医生就这样倒地不起，躺在死亡的脚边。法国医生到最后当然是难 48
逃一死，不过他延年添寿毕竟是成功了。有一个版本，他要求在蜡烛熄灭以前念诵“天主经”（*Pater*），还没念完却不念了，因而骗过死亡，又多活了一段日子。到最后，死亡假冒路边的尸体，这才成功引君入瓮。路边遗尸是现代欧洲早期常见的景象，那个景象会引起一个共同的反应：念《天主经》。这个典故使得故事的教化作用丧失殆尽。诚然，这故事说明了没有人骗得了死亡，最起码是骗

得了一时而骗不了一世。但是,欺骗使得这个法国人拥有短暂的美好时光尽情享受财富。

“魔鬼的司炉”(“Le Chauffeur du diable”,故事类型475,格林编码100“恶魔的黑烟兄弟”)传达类似的讯息。我们又一次看到法国和德国的版本具有相同的组织:甲、一个退伍的穷士兵同意为魔鬼工作,在地狱担任油锅的司炉;乙、他违背魔鬼所说不许偷窥油锅的禁令,因而发现部队里的上司;丙、他带着魔物逃离地狱,魔物虽然看似一团污秽,却生出够他安享余生所需的黄金。德国的版本以直截了当的方式展开情节,不过穿插许多富于幻想的细节,是法国版本所没有的。魔鬼雇用士兵之前,先设定雇用的条件:七年受雇期间,不许剪指甲、理发、洗澡。发现部队的长官在锅炉里面之后,这士兵添柴让炉子烧得更旺,虽然违背禁令,却得到魔鬼的原谅。七年期满,别无其他事故,只是这士兵的长相越来越让人不敢领教。他从地狱回到阳间,遵照魔鬼的交代以“魔鬼的黑烟兄弟”自称。他的顺从得到回报,魔鬼付给他当工资的一袋垃圾全都变成金子。客栈老板见财起意,偷走那一袋金子,由于魔鬼的干预而物归原主。最后,富有又体面的士兵娶了公主,继承一个王国。

法国的版本诡计横生。魔鬼假冒成绅士,以寻求厨役为借口,诱骗士兵到地狱去。士兵发现以前的部队长官在锅子里受煎熬的时候,第一个冲动是火上添柴。但是他的长官制止他,提醒他同是
49 地狱沦落人,并且提出逃离地狱之计。按长官的提议,这士兵应该假装对自己真正的处境一无所知,以不喜欢这份差事为理由要求获释。魔鬼会拿黄金引诱他——一个计谋,是为了骗他进入箱子,以便箱盖砰然关闭的时候让他首身分家。士兵不要拿黄金,而是

应该要求以魔鬼的一条旧裤子抵工资。这个策略成功了；第二天晚上，他来到一家客栈，士兵发觉口袋装满了黄金。可是，他睡觉的时候，客栈的老板娘抓紧那件魔裤，叫嚷说他意图非礼再灭口——又一个计谋，这一次的目标是先抢金子，再把士兵送上断头台。可是魔鬼适时干预，救了他一命，同时要回裤子。这时候，士兵已经从口袋里攒了许多金子，足够他颐养天年，有些版本甚至让他和公主结婚。法国的士兵智取算计他的人，终于达到他的德国表亲凭努力工作、服从和忍辱负苦所获致的成果。

“无花果篮”（“Le Panier de figues”，故事类型 570，格林编码 165“怪鸟格来夫”）提供了另一个例子，让我们看到相同的结构如何推陈出新。故事大纲如下：甲、国王允诺，谁能够生产最好的果子，就把女儿嫁给谁；乙、农夫的小男孩对先前遭到哥哥无礼待遇的神奇贵人行善而得到助力，赢得这场竞赛；丙、国王拒绝婚事，指派男主角去完成不可能的任务；丁、由于神奇贵人相助，男主角达成任务，接着和国王本人交手之后，终于跟公主结婚。德国版本的男主角傻汉斯（Hans Dumn）是个好心肠的傻瓜。他在一个超自然势力与子虚乌有的道具充斥其间的背景中完成这些任务，包括飞越陆地的船、魔笛、丑陋的鸟妖、小矮人、城堡、苦恼的孤娘。这个汉斯虽然有时候会展现智性的光芒，他克服艰难险阻而赢得公主却是由于接受神奇贵人的命令，然后凭直觉行事。

傻汉斯的法国名字叫作伯努瓦（Benoît），在一个骗人或被骗的草莽世界里凭机智走遍天下。国王像农夫捍卫谷仓一样防护女儿，计谋连环而出。一如在德国故事的情形，他拒绝公主出嫁，除非男主角能够看守一群兔子而不会走失任何一只。得魔笛之助，50

伯努瓦圆满完成任务——不论兔子跑多远,只要他一吹笛子,兔子就乖乖归队。接下来他要克服的难题,不是像汉斯那样奉命拔取食人鸟妖的羽毛,而是国王使出连环计拆散羊群。国王冒充农夫,出高价要买一只兔子。伯努瓦看穿诡计,将计就计要来个咸鱼翻身。他说,他只愿意出售兔子给经得起考验的人。国王必须脱掉裤子,挨一顿鞭笞。国王同意,却平白挨打,因为兔子一听到笛声又奔回伯努瓦身边。王后试过同样的诡计,下场没两样,虽然在某些版本中,她得要光着屁股去推动车轮。接着是公主得要吻男主角——有的说是高举驴子的尾巴,吻它的肛门。不管怎么样,就是没有人拆散得了羊群。国王仍然不死心。他不愿交出公主,除非伯努瓦说出三件如假包换的真相。于是,伯努瓦当着文武百官的面,低调透露第一件真相:"我鞭打你光溜溜的屁股,这不是真的吗?"国王当场哑口无言。他无法忍受再听两件真相,只好交出公主。魔术道具不见了。斗争就是斗争,结结实实发生在真实的世界,发生在权力、自负与包藏祸心纠缠不清的真实世界。以弱搏强所能仰赖的唯一武器是狡猾。这个故事以五五波的态势让精明去抗衡精明,就像一个说故事的农民所观察到的:"耍人的也被人耍。"("A rusé, rusé et demi")[58]

前述的公式有其局限,面对法国与德国故事经过更为彻底的比较研究之后冒出来的千变万化的主题,无法全盘适用。格林童话里头肯定有精明的弱势者,正如《法国民间故事》里头肯定有妖魔之事,发源于布列塔尼和阿尔萨斯-洛林(Alsace-Lorraine)地区的故事更不在话下。是有少数法国故事和格林童话中的对应版本几乎没有什么差别。[59]可是,承认例外与添枝加叶在所难免的前提下,这两个传统之间的差异是有一贯的模式可寻。说故事的农民撷拾同样的主题,赋予性格方面的变异,添加本土风或减少异国味。法国的故事倾向于写实、朴拙、黄腔与喜感,德国的故事则偏向超自然、诗意、离奇与暴力。文化的差异当然不可能化约成公式,说什么法国狡诈而德国残暴之类,这就太武断了。但是,通过 51
比较研究,从而辨明法国人赋予某些特殊的变异,以及他们说故事的方式所提供给我们有关他们观照这个世界的线索,这是办得到的。

再来考虑最后一组比较的对象。在前文已提过的“美女厄拉莉”(故事类型 313)中,魔鬼的女儿爱上前来家中求宿的退伍军人,做了几个会说话的面团,藏在她自己的和她情人的枕头下,为的是掩护他俩私奔。魔鬼的妻子心中起疑,絮聒不休要丈夫去查看这一对年轻人。但是,他只在床上叫喊,喊过又是蒙头打鼾,倒是面团回话如仪,而这一对情侣却已远走高飞。在格林童话与之相对应的故事“情人罗兰特”(“Der liebste Roland”,格林编码 56)中,女巫意图趁黑夜处死继女,却误砍亲生女儿的头。继女拾起首级,让血滴在阶梯上,偕同情人逃命,血滴则回答女巫的问话。

“仙女”(“Les Fées”,故事类型 480)里头,热心在井边为怪妇人抓虱子的好女儿,在头发中发现黄金,而且变漂亮,坏女儿却只找到虱子,而且变丑。在“荷蕾太太”(“Frau Holle”,格林编码 24)里,好女儿进入井底的仙境,为怪妇人帮佣,她抖动羽毛被的时候,人间就下雪。她克尽厥职,得到的回报是一阵金雨淋在她身上,全身粘满黄金,她也变漂亮了。坏女儿做同样的工作,心不甘情不愿,淋在她身上的是黑沥青。

佩希内特(Persinette)是法国的莴苣姑娘(故事类型 310),她放下长头发,让王子爬上高塔跟她幽会。她把王子藏起来,不让囚禁她的女巫看到,并且设计一连串诙谐的策略,反驳宠物鹦鹉一再出卖他们的证词(有一个版本说,佩希内特和王子把鹦鹉的肛门缝起来,因此它只能叫“肛门缝起来,肛门缝起来”)。[60]这一对情侣终于逃脱,但是女巫把佩希内特的鼻子变成驴子的鼻子,使得他们在宫廷无立锥之地。最后,女巫动了怜悯心,才复原她的美貌。在格林童话的“莴苣姑娘”(“Rapunzel”,格林编码 12)里,巫婆剪断莴苣
52 姑娘的头发,把她赶出高塔,任凭她流浪荒野,然后迫使王子从高塔跳下荆棘丛,荆棘刺瞎他的眼睛,硬生生拆散一对情侣。王子在荒野流浪数年,终于和莴苣姑娘不期而遇,她的泪珠滴在他的眼睛里,瞎眼复明。

“三样礼物”(“Les Trois Dons”,故事类型 592)中的牧童,把食物分享给假扮成乞丐的神仙,因此得到三个愿望:用他的弓箭能够射中任何一只鸟,吹他的笛子能够使任何一个人翩翩起舞,说“阿嚏”(“atchoo”,打喷嚏的拟声)能够使他坏心眼的后母放屁。果然那老妇人随时到处放屁,白天放,晚上也放;在家放,上教堂也放。教士为了顺利讲道,只好把她赶出教堂。后来听她说出她的难言之隐,教士设法哄骗男孩透露他的秘密。可是牧童更滑头,他射了一只鸟,要教士去捡回来。教士钻入荆棘丛要抓鸟,牧童吹起笛子,教士闻笛起舞,直跳到衣服被钩得破烂不堪,整个人瘫在地上。经过休养之后,教士要报仇,指控这男孩施行巫术。男孩在法庭上吹起笛子,在场的人疯狂起舞,场面无法收拾,只好释放他。在“荆棘丛里的犹太人”(“Der Jude im Dorn”,格林编码 110)里,

男主角是个受到剥削的仆人，他把微薄的工资送给一个小矮人，小矮人回赠他一支百发百中的枪、一把使人闻声起舞的小提琴以及使人无法拒绝他请托之事的能力。他遇到一个犹太人，正聆听一只鸟在树上唱歌。他射中那只鸟，要犹太人进入荆棘丛抓鸟，然后使劲拉小提琴，犹太人在荆棘丛中吃尽了苦头，答应以一袋黄金换取自由。犹太人心有不甘，指控这仆人拦路抢劫。仆人被定罪，即将执行吊刑时，他最后的要求是拉小提琴。结果现场的人全都绕着刑台疯狂跳起舞来。最后，累个半死的法官释放仆人，把犹太人送上吊刑台。

以这个故事当作证据，指称反教权主义在法国的作用相当于反犹太主义在德国，这是不负责任的说法。[61]民间故事的比较无法得出这样特定的结论，但是有助于辨识法国故事特定的风味。和德国的同类型变体故事不一样的是，法国的故事尝起来有盐巴味，闻起来有泥土味。它们发生在一个洋溢人情世故的世界，在那样的世界里，放屁、除虱、在干草堆打滚、在粪堆上翻身，无不司空见 53
惯，适足以表达农民社会的热情、价值、兴趣与态度，而那个社会如今已是一去不复返。如果我说得没错，那么据以推论这些故事对于说故事和听故事的人可能具备的意义，不是顺理成章吗？以下要进一步申论的两个主张是：民间故事告诉农民这个世界是什么模样，并且为他们提供处世的策略。

法国民间故事不说教，也不归纳道德命题，而是展露这个世界的无情与危险。虽然大多数不是以儿童为对象，却有示警的意味。它们在寻求出路的沿途上竖立警告牌："危险！""此路不通！""慢行！""停！"诚然，有一些是传达比较正面的讯息。慷慨、诚实和勇敢得到好报。不过，这些故事不见得表彰耶稣所训诲爱敌人与转另一个脸颊挨打这样的美德。取而代之的是，跟乞丐分享面包固然值得称赏，可不能走在路上逢人就寄予信任。有些陌生人可能摇身一变而为王子或神仙，可是也有一些可能是野狼或女巫，并没有确切的方法可据以区分彼此。“莽约翰”（故事类型 301；参见格林编码 91“土里的矮人”）走江湖途中所纠集的神奇贵人具备超人般的能力，这和“巫师的三条腰带”（“Le Sorcier aux trois ceintures”，故事类型 329；参见格林编码 191“海螺”）以及“无与伦比的船”（故事类型 513）一样。可是他们试图杀害男主角，反倒是别人救了他。

不论他们的行为具有多大的教化功能，民间故事里的人物所居住的是个把道德撇在一旁的草莽世界。“两个驼子”（“Les Deux Bossus”，故事类型 503；参见格林编码 182“小矮人的礼物”）里头，一个驼子邂逅一群女巫，她们边跳舞边唱：“星期一、星期二和星期三。星期一、星期二和星期三。”驼子加入他们的行列，在歌词加上“还有星期四”。女巫们对这个创意深感高兴，使他恢复正常的体形作为奖赏。第二个驼子想要如法炮制一番，在歌词加上“还有星期五”。一个女巫说：“那不行。”另一个说：“根本不通。”为了处罚他，她们把第一个驼子的肉峰加在他的背上。驼上加驼，他无法忍受村民的嘲弄，没多久就翘辫子了。横祸无端惹上身，这样的宇宙毫无道理可言。就像黑死病，既无法预知也无从解释，只能默默忍
54 受。“小红帽”总共有三十五个记录版本，其中超过半数的结局跟先前说的情形一样，都是野狼把女孩吃掉。她并没有做出什么大不了的事，不应该有这样的下场，因为在农民的故事中，她不像佩

罗和格林兄弟说的那样，既没有违背她的母亲，也没有忽视她周遭的世界隐含道德秩序的迹象。她只是走进虎口。这些故事之所以如此感人，就是由于灾难不可思议、冷酷无情的特性，而不是十八世纪以后屡见不鲜的圆满的结局。

既然这个世界大体说来没有可资识别的道德标准，善行并不保证成功，因而留守村子和离乡背井都一样，至少在法国故事里是如此。滑头滑脑取代了德国故事里的虔敬主义（pietism）。诚然，男主角常常因为行善而得到拥有超自然能力的神奇贵人相助，不过他得到公主靠的是运用自己的机智。有的时候他没有采取不道德的行为，因而得不到公主。“忠实的仆人”（“Le Fidèle Serviteur”，故事类型 516；参见格林编码 6“忠实的约翰尼斯”）的男主角带着公主逃跑，只因为他拒绝帮助沉溺湖中的一个乞丐。类似的情形见于“不想死的人”（“L'Homme qui ne voulait pas mourir”，故事类型 470B），男主角最后被死神逮住是因为他看到车夫陷在泥坑中，心有不忍停下来帮助。在某些版本的“魔鬼的司炉”（故事类型 475；参见格林编码 100“恶魔的黑烟兄弟”）里，只要他或她（主角可能是女仆，也可能是退伍的军人）有本事持续撒谎，主角就能够一直远离危险。实话一旦说出口，他就完蛋了。这些故事并非拥护不道德，而是剪除美德将得到报偿或人生可以根据尔虞我诈之外的任何原则行事这种观念。

那些假定乃是乡村生活就如同出现在法国民间故事里那样危机四伏的根本前提。有理由假定邻居不怀好意（故事类型 162），他们可能是女巫（故事类型 709；参见格林编码 53“白雪公主”）。他们窥探你又抢劫你的菜园，不论你可能有多穷（故事类型 330）。

如果你有幸获得意外之财,千万不能在他们面前讨论或让他们知道,因为他们如果偷不成,就会恼羞成怒说你是小偷(故事类型563;参见格林编码36“三兄弟”)。“玩偶”(“La Poupée”,故事类型571C)讲的就是一个没能遵守这些基本规则的女孩。她是个心地单纯的孤女,获赠一个神奇玩偶,每一次她说出“便便,便便,我
55 的小布娃娃”,玩偶就会排泄黄金。不久,她买了几只小鸡和一头乳牛,邀请邻居到家中。其中一个邻居假装在火炉边睡着,一等到这女孩上床去睡觉,立刻抱起布娃娃,拔腿就跑。可是,他说出咒语,布娃娃却排泄真的大便,沾得他一身臭。于是,他把布娃娃丢进粪堆。有一天,他在清理粪堆的时候,布娃娃突然跳起来咬他的屁股,怎么甩也甩不掉,直到女孩出现。女孩拿回自己的东西,余生再也不敢信赖别人。

如果这个世界是残忍的,乡村危机四伏,而且人类多的是恶形恶状之辈,怎么办呢?法国民间故事没有给出显而易见的答案,却说明一句法国古谚的至理:“逢狼学狼嗥。”[62]见不得人的事迹在法国民间故事的天地中横行无道,虽然通常是以比较温和而不那么碍眼的欺诈手法出现。当然啦,骗徒在民间故事里处处有,不独法国为然,美国中西部大平原印第安人的故事和美国黑奴流传的兔大哥系列故事更是知名。[63]可是要说普及性,拔头筹的好像非法国莫属。正如前文说明的,每逢法国与德国故事遵循相同的模式,德国就偏向神秘、超自然与暴力,法国则一股脑儿转向农村,主角在农村能够尽情展现才能与计谋。诚然,主角属于广见于欧洲民间故事的弱势一族。男的是幼子,女的是继女,不然就是弃儿、穷苦的牧人、受剥削的农场雇工、被压榨的仆人、法师的学徒或小拇指

之辈的角色。不过这一套通用的衣服具有法国式样，尤其是说故事的人把它披在得人缘的人物身上的时候，这些人物包括：小约翰，脾气暴躁的铁匠的学徒；卡迪乌（Cadiou），反应灵敏的裁缝师；拉腊梅，个性刚强却感到幻灭的军人，在许多故事里头可以看到他虚张声势却临危不惧的身影；皮佩特（Pipette），精明的年轻新兵；其他还有许许多多，如小路易（Pitit-Louis）、癞痢头约翰、芬寇（Fench Coz）、美女厄拉莉、皮山皮秀、帕尔、不幸的好人。有时候名字本身就暗示主角赖以经历重重险阻的机智或愚蠢的性质：小鬼灵精、费绒布（Finon-Finette）、华好汀（Parlafine）、奸贼。回想起来，他们似乎代表一种理想的类型，亦即在人生道上智取大人物的小人物。

骗徒英雄在负面的典型衬托之下特别抢眼，这个典型就是傻
瓜。蠢赛门源源提供天真的乐趣。在德国，傻子汉斯是个很有人 56
缘的乡巴佬，他功成名就靠的是一副好心肠跌跌撞撞，又有神奇贵人从旁协助，真的是傻人傻福。法国故事对于乡村白痴或任何形态的傻瓜，包括没有当场吃掉受害人的野狼和食人妖魔（故事类型112D和162），并无同情之心。傻瓜代表的是与欺世作风对立的一极；他们具体而微显示纯朴之罪，是死罪，因为在骗徒横行的世界，纯真无异于邀请灾难上门。因此，法国故事里的傻瓜英雄是冒牌的傻瓜，小普塞和克兰普耶（Crampouès，故事类型327和569）均属此类，他们装傻以便操纵残忍无道却容易上当的世界于股掌之间。在小红帽——没有戴连颈帽的小红帽——死里逃生的法国版本中，她就是使用相同的策略。狼抓住她的时候，她说："奶奶，我得去方便一下。"狼回答说："我的小可爱，在床上就可以了。"可

是这女孩不让步，狼只好允许她到室外，不过在她身上绑了绳子。女孩把绳子拴在树上，逃之夭夭，狼等得不耐烦，猛拉绳子，边喊叫："你在干嘛，解绳圈啊？"[64]这个故事以地道的高卢作风讲述骗徒的教育。小红帽告别纯真的阶段，进境于假纯真，加入了小拇指和穿长筒靴的猫一伙。

这些人物的通性不只是狡猾，而且弱小，他们的对手则是力大无比，却也蠢不可及。骗徒主义（Tricksterism）总是设陷阱，让小人物以小搏大，让穷人以穷抗富，让享受不到特权的人以弱敌强。用这种方式营构故事，而且不做显而易见的社会评论，口述传统为农民提供了在旧制度之下抗衡敌人的策略。应该再一次强调的是，弱者智取强者的主题既不新鲜，也谈不上不寻常。这个主题可以上溯到尤里西斯（Ulysses，即希腊神话的奥德修斯）奋战独眼巨人（Cyclops）以及《圣经》所述大卫击败哥利亚（Goliath），在德国故事的"精明少女"（"clever maiden"）主题中尤其醒目。[65]重点不在于这个主题的新奇，而是在于它的意义，也就是把它嵌进叙事的架构
57 并且在说故事的当儿具体成形。法国的劣势族群推翻位高权重的强势族群的时候，咸鱼翻身就是以朴拙的方式在现实的背景下发生的。即使他们必须爬上豌豆茎去寻找巨人，他们也没有在乌何有之乡斩杀巨人。"莽约翰"（故事类型301）里的巨人是资产阶级家族（*le bourgeois de la maison*），[66]和任何一个富农一样住在普通的房子里。"帕尔奇遇记"（"Le Conte de Parle"，故事类型328）里的巨人是全村最引人注目的大块头，故事的主角登门要弄时，他"正陪妻子与女儿一起用餐"。[67]"不信上帝的修女"（"La Soeur infidele"，故事类型315）里的巨人是个讨人厌的磨坊主；"机智的

猎人”（“Le Chasseur adroit”，故事类型304）里的巨人是普通的土匪；“野人”（“L’Homme sauvage”，故事类型502）和“小铁匠”（故事类型317）里的巨人是典型的地主，他们为了放牧权和故事的主角吵架之后，一个个成为手下败将。把土匪、磨坊主、产业的总管和庄园的主人视作实际上的暴君，这不需要什么大不了的想象力，他们就在各自的村子里欺压农民。

有些故事明白交代现实世界的“巨人”与农民的关系。“天牛”（“Le Capricorne”，故事类型571）摭拾格林童话中“金鹅”（“The Golden Goose”，格林编码64）的主题，却以诙谐的方式控诉乡村社会中有钱有势的阶层。一个穷苦的铁匠遭受双重迫害，他的老婆被村中教堂的神父给偷了，他本人则受到地主的欺压。神父为了方便通宵幽会，煽动地主命令铁匠去执行不可能完成的任务。由于神仙的帮忙，铁匠两度完成使命。第三次，地主要一只“天牛”，而铁匠连什么是天牛都不晓得。神仙指示他在阁楼的地板挖个洞，不管看到什么东西都叫一声“抓紧！”他先是看到女仆用牙齿咬着睡衣，在抓私处的跳蚤。一声“抓紧！”使得她当场呆若木鸡，正巧神父要方便，女主人呼叫她拿夜壶。为免春光外泄，女仆倒退着走路，把夜壶交给女主人。主仆两人拿着夜壶给神父方便时，又传出一声“抓紧！”三人仿如中了定身法，僵在原地。到了早上，铁匠拿鞭子把这三个人赶出门，一连串适时喊出的“抓紧！”黏住了一串长长的村民队伍。这个队伍抵达地主的住处时，铁匠喊道：“先生，这就是你的天牛。”地主给他一笔钱，众人终于重获自由。 58

雅各宾党人或许有办法把这个故事说得火药味十足。但是，不管如何不尊重特权阶级，这个故事毕竟不至于超过以大拇指按

鼻尖(表示不在乎)和翻桌子(彻底扭转局面,让对方尝尝自己引起的苦果)的限度。只要让对方难堪,主角就心满意足了;他不至于梦想天翻地覆的革命事业。既已嘲弄地方上的当权派,他让每一个人回到原来的地位,他也回到自己原先的地位,虽然没什么快乐可言。在其他瞻前顾后表达具有社会评论意味的故事里,主角的挑衅顶多如此而已。癞痢头约翰(故事类型 314)跟国王和两个高傲的王子交手,占了上风,使得他们以农夫的水煮马铃薯和黑面包果腹;接着,赢得了公主之后,他成为合法的王位继承人。拉腊梅在一场竞赛中使用一种跳蚤马戏引公主发笑,因而赢得公主(故事类型 559)。国王想到乞丐会成为他的女婿就无法忍受,不惜违背当初的承诺,设法让某朝臣顶替。最后的决定是,公主同时和两名候选人上床,由她自己挑一个中意的。拉腊梅派一只跳蚤钻进对手的肛门,赢得第二场竞赛。

低俗的幽默或许已经在十八世纪的炉火边制造出捧腹的效果,可是它是否化笑声为推翻社会秩序的勇气,我深表怀疑。粗俗的笑料和革命之间是有相当的距离,犹如性格放肆和农民起义难以兜拢。“鸠尚娶雅克琳”(“Comment Kiot-Jean épousa Jaqueline”,故事类型 593)是弱势男孩遇上超特权女孩这个永恒主题的另一个变体故事,里头的穷苦农民鸠尚真心爱上一个女孩,向她父亲提亲却被轰出门外。女孩的父亲是富农(即 *fermier*)的原始典型,这一类农民在旧制度的农村中对穷人颐指气使,特别是在北部的庇卡底(Picardy),“鸠尚娶雅克琳”正是 1881 年在那个地方采集的。鸠尚向当地的女巫讨教,得到一把神奇的羊粪。他把羊粪藏在富农家炉床的灰堆中。富农的女儿要炉火烧得更旺,对着炉床吹气,却“噗”的一声放了个响屁。这一放，不得了，仿如会传染似的，她母亲跟着放屁，接着她父亲也放，最后神父也放，而且放得特别精彩，就在他边洒圣水边念拉丁文驱魔咒语的当儿，不是一声，而是一串臭屁。放屁的速度越来越快——是该想象说故事的农夫说出即兴对白时，动不动就用嘴唇含着舌头用力吐气——竟至于整个 59
家庭生活难以为继。鸠尚答应，只要他们放弃女儿，他就不再为难他们；于是，他暗地里拿走羊粪，赢得雅克琳。

毋庸置疑，农民在幻想的天地中智取有钱有势的大户人家而心满意足，一如他们在日常生活中试着经由诉讼、短报庄园岁赋予盗猎等行为智取强势阶级。平常挺不直腰杆的人在“三个纺纱女”（故事类型 501）中，把一无是处的女儿丢给国王；在“无花果篮”（故事类型 570）中鞭打国王；在“伐木工的儿子”（故事类型 461）中耍弄国王，使国王成为魔鬼的船夫；在“巨牙”（“La Grande Dent”，故事类型 562；参见格林编码 116“蓝色的灯”）中，使国王坐在城堡的尖塔上，直到国王乖乖交出公主——凡此种种都有可能博得农民开怀大笑。梦想国王在狼狈不堪的情况下把公主嫁出去，这谈不上挑战旧制度的道德基础。

这些可以被视为桌灵转（table turning）的幻想，它们寄意所在似乎不离羞辱的主题。精明的弱势者让强势的压迫者淹溺在笑浪中，借这样的手段加以愚弄，再掺些低俗的策略则更受欢迎。他让国王暴露屁股，使他丢脸。可是笑声有其局限，即使是拉伯雷式（Rabelaisian）放纵无度的笑声也不例外。笑声一旦消退，桌子自然回复原状，就像历年的推移从大斋期（Lent）持续到狂欢节（Carnival），旧有的秩序再度紧紧掐住狂欢人士的脖子。骗徒主义

是一种控股交易,它允许居弱势的一方玩弄优势者的虚荣和愚蠢,借以掌握某些边缘利益。但是骗徒只在既有的体系内发生作用,把弱点转为优势,因此到最后还是肯定那个体系。尤有进者,不无可能骗人者人恒骗之,甚至有可能骗徒的克星就在有钱有势的阶级当中。骗子被骗足以说明,期望最后的胜利是不切实际的。

因此,归根结底说来,骗徒主义表达的是一种处世之道,而不是激进主义的潜在压力。它提供的是跟无情的社会打交道的方法,而不是把那个社会搞得天翻地覆的妙方。就拿本文要考虑的
60 最后一个故事来说,“魔鬼和马蹄铁匠”(故事类型 330)里头就有个骗徒之尤。一个铁匠,虽然“他的宗教信仰不比狗好多少”,[68]每逢有乞丐敲门,总是忍不住提供食宿。没多久,他被吃垮了,自己沦为乞丐。但是,他把灵魂卖给魔鬼,换得七年回到打铁铺免于贫穷的日子。他故态复萌,慷慨毫无节制。耶稣和圣彼得做乞丐的装扮,前来敲门。这铁匠让他们吃一顿好餐,换上干净的衣服。为了回报,耶稣允诺他许三个愿。圣彼得建议他希望进天堂,他却提出无益于世道人心的要求,具体事项因版本不同而异。有的版本说他希望享受一顿好餐(通常包括饼干、香肠和大量的酒),有的说他希望打牌稳赢不输,也有的说他希望拉小提琴能够使任何人闻声起舞,还有的说他希望布袋总是装满他想要的东西;不然就是大多数的版本都提到的,他希望任谁坐上他的板凳就下不来。七年期满,魔鬼差遣小鬼前来取铁匠的灵魂,他照旧盛情款待,请小鬼坐上板凳。小鬼一坐下,屁股牢牢粘在板凳上。魔鬼不得已,同意期限延缓七年。七年又过去了,魔鬼再度派出索魂的小鬼,铁匠祈愿布袋收纳小鬼,然后把布袋摆在铁砧上,狠狠敲击,直到又获得

七年的延展期。最后，铁匠同意到地狱去，可是众鬼吓得不敢接纳；不过有的版本说是他打牌赢来的结果。他率领一队被打入地狱的亡魂——他在魔鬼的赌桌上赢来的——出现在天堂的入口。圣彼得不愿意接纳他，因为他对上帝不敬。铁匠拿出小提琴拉了起来，圣彼得闻琴声而舞个不停，不得已求饶；不然就是铁匠高举布袋威吓，因而如愿进入天堂。然后，根据某些版本，他和天使打牌，一路过关斩将，在天国步步高升，从角落，到火炉边的位置，到座椅，最后登上紧邻天父上帝的地位。不用说也知道，天国和路易十四的朝廷一样，可以心安理得凭骗术荣登显要的位置。欺骗是妙用无穷的生存策略。事实上，那是“小人物”唯一有机会得手的策略，他们必须实事求是尽其在我。反观德国的版本（格林编码
81“懒散的人”），一派虔诚，几乎没有骗术可言；法国却不然，而是 61
称颂骗徒，视其为一个社会类型，并且暗示骗徒的行径作为一种生活方式，一如在冷酷无常的世界上的任何事情，将得道得福。

在法国，这些故事的道德意涵已经化成格言隽语——在盎格鲁-撒克逊人的耳朵听来是十足法国情调的格言风：[69]

> *A rusé, rusé et demi*：逢精明，精明折半（算计别人者会遭别人算计）。
>
> *A bon chat, bon rat*：逢猫高竿，鼠高竿（道高一尺，魔高一丈）。
>
> *Au pauvre, la besace*：对穷人，给他袋子（穷人就让他去当乞丐；“袋子”系外出旅行所用）。
>
> *On ne fait pas d'omelette sans casser les oeufs*：没

打破蛋,做不出煎蛋卷(要有所得,必有所失)。

Ventre affamé n'a point d'oreilles:辘辘饥肠没耳朵(饿汉听不进忠言)。

Là où la chèvre est attachée, il faut qu'elle broute:羊拴在哪里,就得在哪里吃草(为人要适应环境)。

Ce n'est pas de sa faute, si les grenouilles n'ont pas de queue:青蛙没尾巴,那不是它的错。

Il faut que tout le monde vive, larrons et autres:人人都得谋生,小偷和其他人一样。

说故事的农夫并没有用这样明显的方式说教。他们只是说故事,但是这些故事被吸收到构成法国精神的意象、谚语与风格的总库藏。如今,"法国精神"或许是个含混不清令人难以忍受的观念,而且闻起来有像"民族精神"(*Vollksgeist*)这一类自从人种志在二十世纪三十年代受到种族偏见的污染就产生的霉味。然而,观念纵使模糊又在以往被滥用,依然可以有其意义。法国精神确有其事。前面列举的法国格言*,有如"对付好猫、好鼠","对穷人、乞丐袋"或"人人都得谋生、小偷和其他的人"这样"忠于原文"的翻译所显示的,听起来实在别扭,正是明确的文化风格。这样的风格传达了特定的世界观:生活艰困,对于身旁伙伴的自私最好是不要存有任何幻觉,必须要有冷静灵敏的脑筋保护你从周遭环境所能取得的有限物质,道德高调会让你寸步难行。法国精神产生意在言

* 中译以逐字对译为原则,括号里面的是意译或引申义。——译者

外的超然态度。它倾向于消极或祛除疑虑之用。有别于跟它成对 62
比的盎格鲁-撒克逊的新教伦理（Protestant ethic），法国精神没有提供征服世界的良方。它采取的是防卫的策略，完全适合受压迫的农民或被占领的国家。在今天，我们仍然听到这样的口语招呼：*Comment vas-tu?*（你好吗？）和 *Je me défends.*（我应付得来，直译“我捍卫自己”。）

这样的应答是怎么来的呢？没人说得上来，但是佩罗的情形说明了其间过程之复杂。[70] 表面上看来，佩罗有可能是热衷于民间故事的最后一个人。他是朝臣，对于“现代”（“moderne”）具有强烈的自觉意识，主持科尔贝（Jean-Baptiste Colbert）和路易十四的独裁文化政策，对于农民及其古老的文化并无同情之心。可是，他从口述传统搜集故事，加以改写，传入沙龙（salon）*；他调整故事语调，以便迎合比较世故的听众的口味。这么一来，“小红帽”故事中什么尖尖的路和针针的路，还有吃祖母的肉，这类无聊的东西都不见了。尽管如此，这故事还是保留许多纯汁原味。佩罗跟奥努瓦女士、缪拉女士（Mme de Murat）以及其他在路易十四时代引领童话风尚的人物不一样，他没有偏离原来的故事线索，也没有因美化细节而损毁口述版本的粗俗与纯朴。他在周遭人士面前扮演说故事奇才的角色，仿如他就是亚马孙流域和新几内亚蹲在火边说故事的人在路易十四时代的化身。二十六个世纪以前，荷马或许用同样的方式整理他的材料；两个世纪以后，纪德（Gide）和加缪（Camus）也会再来一次。

* 贵族与中产阶级社会中谈论文学、艺术或政治问题的社交集会。——译者

但是,佩罗和所有向特定的听众改编制式主题的说故事者虽有许多共通的地方,但他毕竟呈现法国文学史独树一帜的特色:看似隔绝的精英文化与通俗文化这两个世界最精彩的接触点。不可能定夺接触是怎么发生的,但是它可能在诸如佩罗的故事原版——也就是鹅妈妈故事的第一个印刷版本——的卷头插画这样的场合就发生了。那幅插图画了三个穿着入时的小孩,在似乎是仆人住的地方,全神贯注听工作中的老太婆讲故事,墙上的张贴写着 *Contes de ma mère l'oye*(鹅妈妈故事)。马可·索里亚诺(Marc Soriano)辩称,佩罗的儿子就是在这样的场合听到这些故事,后由佩罗加以改写。不过,佩罗本人很可能就在类似的背景听到它们,
63 他那个阶级大多数的人也一样,因为所有的上流人士童年时期都是和乳母与奶妈度过的,她们唱通俗歌曲哄小朋友入睡,在他们学会说话以后则讲“很久很久以前的故事”逗他们开心,就像佩罗在他的标题页所透露的——也就是老太婆的故事。“炉边夜谈”使得乡村的通俗传统流芳后世,仆人和乳母则为民众的文化和精英分子的文化搭起桥梁。这两种文化看似少有共通之处,却在“伟大的世纪”(the Grand Siècle,在法国指十七世纪)臻于高峰时发生关联,因为拉辛(Racine)和吕里(Jean-Baptiste Lully)的听众是喝掺有民间传说的奶水长大的。

尤有进者,这些故事的佩罗版本通过《蓝色丛书》(*Bibliothèque bleue*)再度汇入通俗文化的长河。那一套丛书是在有人识字的乡村“炉边夜谈”时朗读的原始平装书,小本分册,蓝色封面,号召力在于睡美人和小红帽,以及加冈都亚(Gargantua)、佛图纳图(Fortunatus;参见格林编码 122“驴子高丽菜”)、魔鬼罗贝

尔(Robert le Diable)、让·德卡雷(Jean de Calais)、埃蒙四子(les Quatre Fils Aymon)、魔法师莫纪(Maugis l'Enchanteur)，还有许多口述传统中佩罗没选上的人物。如果认为瘦小的鹅妈妈足以代表现代法国早期壮硕的民间文学，那就错了。但是这两者的比较清楚显示，以线性观点推想文化的变迁，视之为大观念往下渗透的残留物，实在不妥当。文化的潮流彼此交融，向上流动也向下流动，同时穿透不同的媒介与联系团体，即使是隔阂深广如农民和沙龙圈子的世故人士也不例外。[71]

那些团体并不是居住在彻底隔离的心灵世界。他们有许多共通的地方，最重要的一项是共同的故事宝藏。虽然旧制度的社会处处可见到社会阶级与地理特性的区别，但这些故事所传达的特性、价值、心态、观照世界的方式都是法国特有的。坚持它们的法国精神不是沦为拥护民族魂的浪漫情怀，而是承认明确的文化风格确实存在，此一风格把法国人，起码是大多数的法国人(因为我们必须承认布列塔尼人[Bretons]、巴斯克人[Basques]以及其他族群的殊异性)，和当时被称作德国人、意大利人和英国人的民族区分开来。[72]

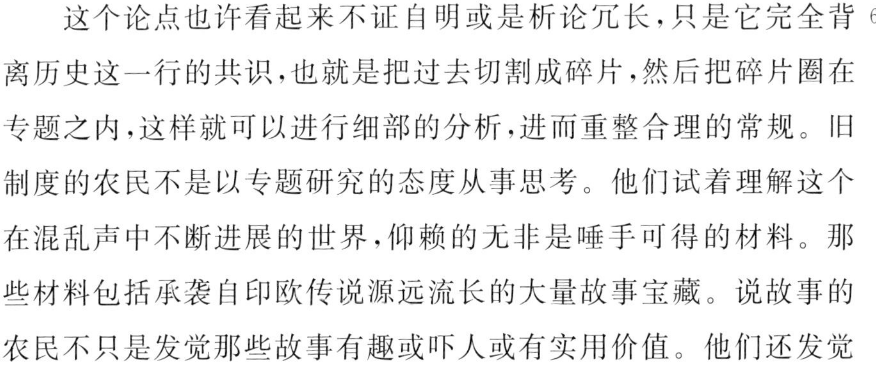

这个论点也许看起来不证自明或是析论冗长，只是它完全背 64
离历史这一行的共识，也就是把过去切割成碎片，然后把碎片圈在专题之内，这样就可以进行细部的分析，进而重整合理的常规。旧制度的农民不是以专题研究的态度从事思考。他们试着理解这个在混乱声中不断进展的世界，仰赖的无非是唾手可得的材料。那些材料包括承袭自印欧传说源远流长的大量故事宝藏。说故事的农民不只是发觉那些故事有趣或吓人或有实用价值。他们还发觉

那些故事"有益于思考"。他们以自己的方式重新整理那些故事,用它们来拼凑现实的图像,进而对那些处在社会底层的人们说明那个图像有什么意义。在这样的过程中,他们为故事注入许多意义。那些意义如今大多数失传,因为它们和一去不返的网络背景与举止作风唇齿相依。然而大体说来,某些根本要义仍能穿透文本表现出来。全面研究民间故事,并且拿来和其他传统中相对应的故事做比较,这样就可以看出具有特色的叙述手法——组织故事、设定背景、结合主题、改变情节的方式——所表达的微言大义。法国的民间故事有个共同的风格,这个风格传达了理解经验的共同方式。和佩罗改写之后的故事不一样的是,它们没有提供道德教诲;和启蒙运动的哲学思想不一样的是,它们不经营抽象的观念。不过,它们表明这个世界是怎么组成的,以及如何应付这个世界。法国的民间故事传达这样的讯息:这个世界是傻瓜和骗子组成的,为人宁可当骗子而不要当傻瓜。

这个讯息随着时间推移而传播,越过民间故事的范围,也越过农民生活的范畴,成为支配整个法国文化的主题,世故与普及双双臻于极致。开发这个讯息最彻底的或许是佩罗笔下穿长筒靴的猫,那是"笛卡尔式"狡猾的化身。长筒靴猫属于绵延不绝的骗徒家族:一方面有民间故事中诡计多端的幼子、继女、学徒、仆人和狐狸,另一方面有法国剧本和小说中心思灵敏的逃避义务和欺人耳目之辈,如司卡彭(Scapin)、柯瑞斯彭(Crispin)、司卡哈穆旭(Scaramouche)、纪·布拉斯(Gil Blas)、费加洛(Figaro)、西拉诺(Cyrano de Bergerac)、罗贝尔·马盖(Robert Macaire)。这个主题在电影如《游戏规则》(*Les Règles du jeu*)和报纸如《鸭鸣报》

(*Le Canard enchaîné*)，仍然生龙活虎。它还活在日常语言中，如表示赞同的时候，法国人会说 méchant 和 malin，既是“恶毒”又是“机灵”——法国是个坏就是好的国家。它已经从古老的农民社会传到每一个人每天的生活。

现在的日常生活当然和旧制度时候不一样，不再是马尔萨斯人口论所描述的凄惨景象。现代的骗子找到了新的舞台：他在申报所得税时作假，他欺瞒公权力无所不在的国家，而不是智取地方上有头有脸的老爷。可是，他每踏出一步就是向以长筒靴猫为首的祖先敬个礼。随着老故事历经数世纪越过社会的樊篱，他们锻炼出无比的耐力。他们变了，却本性常存。即使融入现代文化的主流，他们也证实了旧的世界观是如何的顽强。在格言隽语的引导下，法国人仍然试着要智取体系。*Plus ça change, plus c'est la même chose*(万变不离其宗)。

附录：故事的变异

为了让读者明白同一故事类型在德国与法国口述传统中不同的变化，此处重刊格林童话“荆棘丛中的犹太人”(“Der Jude im Dorn”，故事类型 592，格林编码 110；联经版“蔷薇里面的犹太人”)及其法国对应故事“三样礼物”(“Les Trois Dons”)。前者获授权转录自格林兄弟所撰，玛格丽特·亨特(Margaret Hunt)与詹姆斯·斯特恩(James Stern)英译的《格林童话故事全集》(*The Complete Grimm's Fairy Tales*)(1944，Pantheon Books，Inc.；1972，Random House，Inc.)第 503—508 页；后一篇系笔者本人译自《法国民间故事》(*Le Conte populaire français*)(巴黎,1976)第二册 492—495 页。

荆棘丛中的犹太人

从前有个富翁,他的仆人既勤快又老实。这仆人每天早上都
66 是最早起床,晚上都是最晚上床休息。每一次有困难的工作没人要做,他总是自己动手。不只是这样,他从来不抱怨,也不计较,总是快快乐乐的。

一年过去了,主人没付他工资。这主人自言自语说:"那是最聪明的法子,因为我可以省下开销,他也不会离开,而是乖乖留下来为我工作。"这仆人没说什么,第二年还是像第一年那样工作。又到了年终,他还是没领到工资,他也认了,照样留下来。

第三年过去了,主人想了想,把手伸进口袋,却没掏出半毛钱。这仆人终于说话了:"老爷,三年来我老老实实为您工作,请您发个慈悲,把我应得的给我。我想出去见见世面。"

"好的,我的好孩子,"这个老吝啬鬼说,"你工作勤快,我不会让你吃亏的。"说着,他把手伸进口袋,数来数去只有三个铜板,说:"拿去吧,一年的工资是一个铜板;那可是高薪,会给你这个待遇的主人不多。"

这老实的仆人对钱没什么概念。他把财富放进口袋,心想:啊!现在我荷包满满,干嘛还要做牛做马苦哈哈的!于是,他出发了,上山下谷,一路又唱又跳的,满心欢喜。

话说他路过一处树丛,一个小矮人走出来,叫住他,说:"老哥,看你快快乐乐的,上哪儿去啊?依我看,你并没有很多烦恼。"这仆

人说:“难道我该伤心?我什么也不缺,三年的工资在我口袋里响叮当。”

小矮人问他:“你的财产有多少?”

“多少?全部加起来有三个铜板。”

小矮人说:“你听我说,我是个可怜的穷苦人,你就赏我那三个铜板吧。我再也没法子工作了,可是你还年轻,很容易养活自己。”

这仆人有一副好心肠,觉得小矮人可怜兮兮的,就把三个铜板给了他,说:“看在老天爷的面子,你拿去吧,我没有这些钱也不会更糟糕。”

小矮人说:“看你有一副好心肠,我给你三个愿望,一个愿望换一个铜板。全都会应验的。”

“啊哈?”仆人说,“你能够制造奇迹?如果真的是这样,那么,好,我第一个想要的是一支枪,不管是什么东西,只要我瞄准就射得中。再来,我要一把小提琴,只要我一拉,听到的人就会跳起舞来。最后一样,我找人帮忙的时候,任谁都不会拒绝。”

“你要的都有了。”小矮人说着,把手伸进小树丛。想想看,居然有这样的事!小树丛里头就有一把提琴和一支枪,仿如是预先订做好的一样。他转手交给仆人,然后对他说:“任何时候,不论你有什么要求,这世界上没有一个人能够拒绝你。”

“太棒了!还有什么好不满足的?”仆人自言自语说着,快快乐乐继续上路。没多久,他遇到一个犹太人。这犹太人留了一把山羊胡,正在路边站着听树上的一只小鸟唱歌。“天哪!”他赞叹道,“这么小的东西,竟然唱得出这么大的声音!如果那是我的,该有多好!真希望有人在它的尾巴上撒些盐!”

“如果是这样,那简单,那只鸟很快就会下来。”仆人说着,射了一枪,鸟掉落在荆棘丛中。“去吧,滑头,”他对犹太人说,“把那只鸟抓来,就是你的了。”

“噢!”犹太人说,“管他什么滑头,我的老爷,我立刻就去。既然你射中了,我就去把它抓来,自己留着。”于是,他趴在地上,爬进树丛。

犹太人爬进了树丛,这好心肠的仆人一时兴起,拿出他的小提琴,开始拉了起来。说时迟,那时快,犹太人的两只脚开始移动,接着往上跳,仆人拉得越起劲,犹太人也跳得越起劲。荆棘钩破他寒酸的外套,梳他的胡子,在他全身又刺又刮的。“拜托,”犹太人喊道,“你拉小提琴干嘛?我不需要!别再拉了,我的老爷,我不要跳舞。”

可是仆人不听他的话,自己在心里想着:“你剥够了别人的皮,现在荆棘丛为他们出口气。”他再拉一回,犹太人跳得更高,外套成了破布,挂在荆棘上。“痛死我了!”犹太人叫道,“不论你这个绅士要什么,我都会给你,只要你不再拉提琴——满满的一袋金子都给
68 你也没关系。”

仆人说:“既然你那么大方,我就让音乐停止;不过,我得说句公道话,你跳起舞来真是不错的,教人不得不佩服。”他拿了一袋黄金,继续走他的路。

犹太人僵立在原地,一声不响看着仆人走远,走出了视界,这才死命大叫:“卑鄙的音乐家,在啤酒店拉琴的!等哪天被我逮到,我要追到你鞋跟脱落!又脏又臭的无赖!就算摆六个铜板在你的嘴巴,你也不过值一分钱!”他口吐连环炮,骂个不停。骂到气消了

一些，可以喘口气了，他立刻跑到镇上找法官。

“法官大人，”他说，“我要控诉。一个流氓光天化日在马路抢了我，还整得我好惨。连地上的石头都会为我打抱不平。我的衣服全破了，我的身体被刺又被刮，我的钱包整个不见了——里头都是上等的金币，一个比一个值钱。看上帝的面子，把那个人关进监狱吧！”

法官问道：“用军刀把你伤成这样子，他是军人吗？”

犹太人说：“不是您想的那样！他拿的不是刀剑，是背在背上的一支枪和挂在脖子上的一把小提琴。那个坏蛋很容易认出来。”

于是法官派手下去追捕。他们找到了那个好心肠的仆人，他正慢慢地一步一步往前走。他们也在他身上找到装满金币的钱包。他被带到法官面前，开口就说：“我连碰都没碰那个犹太人，也没有拿他的钱。是他自己心甘情愿给我的，为的是不要我拉小提琴，因为他受不了我的音乐。”

“老天保佑！”犹太人大叫，“他的谎言跟墙上的苍蝇一样密不透风。”

法官也不相信仆人的话。他说：“你在狡辩。犹太人不会做那种事。”他判了拦路抢劫的罪名，要把这好心肠的仆人吊死。

仆人被押下去的时候，犹太人又在他背后叫嚷：“你这个流氓！拉小提琴的狗！活该好好去接受你的现世报！”

仆人一声不响跟着行刑的人走上台阶。走到最上面的一级阶梯时，他转身对法官说：“在我临死前，请答应我一个要求。”

法官说：“可以，如果不是要求活命的话。”

“我不要求活命，”仆人说，“只求大人开恩，让我再拉一次小提琴。"

犹太人拉高嗓门大叫:"要命!要命!千万不能允准!不能答应!"

可是法官说:"为什么不该让他快乐一下?准啦,让他拉吧。"事实上,由于仆人得到有求必应的承诺,法官是没法子拒绝的。

好心肠的仆人从背上取下小提琴,准备开始拉的时候,犹太人大喊:"噢!凄惨哦!紧紧把我绑起来吧!"他拉一下,他们全都开始抖动摇摆,法官、书记、刑吏和他的助手,没有一个例外,连拿着绳子正准备要绑紧犹太人的那个人也临时松手。他拉第二下,全体举起脚,原本抓着这好心肠仆人的刑吏也放开手,准备要跳舞。第三声拉出来,大伙儿就开始跳舞了,跳得最起劲的是法官和犹太人。紧接着,聚在市场凑热闹的人也加入跳舞的行列,不论老少胖瘦,人人一体同舞。路过的狗也后脚站立,跳了起来。他拉得越久,大家就跳得越高,竟至于头撞头挤成一堆,开始失声尖叫。

最后,法官上气不接下气,大喊:"我放你一条生路,只要你不再拉!"好心肠的仆人这才起了同情心,放下小提琴,挂在脖子上,走下台阶。然后,他走到犹太人面前,看他躺在地上气喘吁吁,说:"你这个坏东西,老实说,你这些钱是怎么来的?你要是不说,我就拿出小提琴再拉。"

犹太人说:"我偷来的,偷来的!不过你是老实赚到的。"

于是,法官把犹太人送上绞刑台,以小偷的罪名把他吊死。

三样礼物

从前有个小男孩,出生没多久妈妈就去世了。他的爸爸还年轻,没多久就再婚。这后母不但没有照顾继子,反倒怀着很深的恨意,对待他非常严厉。

她指派他沿着路边看顾羊群。他得要整天待在户外,只有破衣蔽体。吃的嘛,她只给他一小片面包,奶油少得可怜,不论他涂 70
得多薄还是涂不满表面。

有一天,他坐在板凳上,看着羊群,吃着那一小片面包。他看到一个衣衫褴褛的老太婆沿马路走过来,拄着一根拐杖。她看来就像个乞丐,其实她是仙女化装的,在以前这是常有的事。她走到这小男孩面前,对他说:“我很饿,是不是可以分我一些面包吃?”

“唉! 我自己都不够吃了,因为我的继母很小气,每天只给我一小片。明天的还会更少。”

“可怜可怜我这个老太婆吧,孩子,把你的午餐分一些给我。”

这孩子有一副好心肠,同意跟这乞丐分享他的面包。第二天,他正要吃面包的时候,乞丐又来了,再一次要求他可怜她。虽然这一片面包比前一天的还要小,他还是答应分一些给她。

第二天,奶油面包几乎不比他的手掌大,可是老太婆仍然得到她的一份。

老太婆吃着,说:“你对老太婆很善良,你以为我是来讨面包吃的? 其实我是仙女,我有能力应许你三个愿望,当作补偿。你挑三样会带给你最大乐趣的东西。”

这个小牧羊人的手上有一副十字弓。他希望每一支箭射出去都能命中小鸟,又希望他吹笛子能够使人听到就跳起舞来,不管他们自己是不是想跳舞。说到第三个愿望,他有点为难,不知道要什么才好;可是一想起继母对他的种种虐待,他忍不住要报复,于是希望他每打一个喷嚏,继母就跟着放一声响屁。

“小弟弟,你的愿望都会实现。”仙女说着,她身上的破布变成漂亮的衣服,她的脸看起来很年轻,而且容光焕发。

天黑了,小男孩赶羊群回家。他走进屋子的时候,打了个喷嚏,他的后母正在炉边忙着做荞麦饼,听到喷嚏声随即放了一个响屁。每一次他喷出“阿嚏”,后母就产生气爆回应,爆到她自己羞红了脸。那天晚上,邻居聚在一起炉边夜谈,这小男孩喷嚏打个不停,结果大家都怪这妇人不卫生。

第二天是星期日。继母带小男孩去做弥撒,他们就坐在讲坛正下方。举行第一部分的仪式期间,没什么不寻常的事情发生。可是神父一开始讲道,这孩子就开始打喷嚏,他的后母虽然铆足了憋气的劲,还是忍不住放出一阵连环屁。她涨红了脸,每一个人都盯着她看,她恨不得有个一百英尺深的地洞让她钻进去。来得不是时候的噪音持续不断,丝毫没有气竭而衰的迹象,神父根本不可能继续讲道,只好下令差吏赶走这个丝毫不懂得尊重教堂圣地的妇人。

第二天,神父到农场来,责备这妇人在教堂太放肆。整个教区都因为她的行为而蒙羞。她说:“那不是我的错。每一次我丈夫的儿子打喷嚏,我就忍不住要放屁。都快把我逼疯了。”就在这个时候,正准备去睡觉的小伙子打了两三个喷嚏,这妇人立刻放出回应。

神父带着男孩离开这户人家,跟他结伴而行,试着找出他的秘密,还一直责骂他。可是这个小鬼灵精什么也不招。他们经过一片灌木丛,有几只小鸟筑巢在里头,他拿出十字弓,射中一只,要神父去抓。神父答应了。可是他钻到鸟掉落的地方，那里长满一片荆棘，就在这时候，小男孩吹起他的笛子，神父不由自主跳起舞来。荆棘钩住他的长袍，没多久长袍变成了布条。

音乐终于停止，神父这才停止跳舞，可是他已经上气不接下气了。他把小男孩带到保安官面前，指控他毁了他的长袍。神父说：
“他是邪恶的巫师，他必须受罚。” 72

这男孩拿出他先前小心翼翼藏在口袋的笛子。他才吹出第一个音符，原本站着的神父立刻闻笛起舞，书记站上椅子开始绕圈圈，保安官自己也在座位跳上跳下的，其余在场的人也是一个个双脚猛烈摇个不停，整个法庭看起来就像舞厅。

这样的强迫运动很快就把他们累垮了。他们答应小男孩，只要他停止吹笛子，他们就不过问他的事。

第二章　工人暴动：圣塞佛伦街的屠猫狂欢

“残暴的第一步”，霍加斯（William Hogarth）绘

根据一名目击工人的说法，雅克·樊尚（Jacques Vincent）的 75
印刷所曾发生过最有趣的事情，是一场翻天覆地的屠猫狂欢。这名工人叫作尼古拉·孔塔（Nicolas Contat），他记述他自己在那一家印刷所当学徒的经历时提到这个故事，时间是十八世纪三十年代末期，地点在巴黎的圣塞佛伦街（rue Saint-Séverin）。[1]他说，学徒生涯苦不堪言。学徒只有两个人，一个是热罗姆（Jerome），或多或少是孔塔以自己为摹本所虚构出来的人物，另一个是莱韦耶（Léveillé）。他们睡在一个又脏又冷的房间，天还没亮就起床，整天跑腿，还得忍受职工的侮辱和师傅的虐待，只有靠厨余果腹。特别恼人的是伙食。上不了师傅或主人的餐桌，他们得在厨房吃餐 76
后残留在盘子里的碎屑。更惨的是，厨子暗地里把剩鱼剩肉拿去卖，拿猫食给学徒吃，尽是些太老、腐烂的肉，他们食不下咽，丢给猫吃，猫却调头不吃。

最后那一项不合理的待遇使得孔塔把笔锋转向猫的主题。猫在他的叙事中占有特殊的地位，在圣塞佛伦街的家居生活也一样。师傅的妻子爱猫如命，尤其小灰，那是她的最爱。对猫钟情似乎是印刷业的风气，至少在师傅那个阶层是这样，也就是工人称之为“资产阶级”（*bourgeois*）的那个阶层。有个资产阶级养了二十五只猫。他请来画家为他的爱猫画肖像，喂它们吃烤禽肉。反观学徒，他们得想法子应付在印刷区大肆繁殖，扰得他们生活难以为继的巷弄猫阵。猫成群结队在学徒脏兮兮的卧室屋顶彻夜叫春，他们根本不可能睡通宵。清晨四五点的时候，热罗姆和莱韦耶睡眼惺忪爬下床，为最早来上班的职工开门，一身疲态揭开又一天的序幕，那些资产阶级却还在蒙头大睡。师傅甚至不和他们一起工作，就像他不和他们同桌共餐。他把业务交给工头处理,店里难得看到他的踪影,除非是来发泄火爆的脾气,通常是拿学徒当出气筒。

一天晚上,这两个男孩决定自力救济,纠正不平等的状态。莱韦耶有超人一等的模仿天分,他爬上屋顶,一直爬到靠近师傅卧室的地方,开始喵喵叫,声声凄厉,竟使得这个资产阶级分子和他的妻子合不了眼。一连几天下来,他们不由得相信自己中了邪。不过,这师傅虽然是无比虔诚的教徒,他的妻子也向来告解不落人后,他们却没有去找神父,而是命令学徒去赶走群猫。师母传下指示,特别交代最重要的是不许惊吓到她的小灰。

热罗姆和莱韦耶喜出望外,开始执行任务,而且还有职工从旁协助。他们找来扫帚柄、印刷机的横杆以及这个行业中其他派得上用场的工具,看到猫就追打,首当其冲的就是小灰。莱韦耶手持铁杆,朝小灰的脊骨狠狠一击,在一旁待命的热罗姆当场把它了
77 断。接着,他们把死小灰腌在臭水沟里,职工一伙人则忙着追赶其他的猫,猫在屋顶上逐户逃窜,短棍在它们的身后飞舞,见袋则躲的自然成了囊中物。他们把奄奄一息的猫装进袋子,堆在庭院。然后,印刷所全部的人齐聚一堂,演出一场大审,卫兵、告解神父和刑吏一应俱全。把那些动物判刑,并且举行临终仪式之后,他们在临时搭建的刑台上把它们绞死。一阵哄笑惊动师母,她来到现场,看到一只血淋淋的猫挂在绳套上摆荡,失声尖叫。她想到那可能是小灰。大伙儿向她保证绝对不是;他们非常非常尊重师傅一家人,不会做出那种事。就在这时候,师傅现身了。工人集体怠工令他火冒三丈,虽然他的妻子试着向他说明他们面临更严重的一种以下犯上的威胁。师傅夫妇离去之后,大伙儿“欢欣”、“闹成一团”

而且“大笑”。[2]

笑声并没有就这样结束。后续的几天，印刷工人想要偷闲寻开心，莱韦耶就模拟当时的情景，重演不下二十次。以诙谐的方式重演印刷所生活的点点滴滴，用印刷业的行话来说就是“复本”，从此成为他们的一大娱乐，用意是讽刺店里面某个人的特性以达到羞辱的目的。一个成功的“复本”会惹得玩笑的标靶七窍生烟——店里的行话叫“吊母山羊”（*pendre la chèvre*）——伙伴们则用“粗犷音乐”（“rough music”）捉弄他。他们会把排字盘摆在铅字盘上，从这一头滑到另一头，拿木槌重击排版架，敲打餐具柜，还像羊一般咩咩叫。咩咩的叫声，行话叫 *bais*（“亲亲”），代表堆积在受害人身上的羞辱，就好像英文说某某人“gets your goat”（“把你给惹恼”）。孔塔强调说，莱韦耶制造了凡人所知最有趣的“复本”，也引发了粗犷音乐中最雄伟的合唱。“复本”结合屠猫狂欢所构成的这整个插曲醒人耳目，是热罗姆整个印刷生涯中最美妙的经验。

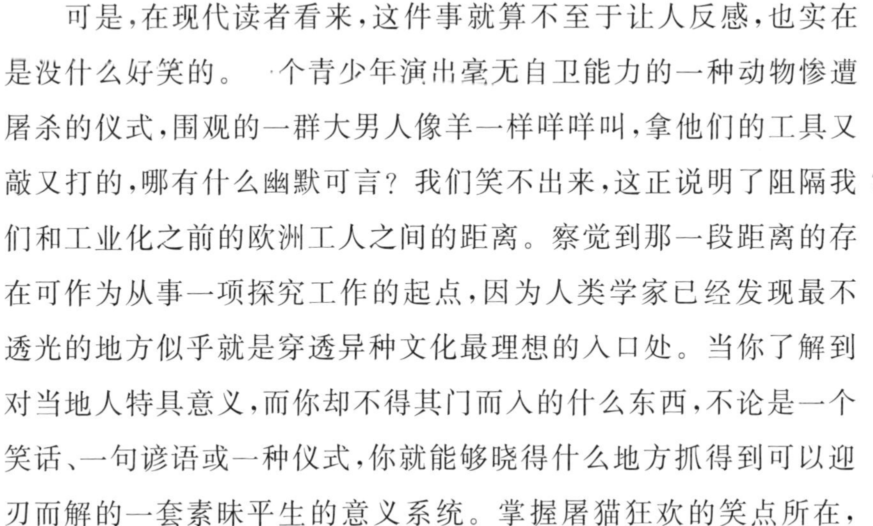

可是，在现代读者看来，这件事就算不至于让人反感，也实在是没什么好笑的。一个青少年演出毫无自卫能力的一种动物惨遭屠杀的仪式，围观的一群大男人像羊一样咩咩叫，拿他们的工具又敲又打的，哪有什么幽默可言？我们笑不出来，这正说明了阻隔我 78
们和工业化之前的欧洲工人之间的距离。察觉到那一段距离的存在可作为从事一项探究工作的起点，因为人类学家已经发现最不透光的地方似乎就是穿透异种文化最理想的入口处。当你了解到对当地人特具意义，而你却不得其门而入的什么东西，不论是一个笑话、一句谚语或一种仪式，你就能够晓得什么地方抓得到可以迎刃而解的一套素昧平生的意义系统。掌握屠猫狂欢的笑点所在，

或许就有可能"掌握"旧制度之下技工文化的要素。

首先应该说明,我们不可能直接观察杀猫之事。我们只有通过孔塔的叙述才能进行研究,而他是在事后大约二十年才写下来的。翟尔兹·巴博(Giles Barber)对那个文本做了精湛的考据,既然在他那望重士林的版本中已经有所阐明,孔塔的半虚构自传的真实性不可能有怀疑的余地。孔塔的叙事属于印刷从业人员自传书写的家系,这个家系从普拉特(Thomas Platter)、根特(Thomas Gent)、富兰克林(Benjamin Franklin)、雷斯蒂夫(Nicolas Restif de la Bretonne)、查尔兹·曼比·史密斯(Charles Manby Smith)一脉相承。因为印刷从业人员为了进入这一行,理所当然非要识字不可,至少就排字工人而言是这样,他们是二、三或四个世纪以前少数能够亲笔记述自己的生活阶层的一群人。虽然拼字上的错误和文法上的瑕疵在所难免,孔塔的记述或许是这一类著作当中内容最丰富的。可是我们不能够把它当作忠实反映实际发生的事情。我们应该把它看作是一桩事件的孔塔版本,我们从中读到他讲故事的用心所在。它跟所有的说故事一样,把故事的内容摆进一个有所指涉的框架,预设了听故事的人可能会有的联想与反应,并且为经验的素材提供有意义的表达形式。但是,既然了解其意义所在是我们的首要之务,我们不应该为了书中有捏造的人物就因噎废食。相反地,把他的叙事当作小说或有意义的伪造,我们可以用它来开拓民族学的文本分析。

解读孔塔的故事,大多数的读者第一个想到的很可能是:猫屠杀一事是用拐弯抹角的方式攻击师傅和他的妻子。孔塔把猫屠杀
79 事件安插在述及工人全体和资产阶级处境悬殊的文义格局中。此

一悬殊的状态遍及人生的基本要件,包括工作、食物和睡眠。不公不义的情形在学徒中似乎特别显著,他们所受的待遇简直比动物还不如,因为动物还有机会"升迁",高高坐在师傅的餐桌上本来应该是留给这些男孩的座椅。虽然学徒受到的非人待遇似乎最严重,文本却清清楚楚告诉我们,杀猫之举表达了全体工人普遍对于资产阶级所怀的恨意:"师傅爱猫,于是工人恨猫。"主导屠杀之后,莱韦耶成为印刷铺的英雄,因为"所有的工人都站在同一条阵线上跟师傅对立。说师傅的坏话,这就足够博得全体印刷工人的敬重"。[3]

历史学家有个倾向,视技工制造业的时代为工业化开始之前一段充满诗情画意的时期。甚至有人把工坊描述成家庭的延伸,说那里的师傅和职工有劳同担,同桌共食,有时候甚至睡在同一个屋顶下。[4]是不是发生了什么事情,使得十八世纪四十年代巴黎印刷铺的气氛变了质?

在十七世纪下半叶,大型印刷厂在政府的支持下淘汰了大多数的小印刷铺,印刷厂师傅形成一个寡头团体,攫取了工业的控制权。[5]职工的处境恶化就是在这时候。虽然估计的数值不一,统计也不见得可靠,职工的人数似乎维持稳定:在1666年大约有335人,1701年有339人,1721年有340人。此期间,师傅的人数剧减超过一半,从83人降到36人,下限由于1686年的一纸诏书而固定下来。这意味着数量较少的工作场所却容纳数目更多的劳工,这和印刷机密度的统计数字所透露的不谋而合:在1644年,巴黎有75家印刷所,印刷机的台数总共是180台;在1701年,印刷所15家,印刷机195台。趋势如此,职工要想提高到和师傅平起平坐的地位,根本是缘木求鱼。工人要想在同行中出人头地,大概只有一条路可走,就是和师傅的遗孀结婚,因为师傅的身份已经成为世袭的特权,不是夫传妻就是父传子。

80 职工也面临由下而来的威胁,因为师傅越来越倾向于雇用“黑牌印刷工人”(*alloués*),也就是没有达到雇用标准的印刷工人,这些人没有经过学徒训练的阶段,而学徒训练乃是在理论上使职工晋身于师傅阶层的资格。黑牌印刷工人只是廉价劳工的来源,印刷业的高级阶层根本没他们立足之地,又有 1723 年的一纸诏书彻底阻绝他们咸鱼翻身的机会。他们处境之低微,从他们的称呼上即可看出:他们是“待雇”(*àlouer*),不是师傅的“职工”(*compagnons*)。他们是劳工成为商品这个趋势的化身,不可能是同舟共济的伙伴。孔塔当学徒和写回忆录就是在这样的背景下,那是印刷业职工的艰困时代,当时在圣塞佛伦街上工的人载浮载沉都是险境,印刷业的高层有人要压他们的头,底层有人要绊他们的脚。

如何在工坊实地看出前述的一般趋势?或许可以从纳沙泰尔印刷公司(Société typographique de Neuchâtel,简称 STN)的文件看出眉目。诚然,纳沙泰尔印刷公司是在瑞士,而且该公司的业务是在孔塔写回忆录之后七年(1762 年)才展开的。不过印刷业在十八世纪并没有地域上的差别。纳沙泰尔印刷公司的档案有许许多多的细节吻合孔塔记载的经验(他们甚至提到同一个工头,名叫柯拉[Colas],他在皇家印刷厂[Imprimerie Royale]曾是热罗姆的顶头上司,1779 年短期担任纳沙泰尔印刷公司的工头)。那些档案提供了现代时期之初,主人如何雇用、经营、解雇印刷工人的记录,是流传到现在绝无仅有的。

纳沙泰尔印刷公司的薪资账册显示,工人在印刷所通常只待几个月。[6]他们离职是因为和师傅争吵、彼此打架、另谋高就，不然就是没事干了。雇用排字工人采用包工制，印刷业行话称之为 *labeur* 或 *ouvrage*。一旦排字的工作结束，就是解雇，这时候也得要解雇一些印刷工人，为的是维持排字部门和印刷房这两半的均衡（就工作量而言，两个排字工人通常搭配两人一组的印刷工人）。工头跳槽就雇用新手。雇用和解雇就这样频进频出，劳工很难得会连续两个星期看到同一批面孔。热罗姆在圣塞佛伦街的同事似乎也同样频进频出。他们也是由于特定的“包工”而受雇，有时候 81
也是和资产阶级争吵之后失去工作——这种情形屡见不鲜，竟至于孔塔在他的叙事所附俚语汇编里就有这样的条目：*emporter son Saint Jean*（带走工具箱或去职，犹言“卷铺盖”）。只要在一家印刷所工作超过一年，就被看成 *ancien*（资深，犹言“老人”）。有助于我们了解当时的工作场所的其他俚语包括：*une chèvre capitale*（一阵火气），*se donner la gratte*（动粗），*prendre la barbe*（烂醉），*faire la déroute*（上酒馆一家接一家），*promener sa chape*（离职），*faire des loups*（欠一屁股的债）。[7]

根据从纳沙泰尔印刷公司的薪资账册统计收入与出货的情形，即可看出暴力、酗酒和习惯性旷工有多严重。印刷工人上班是随兴所至，每个星期的工作量可以相差一倍，一个星期的工作天数从四天到六天不等，上班时间各地都是从清晨四点到将近中午。为了有所规范，师傅寻求人手无不特别强调勤勉和节制这两项操守。日内瓦有一家劳工介绍所，推荐一个想要进入纳沙泰尔印刷公司的排字工人，使用这样的典型措辞：“他是个好工人，能胜任交付给他的任何工作，滴酒不沾，而且工作勤奋。”[8]

纳沙泰尔印刷公司仰赖劳工介绍所，因为该公司本身在纳沙泰尔并没有储备足够的劳工，而且川流法国全境的印刷工人也有人手短缺的时候。劳工介绍所和雇主往来的信函透露了众口铄金对于十八世纪技工普遍的看法：懒散，轻浮，没有定性，不可靠。他们不可信任，因此劳工介绍所不应该为他们预支旅费，而且雇主可以扣押他们的财物，用来担保万一他们领了工资就潜逃无踪时可以抵扣。这一来，他们被炒鱿鱼也可以了无愧疚，不管他们是否工作勤奋、是否有家庭需要抚养或是否有病在身。纳沙泰尔印刷公司分门别类“订购”他们，就好像在订购纸张或字模。该公司抱怨里昂一家劳工介绍所“送来一双烂货，我们不得已遣送回去”，[9]还训了对方一顿，说他验货失职：“你送来给我们的人当中，有两个已
82 经平安抵达，可是病得太严重，可能传染给别人；因此我们不能雇用他们。镇上没有人会让他们住下来。所以，他们又离开了，取道贝桑松，以便把他们交给济贫院。”[10]里昂某书商建议他们，在印刷业不景气期间解雇大多数的人手，以便挹注法国东部的人力需求，并且“给我们更大的权力管理野性不驯、未经调教的人种，我们实在管不住他们”。在欧洲某些地方的某些时候，职工和师傅或许生活在一起，像幸福快乐的一家人，可是在十八世纪法国和瑞士的印刷铺，绝不是那么一回事。

孔塔本人相信那样的情形一度存在。他描述热罗姆的学徒生涯，一落笔就先提到印刷术刚发明时的黄金时代，印刷工人过着自由自在的日子，彼此平等，就像“共和国”的国民，按自己的法律和传统管理，充分发挥兄弟间“同心共济、相亲相爱”的精神。[12]他宣称，那个共和国仍然以印刷工人协会的形态流传在每一家印刷铺

里。但是政府已经解散一般的协会,黑牌印刷工人已经稀释会员组织,职工已经被逐出师傅的阶级,师傅已经撤退到吃得好又睡得好的隔离的世界。圣塞佛伦街的师傅吃不一样的食物,维持不一样的作息,说不一样的语言。他的妻子和女儿跟花神父打情骂俏。她们养宠物。显然,资产阶级属于不一样的次文化,那个次文化最重要的特性是不工作。在引入屠猫狂欢的记载时,孔塔摆明了要把工人的世界和师傅的世界做个对比,此一对比正是他贯串整个叙事的线索:“工人、学徒,每个人都在工作。只有师傅和师母在享受睡眠的美味。那使得热罗姆和莱韦耶心里怀恨。他们决定不要成为仅有的倒霉鬼。他们要主人和女主人一起做伙伴。”[13]也就是说,这两个男孩要恢复神话的过去,那时的师傅和员工像朋友做伙伴一起工作。他们也许心里还想着比较近期发生的小印刷铺销声匿迹。于是,他们杀死猫。

可是,为什么是猫呢?为什么杀猫又那么有趣?回答这些问
题,得要超越现代早期的劳工关系,进一步思考通俗仪式与象征这 83
个难解的主题。

多亏民俗学家,历史学家对于早期现代人划分历年的仪式周期已经相当熟悉。[14]这些周期当中,最重要的是狂欢节与大斋期,也就是一段狂欢期之后紧接着一段禁食期的周期。狂欢节期间,一般民众暂时搁置常态的行为守则,仪式性地颠倒社会常规,或者是在游行中恣情放纵以求惊世骇俗。狂欢节是以学徒为主的青年团体恶作剧的大好时机,他们组织自己的“隐修团”,推举隐修院院长或国王,在他主持之下演出闹新婚或戏仿大游行,以粗犷音乐伴奏,为的是羞辱有红杏出墙或受婚姻暴力的丈夫,或嫁了个小老公

的新娘,或集违背传统规范之大成的某个化身人物。狂欢节是一年当中欢笑、性与青春百无禁忌的旺季——年轻人在尚未被这个世界的秩序同化与驯化之前,趁着大斋期严肃不苟的日子尚未到来,借有限度的逸规冲动测试社会规范的程度。到了忏悔节,也就是肥美星期二(Mardi Gras)*,麦秆扎成以代表嘉年华之王(King Carnival,又称 Caramantran)的刍像接受一场受审与受刑的大典,狂欢节宣告结束。在某些闹趣中,猫扮演了重要的角色。在勃艮第(Burgundy),群众把猫遭受折磨变成一场粗犷音乐会。戏弄绿帽子丈夫或其他受害人的时候,年轻人抓起一只猫,轮流传递,扯它的毛,惹它喵喵叫。他们称之为"弄猫"(*Faire le chat*)。德国人把这样的一场闹新婚叫作"猫式音乐"(*Katzenmusik*),可能源自猫遭受折磨时发出的哀号。[15]

猫在圣约翰施洗者(Saint John the Baptist)周期中也占有一席之地。圣约翰纪念日是六月二十四日,也就是夏至那一天。大伙儿在户外放火,从火上跳过去,围在四周跳舞,把具有魔力的物件丢进火堆,借此为下半年驱煞祈福。最受青睐的就是猫——把猫绑起来,装进袋子里,或是用绳子悬吊,或是绑在柱子上烧。巴黎人喜欢用布袋装,然后放火烧;圣夏蒙(Saint Chamond)的"追猫族"则喜欢沿街追逐身上着火的猫。在勃艮第和洛林,他们围绕类
85 似火熊熊的五月柱跳舞,柱子上就绑着一只猫。在梅斯(Metz)地区,他们把成打的猫装在一个篮子里,摆在火堆上。此一仪式在梅

* 肥美星期二:封斋前的星期二,是法国的天主教节日,狂欢节的最后一天。——译者

狂欢节游行惊世骇俗

斯可以用奇观来形容，一直到1765年才被禁。镇上的显要参加游行的行列，抵达大索尔西（Place du Grand-Saulcy）之后，点燃柴堆，猫在哀号声中化成灰烬时，在要塞列队以待的来福枪手子弹齐发。虽然措施因地而异，要件各处皆同：节日篝火，加上猎巫的热闹气氛。[16]

这种一般性的仪式，整个社区人人有份，另外还有技工特地为自己的行业而举行的仪式。印刷业者以游行和餐会纪念他们的守护神圣约翰传道者（Saint John the Evangelist），一年两次，都是他的纪念日。一次是12月27日，他的殉教周年纪念日，另一次是5月6日，庆祝圣约翰守护者（Saint Jean Porte Latine）。到了十八世纪，师傅在举行圣约翰节日的庆祝活动时，就已经把职工排除在外，可是职工自行在他们的印刷工人协会继续举行活动。[17]在11月11日圣马丁节，他们举行戏仿审判之后，接着举行餐会。孔塔解释道,印刷工人协会是个小型的“共和国”,根据自己的行为规范管理自己。要是有工人违规,工头——他是工人协会的主席,并不是管理人员的一分子——就登记一笔罚款:举例而言,没有随手熄灭蜡烛,罚五苏(five sous,约等于四分之一法郎);殴斗,罚三银元(three livres,银元在旧币制相当于现在的法郎);破坏协会的名誉,罚三银元。工头在圣马丁节宣布登记名单并收取罚金。工人有时候在由协会的“老人”(资深人员)组成的谐拟上诉委员会提出诉愿,不过他们到头来还是得在诉苦、敲工具和哄堂大笑声中付出罚款。罚金用来在最得协会人望的酒馆支付食物和饮料,大伙儿胡天闹地直到深夜。[18]

缴费和会餐是印刷工人协会所有的其他仪式的特色。应付特殊的开销就得缴纳特殊的会费:有人初进印刷铺,办迎新;有人离职,办饯行;有人结婚时,甚至“闹洞房”。重点在于,这两项义务标识年轻人跨越学徒的生涯,进境于职工的身份。孔塔描述了四个这样的仪式,最重要的是第一个,名为系围裙(*la prise de tablier*),和最后一个,也就是热罗姆成为正式会员的入会式。

86 系围裙是在热罗姆刚进印刷铺的时候举行的。他得付六银元(大约是普通职工三天的薪资)的基金,职工也有自付款,以补不足,不过额度较小,算是“行见面礼”。然后,工人协会集体前往最孚众望的酒馆,位于猎角街(rue de la Huchette)的花篮酒馆(Le Panier Fleury)。奉派采购的人去到酒馆附近的店家,比手画脚教店家老板怎么切才对得起印刷工人而且还让嘴巴有喝饮料的空间,回来时大包小包的,不外乎面包和肉。在酒馆二楼一个特殊的房间里,职工围绕在热罗姆的四周。副工头走上前,手上拿着围裙，后头跟着两个“老人”，分别是排字部门和印刷部门的代表。他把围裙交给工头，工头牵着热罗姆的手，把他带到房间的中央，副工头和“老人”退到后面。工头发表一篇简短的演说，然后拿围裙覆盖热罗姆的头，接着在他的后面为他系带子，全体向这个新会员敬酒。随后，热罗姆在保留给他的位子坐下来，协会里的首脑在上座。其他的人抢占剩下的好位子，开始冲向食物阵。他们狼吞虎咽，叫嚷着还要更多。大吃大喝几巡过后，大伙儿收起饕餮意，聊起印刷所的事。孔塔让我们有机会隔空聆听：

> 当中有一个人说：“印刷工人晓得怎么又塞又填的，那不是真的吗？我敢说，要是有人端给我们一只烤羊，你高兴有多大就有多大，我们也可以吃个精光，只留下骨头……”他们不谈神学，也不谈哲学，政治就更别提了。每个人都在说自己的工作：一个人要告诉你排版的事，另一个人要告诉你印刷的事，这个说到压纸框，那个说到怎么上油墨。他们是众口齐开，不管有没有人在听。

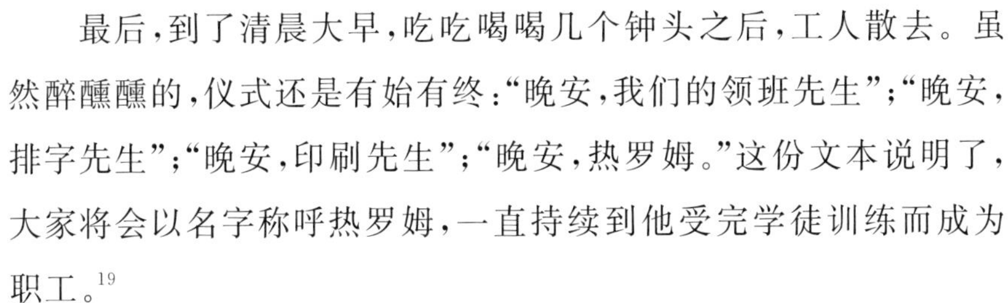

最后，到了清晨大早，吃吃喝喝几个钟头之后，工人散去。虽然醉醺醺的，仪式还是有始有终：“晚安，我们的领班先生”；“晚安，排字先生”；“晚安，印刷先生”；“晚安，热罗姆。”这份文本说明了，大家将会以名字称呼热罗姆，一直持续到他受完学徒训练而成为职工。[19]

87

民众在巴黎市郊的朗波诺(Ramponeau)酒馆寻欢作乐

88 那个时刻得要到四年后才来临，这期间他又经历“工作许可”(*admission à l'ouvrage*)和“银行许可”(*admission à la banque*)两个仪式，而且受到一大串的戏弄。印刷所的人不只是折磨他，嘲笑他无知，派他去抓雁，开玩笑捉弄他；他们还什么都不教他。在人浮于事的劳工市场，他们不要有另一个职工，因此热罗姆得要自行摸索这一行的窍门。工作、伙食、住宿、睡眠不足，这已经足以逼疯一个男孩，至少足以把他从印刷所逼走。然而，那其实是标准待遇，不应该看得太严重。孔塔以轻松的笔调列出热罗姆的苦恼清单，简直就是“学徒苦”(*misère des apprentis*)这个诙谐文类的目录。[20]那些不幸的遭遇为技工这个行业，人人感到熟悉又有趣的一个人生阶段，提供许多令人捧腹的记叙，打油诗或传单都可以看到。那是个过渡阶段，标志从儿童进入成年的过程。年轻人得要含辛茹苦走出自己的路，等到他成为同行团体的正式成员时，他除了捉弄学徒，还要付会费——印刷工人非付不可，名为“迎新费”或

“四小时费”(*quatre heures*)。在那之前，他的身份仍不确定，他会自行掀起某种形态的地狱变(hell-raising)，以测试成人习俗。资深的职工容忍他的恶作剧，也就是印刷工人所称的“复本”和“零工”(*joberies*)，因为他们把这两种恶作剧当作是野燕麦，非得要播种之后他才能够安定下来。* 一旦定下来，他也已经适应了他那一个行业的成规，取得了新的身份。名字的改变就象征新的身份。[21]

热罗姆通过职工入会式这最后的一个仪式，成为职工的一员。入会式的形态和其他仪式一样，候选人付出入会费，职工以“见面礼”集资，吃喝一顿表示庆祝。可是这一次，孔塔摘要记录工头的演说：[22]

> 新进人员接受思想改造。他被告知决不背叛同事，并且坚守薪资标准。如果有工人因为不接受一项工作的价码而离职，印刷所里的任何人都不应该以低于那个价码的薪资接替他的工作。这是工人的法则。他必须忠实又正直。明定禁止的事项叫作“栗子”(*marron*)，犯禁而
> 背叛其他工人的人必须驱逐，使他在印刷所名誉扫地待 89
> 不下去。工人要把他列入黑名单，写信通告巴黎和外地省份所有的印刷所，让他没有立足之地……除了这一点，任何事情都没有忌讳：酒量超群被认为是好品性，义气和豪爽是年轻人的本事，赊账表示有脑筋，没有宗教信仰就

* 野燕麦的嫩株可作牧草，此处的隐喻把学徒比喻为马。——译者

> 是真诚。那是自由又共和的国度,无事不可行。生活随你喜欢,但是要当个“正人君子”,不许虚伪。

在后续的叙事中,虚伪成为资产阶级的主要特征。资产阶级是迷信宗教的老顽固,占据一个隔离的世界,坐拥满口仁义道德的资产阶级假道学。工人界定他们的“共和国”,一方面对比那个世界,同时也对比其他的职工团体——包括补鞋匠,他们是次等的肉食者,以及砖石匠或木匠,他们在印刷工人于星期天分“身份”(“排字的”[the *casse*]和“印刷的”[the *presse*])周游乡间酒馆时,总是大显打架的身手。热罗姆拥有某个“身份”,也就是认同那种精神。他认定自己是个工匠;身为出了师的排字工人,是正式的职工,他有了新的名称。他完整经历人类学意义上的过渡礼仪(a rite of passage),成为一个“先生”(Monsieur)。[23]

仪式谈了那么多,猫又怎么了?应该先说明,说到猫真是一言难尽,有理说不清,打从上古埃及它就是使人类着迷的神秘物。有人能够从猫的眼睛看出类似人类的才智;也有人能够把夜晚的猫叫误听成人的叫声,仿如从人的动物本性某个深不可测的部位拉扯而出。猫吸引诗人如波德莱尔(Baudelaire)和画家马内(Manet),他们要表达动物的人性以及人的动物性,尤其是女人。[24]

这个暧昧的本体论地位,横跨不同的观念类别,使得某些动物,如猪、狗、鹤鸵、猫,在特定的文化中具有与禁忌息息相关的奥秘魔力。此所以,根据玛丽·道格拉斯(Mary Douglas)的说法,犹太人不吃猪肉;也所以,根据埃德蒙·利奇(Edmund Leach)的说法,英国人说“母狗养的”可以达到侮辱对方的目的,说“母牛养的”

却没用。[25]某些动物有益于骂人，正如同某些动物，根据列维-施特
劳斯广为人知的公式，“有益于思考”。我想补充一句，还有些动 90
物，特别是猫，有益于上演仪式。它们具有礼仪的价值。你不可能找母牛来制造喧闹。要吵要闹，你会找来猫：你决定“弄猫”，制造“猫式音乐”。

在现代欧洲早期，折磨动物，尤其是折磨猫，是通俗的娱乐。只要看看霍加斯（Hogarth）的画作《残暴的步骤》（*Stages of Cruelty*），自然明白其重要性；只要你开始看，你自然知道人们到处折磨动物。杀猫为文学提供了一个常见的主题，从十七世纪初西班牙的《堂·吉诃德》到十九世纪末法国的《萌芽》（*Germinal*）。[26]文学作品描写残害动物，那绝不是少数神经病作家发泄虐待心理的幻想成果，而是表达大众文化的一股伏流，正如巴赫汀（Mikhail Bakhtin）专研拉伯雷（Rabelais）所揭露的。[27]人种志的研究报告异口同声确认那样的看法。举例来说，法国中部的城市瑟米尔（Semur），

裸女与猫，马内绘“奥林匹亚”（“Olympia”）习作

儿童在火炬节上把猫绑在柱子上,点火烤猫。南部的埃克斯(Aix-en-Provence),人们在圣体瞻礼(*Fete-Dieu*)时玩猫戏,把猫抛上半
91 空中,等它摔在地上时,群起围殴。他们还使用“像爪子被拔除的猫一样有耐心”或“像脚掌被烧烤的猫一样有耐心”这样的措辞。英国人也一样残忍。宗教改革时期,在伦敦,一群新教徒乌合之众刮一只猫的胡子,好让它看来像个神父,又为它穿上弥撒祭袍,然后在切普赛(Cheapside)街上的绞刑台把它吊死。[28]其他的例子不胜枚举,信手可以捞出一箩筐。不过,重点应该是够清楚了:带有仪式意味的杀猫之举,根本没什么不寻常的。相反地,当热罗姆跟
92 他的工人伙伴在圣塞佛伦街要一口气吊死所有的猫的时候,他们援引了他们的文化中一个人人有份的要素。可是,那个文化对猫有些什么贡献呢?

家居生活中残害动物的日常情景

要了解这个问题,得要广为搜检民间故事、迷信、谚语和民俗医学。浩瀚的资料丰富无比,望洋兴叹在所难免。那些资料,虽然有许多可以追溯到中古时期,能够考据年代的却少之又少。大多数是十九世纪末与二十世纪初的民俗学家搜集的,当时韧性坚强的民俗仍然抗拒印刷文字的影响。但是,不可能根

据那些搜集品宣称这个或那个习俗存在于十八世纪中叶巴黎的印刷铺。我们能够断言的只有一点：他们的生活与呼吸都在处处迷漫传统风俗与信仰的气氛中。倒不是说处处所见都一样——法兰西仍然是拼凑成形的“国土”(*pays*)，国族一统是十九世纪末年的事——可是处处找得到共同的主题。现代早期的法国人以动物为象征之用，最寻常的很可能就是猫，而且用途鲜明，虽然有地域之别，却可以自成一个讨论的范围。

一名年轻女巫准备参加众巫夜会，安托万·维尔特茨(Antoine Wiertz)绘

首先，猫暗示巫术。不论在法国哪个角落，夜晚惹猫是冒着邂逅魔鬼、魔鬼的手下或出门做坏事的女巫的危险的。白猫可以和黑猫一样邪门，白天、夜晚都一样。这是个典型的人猫遭遇：在比戈勒(Bigorre)，某农妇看到一只漂亮的白猫在田野游荡，用围裙兜着带回村子，就在路过被怀疑施行巫术的一个妇人家，猫跳了出来，说“谢啦，贞娜”。[29]女巫为了作法害人，往往变形为猫。有时候，尤其是在肥美星期二，男巫、女巫集体参加众巫夜会。魔鬼化身为一只大公猫，亲自主持盛会，大伙儿叫嚣、打斗、杂交，无法无天。要保护自己免于猫魔之害，有个祖传秘诀：使猫残废。割掉它的尾巴，打 94

断它的腿,拔或烧它的毛,这样就能够化解它的魔力。残废的猫不能参加众巫夜会,所以无法四处游荡下咒。农民遇到夜间挡路的猫往往赏它一顿毒打,也经常在第二天看到受伤的猫出现在被认为是女巫的妇人家中。村民也提到他们在谷仓发现怪猫,打断它的腿,因而救了牲畜。毫无例外,第二天早上,断了的腿会出现在可疑妇人家中。

猫拥有独当一面的魔力,不见得一定要和巫术及邪术挂钩。在安茹(Anjou),猫如果进入面包房,能够阻止面包膨松。在布列塔尼,猫如果挡住渔夫的去路,会妨碍渔获。在贝雅恩(Béarn),猫如果活埋,能够清除田里的野草。在各种各样的民俗医学里头,除了女巫作法,猫也是不可或缺的角色。重摔之后欲想痊愈,只要从刚被截断的猫尾巴吸血就行了。要治肺炎,把猫的耳朵流出来的血拌红酒喝。要治腹绞痛,取猫的排泄物拌酒喝。趁热吃新鲜的猫脑甚至能够使人隐形,至少在布列塔尼是这样。

猫的法力所及有个特定的领域:家眷,特别是主人和主妇。民间故事如"穿长筒靴的猫"强调主人和猫其实是二而一,为死了女主人的猫在脖子系上黑布条这一类的迷信也一样。杀猫会带给猫的主人或其家人不幸。主人或主妇卧病在床时,猫如果离家或不再跳上跳下,病人很可能活不了多久。可是,猫如果躺在垂死之人的床上,那只猫有可能就是魔鬼,等着要带他的灵魂到地狱去。根据十六世纪的一则故事,在布列塔尼的坎坦(Quintin),有个女孩把灵魂卖给魔鬼,交换漂亮的衣服。她去世的时候,护柩工人抬不动她的棺材;他们敲开棺盖,一只黑猫从里头跳出来。猫能够伤害全家。它们常闷死婴儿。它们听得懂闲言闲语,会在室外复述。

但是，如果遵照正确的程序，例如在猫爪上涂上奶油，或看到猫就立刻把它截肢，这样可以抑制猫的法力，甚至可以化凶为吉。为了 95
保护新家，法国人把猫活活封在墙壁里面——从中古时代建筑的墙壁所挖出猫的骨骸来判断，这是非常古老的仪式。

最后要说的是，猫的法力作用最大的是在家居生活最亲密的一面：性。*Le chat*，*la chatte*，*le minet*（公猫，母猫，小猫）在法国俚语的意义，相当于英语的“pussy”（“猫咪”，指女性外阴部），被当作不雅的措辞已有几个世纪。[30]法国民俗赋给猫特殊的重要地位，视其为性隐喻或转喻。早在十五世纪，宠爱猫被认为能够确保求偶成功。格言隽语把女人和猫画等号：“好好照顾猫，好讨个漂亮的老婆。”男人如果爱猫，也会爱女人；反过来说也一样。所以有这样的谚语：“他爱他的老婆，就像他爱他的猫。”一个男人如果不把老婆当一回事，你可以这么说他：“他还有别的猫要教训。”女人想要得到男人，应该避免踩到猫的脚。万一踩到了，她的婚姻会拖延一年——在坎佩尔（Quimper）是拖延七年，在罗瓦河流域（Loire Valley）是猫叫几声就拖延几年。不论在哪个地方，猫都影射生殖和女性的性欲。人们常说女孩子“在恋爱中，像只猫”；女孩子如果怀孕了，就是“任猫吃乳酪”。吃猫肉本身就会造成怀孕。在某些民间故事中，女孩子吃了炖猫肉而生下小猫。在上布列塔尼，猫如果以正确的方式掩埋，甚至能够使受虫害的苹果树结出果子。

从女人的性欲到男人的绿头巾，轻轻一跳就跨过了。猫叫春或许是妖魔群舞的叫嚷，但也有可能是公猫在配偶发情的时候彼此叫阵挑衅。然而，公猫不像坏心眼的女人那样叫。它们当着主人的面提出挑战，同时吃女主人的豆腐：“雷诺！弗朗斯瓦！”“你上哪儿去?——去看你老婆。——看我老婆!哼!”然后,公猫像基尔肯尼(Kilkenny)的猫一样互相攻击,它们的众巫夜会就以一场大屠杀收场。对话的内容根据听者的想象力及其方言的拟声能力而有不同,不过通常强调以掠夺为目的的性欲。[31]谚语说“在晚上,所有的猫都是灰色的”,一本十八世纪谚语集的释义明白点破其中的性意涵:“也就是说,所有的女人在晚上都足够漂亮。”[32]足够干
96 嘛?猫在现代法国早期入夜叫嚷的时候,空中回响的是拐诱、强暴和谋杀的声音。猫叫引出“猫式音乐”,因为“闹新婚”常常利用肥美星期二前夕在绿头巾丈夫的窗下叫嚷的形态,而肥美星期二前夕正是“猫夜会”最喜欢的时间。

巫术、狂欢、偷情、闹新婚和屠杀,旧制度的人从猫的哀号中可以听出许许多多的内容。圣塞佛伦街的人到底听出什么名堂,这不可能说明白。我们只能这么说:猫在法国民俗的象征意义一言难尽,其中的学问既丰富又古老,流传之广足以渗透到印刷铺里头。为了确定这些印刷工人到底是否援引他们唾手可得的仪式与象征主题,有必要再看一次孔塔的文本。

这份文本从一开始就点明法术的主题。热罗姆和莱韦耶无法入眠,因为“魔鬼附身的一群猫通宵举行众巫夜会”。[33]在莱韦耶学猫叫声加入现场之后,“邻居无不惊慌。结论是,这些猫必定是施符咒的什么人的代办”。师傅夫妇一度考虑召请神父来现场作法驱魔。后来心念一转,他们改为找人进行猎猫*,凭恃的是破解巫术的经典手法:使主事者残废。资产阶级——那是一群迷信、心甘

* 猎猫(cat hunt),这个措辞影射“猎巫”。——译者

情愿任神父摆布的傻瓜——把这件事看得天大地大,认真无比。在学徒看来却是一场玩笑。莱韦耶尤其是逗趣的要角:借用孔塔挑选的术语来说,莱韦耶谐拟“法师”,上演一出冒牌的“众巫夜会”。学徒不只是乘机利用他们师傅素来迷信的弱点,让他惨遭喧嚣嘈杂的疲劳轰炸,而且还把这一场胡闹变成流弹波及他们的师母。他们棒打她的“跟班”*,亦即小灰,这无异于指控她是女巫。这样的一个双重玩笑,任何一个了解传统表态语言(language of gesture)的人都不可能视若无睹。

闹新婚的主题使得这场玩乐多了一层意义。这份文本虽然没有明说,倒是意在言外指出师母和她的神父有染。这神父是个“年轻的花心萝卜”,对于经典色情文学如阿雷蒂诺(Aretino)的作品和《夫人院》(*L'Academie des dames*)的精彩段落能够倒背如流, 97
而且在她的面前引述自如。她丈夫则尽是闲扯他最爱的话题,就是金钱和宗教。有一次,神父和这一对夫妇一起享用豪华的大餐,在席间大发议论,极力辩护通奸有理,主张“染指有夫之妇是机智的表现,奸情不是坏事”。后来,神父和这个太太在乡下的房子过夜。他们的关系完全吻合印刷业典型的三人组合:老弱不堪的主人、中年的主妇、她年轻的情夫。[34]一场诡计使得师傅沦为喜剧人物中的样板角色:戴绿帽子的丈夫。所以说,工人们是以闹新婚的形态进行一场狂欢取乐。学徒一手主导,把局面控制在传统上新手嘲弄上司所能容许的范围之内,职工则以传统的方式响应他们

* 跟班(familiar),这个词在此处一语双关,本义为“朝夕相处的宠物”,但也可以影射“女巫役使的精怪”。——译者

作怪。这整个插曲处处洋溢无法无天却欢天喜地的气氛。孔塔正是使用“节庆”(*fête*)这个字眼来形容:“莱韦耶和他的同事热罗姆主持这个节庆。”他这么写道,仿如他们是狂欢节之王,棒打猫则呼应在肥美星期二或施洗者圣约翰的节日折磨猫的行为。

正如同在许多肥美星期二所见到的情形,这一场狂欢是以戏仿审判和行刑结束整个活动。以诙谐的方式模拟形式主义,对印刷工人来说是很自然的事,因为他们一年一度演出他们自己的戏仿审判就是在圣马丁的纪念日——圣马丁节是印刷工人协会和老板结清账目的日子,也是他们惹烦老板的最佳时机。印刷工人协会的会员不可能明显跟老板作对而不会招致公然犯上的罪名和冒着被解雇的风险(所有的资料来源,包括纳沙泰尔印刷公司的文件,处处说明主人常常以粗鲁无礼和行为不检的罪名解雇工人。事实上,莱韦耶后来就是因为在一场恶作剧中,以比较公开的方式抨击资产阶级而被解雇)。所以工人采取缺席审判的方式对付资产阶级,使用一个既能透露意义所在,又不至于明显到招来报复的象征:他们审判并吊死猫。如果在奉命饶过小灰之后,还当着师傅的面吊死它,这就太过分了;可是,他们第一个开杀戒的对象就是师傅家中最得宠的宠物,而且心知肚明是冲着师傅一家下手的,完全遵照猫文化的传统准则行事。女主人责备他们杀小灰的时候,他们装出毕恭毕敬的样子,回答说“没有人做得出这样伤天害理的事,而且他们非常敬爱师傅一家人”。苦心孤诣用这样的仪式处决猫,他们声东击西判决师傅一家,声明他们犯下的资产阶级罪
98 名——罪行表现在他的学徒工作过度而伙食不足,表现在他自己生活奢侈却把一切工作留给职工,表现在他擅离工作岗位又雇用

“黑牌印刷工人”,没有像一二个世代之前人家说的,或是像印刷工业刚开创时一度存在的原始“共和国”那样,师傅和员工并肩劳动又同桌共餐。罪状从师傅身上蔓延到他的家人,进而扩及整个制度。或许在审判、告解和吊死一堆奄奄待毙的猫的过程中,这些工人存心嘲弄法律和社会现状。

他们肯定是觉得受到屈辱,而且积怨已深,为了宣泄才会恣意杀戮。半个世纪之后,巴黎的技工以类似的方式掀起一场骚动,结合不分青红皂白的屠杀和临时起意的群众大审。[35]把这场大屠杀看作是法国大革命九月大屠杀的彩排,当然是荒唐,不过这一次的暴力突发事件确实具有群众造反的意味,虽然仅限于象征的层面。

猫之为象征,引人联想的不只是暴力,还有性,两相结合正适合用来攻击师母。孔塔的叙事在她和小灰——她的“爱猫”——之间画上等号。这些男孩杀猫,矛头所指的对象其实就是她:“这件事关系重大,是一桩谋杀,万万透露不得。”师母的反应仿佛是身受其害:“他们抢夺她无与伦比的一只猫,她爱死了的一只猫。”文本把她形容为淫荡,并且“为猫痴情”,仿佛她是在叫嚣、厮杀、奸淫同台演出的野猫夜会场合中发情的母猫。明白指涉奸淫将会冒犯十八世纪书写普遍遵循的规范。象征的手法的确只有使用隐语讳笔才行得通——模棱两可足以捉弄师傅,快手猛击足以打中师母。可是,孔塔的语言掷地有声。师母一看到猫被处决,当场失声尖叫。转眼间,她想到她的小灰不见了,尖叫声戛然而止。工人们虚情假意保证他们敬爱她,这时师傅抵达现场。“他说:‘哼!一群无赖,不去工作,在这里杀猫。’夫人对老爷先生说:‘这些坏蛋不能杀师傅;他们杀了我的猫。’……她似乎认为,全体工人的血不足以补偿她遭受的侮辱。”

99 这是转喻修辞,是十八世纪指桑骂槐的羞辱,相当于现代学童的戏谑三字经“Ah, your mother's girdle!”(“呀,你娘的束腰带!”)不过,那种措辞的性意涵更强烈,也更不雅。工人把矛头对准师母的宠物,也就是象征性地把枪口对准师母。同时,他们也把最难听的字眼砸向师傅。在他所拥有的一切当中,妻子是他最珍爱的,正如同她的“猫”是她最珍爱的。一群男人杀死这只猫,无异于豪夺强取资产阶级家庭最私密的宝物还能全身而退。妙就妙在这里。这样的象征手法足以掩饰他们施加的侮辱,使自己毫发无损。这个资产阶级为了工作的损失而怒发冲冠,他的妻子没那么迟钝,实质上是在告诉他,她遭受一群工人的强暴,他们想要谋杀他。随后,夫妇双双离开现场,赔了夫人又折兵。“老爷先生和夫人离去,留下工人自由自在。印刷工人原本就爱胡闹,现在更是欢天喜地。这件事够他们笑个痛快,那是个美妙的‘复本’,会让他们消遣好一阵子。”

这是拉伯雷式的笑声。文本断然指出其重要性:“印刷工人知道怎么笑,那是他们的唯一的专长。”巴赫汀已经说明拉伯雷的笑声如何曲解通俗文化,借以表达闹趣可以一变而为骚动;那是一种性与煽动的狂欢文化,在那种文化当中,革命的因子有可能受到象征和隐喻的抑制而不至于蔓延,要不然像 1789 年那样全面的爆发势所难免。然而,悬而未决的问题是:屠猫狂欢为何那么好笑?要把笑话变成不好笑,最稳当的方法是把笑话拿来分析,不然就让笑话承载过多的社会评论。可是我们说的这个笑话亟待评论——不是因为可以拿来证明技工讨厌他们的老板(这是个老生常谈的真理，可以应用在劳工史上的任何一个时期，十八世纪的历史学家更是奉若拱璧），而是因为有助于了解工人如何玩弄他们文化的主题，使得他们的经验有意义。

我们所能得到屠猫狂欢的唯一版本是书写的形式，是尼古拉·孔塔在事后多年写下来的。他筛选细节，安排事件，又设定故事背景，所作所为无非是为了凸显他认为有意义的事。可是他所了解到的意义来自他的文化，正如他根据周遭的环境营造气氛，两者同样自然。他把自己帮助同伴演出的事件写下来。他笔下的人物虽 100
然带有主观的色彩，却不至于破坏整体的指涉背景，即使写下来的记叙在记叙所描写的动作对比之下势必显得单薄。这些工人的表达模式是民众剧场的一种。它涉及在工作场所、街头和屋顶上即兴演出的默剧、粗犷音乐和生动的“暴力剧场”。它包含一场戏中戏，因为莱韦耶在印刷所里数度重演整出笑剧，视其为“复本”。事实上，原版的大屠杀牵涉到其他仪式的诙谐模拟，诸如审判和闹新婚。所以，孔塔写的是关于一场谐拟的谐拟（a burlesque of a burlesque），读者应该包容跨类型与跨时期的多种文化形式在其中产生的折射现象。

一旦怀抱这样的宽容，似乎可以看出：工人觉得大屠杀好笑是因为他们找到一个法子，可以当面掀翻师傅这个资产阶级的桌子。他们采取激将法，用猫叫声鞭笞他，激他出面下达格杀令，然后利用这一场屠杀象征性地把他送上被告席受审，指控他经营印刷所不公不义。他们还利用这场屠杀进行一次猎杀女巫的行动，这使得他们有借口杀他妻子的“跟班”，并且指桑骂槐说她本人就是女巫。最后，他们把大屠杀转化成闹新婚，借机吃她豆腐，同时挖苦她的丈夫戴绿帽子。这个资产阶级成为开玩笑的绝佳目标。他不只是成为他本人始作俑的程序的受害人,而且他并不了解自己被整得多厉害。一群男人使得他的妻子在象征意义上沦为受侵犯的对象,而且是最私密的一种侵犯,他却完全被蒙在鼓里。他鲁钝无以复加,是戴绿帽子丈夫的经典。印刷工人以精彩绝伦的薄伽丘风格(Boccaccian style)嘲弄他,竟然还能安然无恙。

这个玩笑效果非凡,因为工人们天衣无缝操弄仪式和象征的宝藏。猫完全适合他们的目的。棒打小灰的脊骨,他们顺理成章把师傅的妻子说成女巫兼淫妇,同时顺势在师傅头顶戴上绿帽子再摆个傻瓜蛋。这是偷天换日的侮辱招数,绝非空口白话,而是以具体的行动来表达;狠招奏效,因为在资产阶级的生活方式中,猫得宠有如天之骄子。养宠物在工人看来是不可思议的,折磨动物在资产阶级看来也同样不可思议。这两种感受针锋相对,猫夹在当中倒霉透顶。

101 这些工人操弄仪式也是左右逢源。他们利用猫一举兜拢猎巫、节庆、闹新婚、戏仿审判和黄色笑话。然后,他们以哑剧的形态重演整个事件。工作累了,他们就把工作场所变成剧场,制作"复本"——是他们特有的复本,不是作者的。商家剧场和仪式一箭双雕吻合他们行业的传统。印刷工人虽然是制造书籍的人,他们却不是使用文字传达他们追求的意义的人。他们使用肢体语言,利用本行的文化,在大气中铭刻他们的声明。

开这样的玩笑,在今天看来似乎不着边际,在十八世纪可是冒着风险。正如同在许许多多的幽默形态所看到的,风险是这个玩笑的一部分,同时把玩暴力和戏弄被压抑的情感。这些工人把象征性的玩闹推到真实状况的边缘，一旦擦枪走火，杀猫之举有可能变成公开造反。他们玩两面手法，使用的象征既能隐藏丰富的意义，又足以愚弄资产阶级而不会让他有借口炒他们鱿鱼。他们拧他的鼻子，却不让他有抗议的余地。要这一招需要有慧心妙手。高招显示工人能够使用自己的惯用语操纵象征，成效一如诗人在创作上的表现。

这个玩笑必须有节制，不能逾矩；规矩所在意味着旧制度下工人阶级的强悍有其限度。印刷工人认同的是他们的行业，而不是他们的阶级。他们虽然组织协会、策动罢工，有时候还抬高工资，仍然一贯屈服于资产阶级。主人雇用和解雇员工向来随兴，和订购纸张没两样。只要察觉有犯上的意思，他就会把员工轰出大门。因此一直到十九世纪末开始无产阶级化，他们的抗议大体上保留在象征的层次。一个“复本”，就像一场狂欢，有助于排散蒸汽，却也制造笑声，而笑声是早期技工文化不可或缺的一个成分，虽然在劳工的历史洪流中已经听不到了。如今回顾两个世纪以前一家印刷所的一场玩闹，看他们如何发挥开玩笑的效果，或许可以捕捉到我们无缘目睹的那个成分——也就是笑声，纯粹的笑声，拉伯雷式笑到弯腰捧腹的那种笑声，而不是我们熟悉的维多利亚式那种皮笑肉不笑。

附录：孔塔记叙的屠猫狂欢 102

下面的记叙取自尼古拉·孔塔所撰《印刷工趣事》（*Anecdotes typographiques où l'on voit la description des coutumes, moeurs et usages singuliers des compagnons imprimeurs*),吉尔兹·巴博(Giles Barber)编(Oxford, 1980),第51—53页。经过一整天劳累的工作和难以下咽的伙食,两名学徒回到睡觉的地方,那是位于院子的一个角落,挨着墙壁搭建的单斜面屋顶的简陋卧室,不但潮湿,而且冷风飕飕穿墙缝而入。这一段插曲采取第三人称叙事,从热罗姆的观点下笔。

> 他累死了,只想好好休息,睡窝在他看来简直跟王宫没两样。忍受了一整天的迫害和悲惨终于告一个段落,他可以轻松一下。可是事与愿违,魔鬼附身的一群猫通宵庆祝众巫夜会,吵得他片刻不得安宁。学徒能够分配给睡觉的时间本就有限,这一吵连觉都睡不成了,还得在职工大清早来上班之前开门。他们来了就是地狱门铃按不停,这两个男孩为了开门只好下床,越过庭院,顾不得睡衣里面身子直打冷战。那些职工永远神经绷得紧紧的。不论你做什么,你总是浪费他们的时间,他们总是把你当成一无是处的懒骨头。他们呼叫莱韦耶。锅子底下点火!水槽添水!说真的,那些工作照理说应该是新入行的学徒做的,他们住在家里,六七点来上工就可以了。于是,大伙儿很快各就工作岗位——学徒、职工,没有一个例外,除了师傅和师母,只有他们两个在享受睡眠的美味。热罗姆和莱韦耶心里怀恨。他们决心不要成为落单吃苦的人;他们要使师傅和师母一起做伙伴。可是,怎么设计呢?

莱韦耶有特殊的天分,模仿周遭每一个人的声音和最不起眼的姿态都惟妙惟肖。他是个没得挑剔的演员,那是他在印刷所学到的真本事。他还能够模仿猫叫和狗叫,足以乱真。他决定爬屋顶,一直爬到紧挨着这一对资产阶级的卧室的屋檐。从那里他可以发射喵喵弹展开突击。这种事在他来说是轻而易举:他是屋顶工人的儿子, 103
能够像猫一样走屋顶如踏平地。

我们的狙击兵果然大为成功,竟至于所有的邻居无不惊慌。开始流传说女巫来了,又说那些猫必定是施符咒的什么人的代办。这件事该由教区神父出面,他和这个家过从甚密,听夫人告解的也是他。再也没有人能够睡得着觉。

发生那件事的第二天和第三天,莱韦耶一连两个晚上演出众巫夜会。不认识他的人真会以为他是巫师。师傅和师母终于受不了。他们说:"最好叫孩子去赶走那些死没良心的动物。"夫人下命令给他们,特别交代别吓到小灰。那是她宠爱的猫咪的名字。

这女士为猫痴情。许多印刷所的主人也一样。其中一个养了二十五只。他找人为它们画肖像,喂它们吃烤禽肉。

捕猫队很快就组成。这两个学徒决定来一次大扫除,职工也加入他们的行列。主人们爱猫,所以他们必须恨猫。这个人抽下印刷机的横杆当武器,那一个从干燥房拿出一根棍子,其他的人用扫帚柄。他们在阁楼和储藏室的窗户张挂布袋，用来捕捉想要跳窗逃命的猫。打手一个个点名，一切准备就绪。莱韦耶和他的伙伴热罗姆主持这一场节庆，双双配备在店里找到的铁棒。他们的第一个目标是小灰，就是夫人的猫咪。莱韦耶快手出招把它打昏，热罗姆接着把它了断。然后，莱韦耶把尸体塞进臭水沟，因为他们不要留下线索：这件事关系重大，是一桩谋杀，万万透露不得。一群男人在屋顶上制造恐怖。一群猫吓得屁滚尿流，看到袋子就跳就钻。有的当场一命呜呼。其他的注定会被吊死，好为整个印刷铺提供娱乐。

印刷工人晓得怎么笑，那是他们唯一的专长。

行刑即将开始。他们指定一个绞刑吏，一队卫兵，甚至有一个告解神父。接着他们宣布判决。

就在这个节骨眼，师母来到现场。她看到刑场血淋淋，多么惊讶！她失声尖叫；接着，叫声戛然而止，因为她以为她看到小灰，也认定她最心爱的猫咪逃不过这样的
104 命运。工人向她保证，没有人做得出这样伤天害理的事，他们非常敬爱这个家。

资产阶级来了。“哼！一群无赖，”他说，“不干活，在这里杀猫。”夫人对老爷先生说：“这些坏人不能杀师傅，所以他们杀我的猫咪。找不到它。我到处叫过了。他们一定是把它吊死了。”她似乎觉得全体工人的血也不足以补偿她受到的侮辱。可怜的小灰，无与伦比的一只猫咪！

先生和夫人离开现场，留下一群工人自由自在。印

刷工人喜欢这场乱子；他们欢欣若狂。

一个“漂亮的复本”，多么精彩的笑料！这件事够他们消遣好长的一段时间。莱韦耶将担任主角，演出这出戏不下二十次。他会逗趣模仿师傅、师母、整个家族，把他们嘲弄个够。谁也逃不过他的讽刺。在印刷工人当中，擅长这种娱乐的人被称作“打零工的”：他们提供“零工”。

莱韦耶得到许多回合的掌声。

应该说明的是，所有的工人都站在同一条阵线跟所有的师傅对立。说师傅的坏话，这就足够博得全体印刷工人的敬重。莱韦耶就是其中一个。人们知道他的长处，他以前数度讽刺工人的事就不会有人去计较。

第三章　资产阶级梳理他的世界：城市即文本

105

1722 年巴黎举行列队行进向西班牙公主致敬

如果说农民的格林童话和技工的暴力仪式属于在今天看来似 107
乎不可思议的一个世界,我们或许期望能够设身处地,深入十八世
纪资产阶级的想法。多亏另一份文本,机会来了。那是1768年所
写,对于蒙彼利埃(Montpellier)这个城市的描述,作者不详,却是
如假包换的中产阶级市民。确实,十八世纪信笔而写的非小说类
作品充斥"描述"、旅行指南、历书以及地方名胜与名人的业余记
载。使得我们说到的这个资产阶级人士在这个文类中独树一帜的
是,他执意要求完整。他要捕捉他生活于其中的那一整个城市,所
以他一写再写,手稿足足有四百二十六页,含括每一间小礼拜堂、 108
每一个假发制造商、每一只流浪街头的野狗。在他看来,蒙彼利埃
市就是宇宙的中心。[1]

他进行这样一项庞大又详尽的计划,确实的原因无从判定。他的初衷也许是出版一本旅行指南之类的书,因为在他自己为《1768年所见蒙彼利埃市现况》(*Etat et description de la ville de Montpellier fait en* 1768;下文提及本书一律简称《现况》)写的序文中,他做了这样的说明:他要描述蒙彼利埃,采取的方式将有助于访客,而且会"揭露一个城市的真貌,那个城市虽然规模不算特别大,却在王国占有杰出的地位"。[2]听他的语气,他以自己的城市为荣,急于告诉我们有关那个城市的种种,仿如我们是伫立陌生的街角四顾茫然的外国人,他要帮我们带路。他的立场并没有不寻常的地方,倒是有个问题值得我们考虑:描述一个世界,这是怎么一回事?假使我们感受到那样的一股驱策力,也有那样的精力,我们会如何把周遭的环境变成白纸黑字?以鸟瞰的观点着手,然后回旋渐降,缓缓聚焦于四通八达的干道路口?或是像个外地人一

样,从乡间穿过城郊到达市中心壮观的建筑群落,停在市政大厦或教堂或百货公司的前面?也许我们会以社会学的方法组织描述的内容,从掌握市政的精英由上而下,或是从工人由下而上。我们甚至可以敲响振奋人心的旋律,从国庆日演说或布道大会落笔。可行的方法不胜枚举,起码多得让人无从着手。说穿了,就算热爱这个城市,而且纸张的供应源源不绝,怎么可能以白纸黑字“揭露一个城市的真貌”?

不妨举个广为人知的例子,这个例子可以作为观察十八世纪蒙彼利埃图景的切入点:

> 伦敦。米迦勒节期(Michaelmas Term)刚过,大法官坐在伦敦的法院大厦里。别扭的十一月天气。街道一片泥泞,仿如大水刚刚从地表消退,即使遇到长达四十英尺左右的巨龙,摇摇晃晃像霍本岗上超大型的蜥蜴,也没什么好惊讶的。烟囱冒出来的烟缓缓下降,形成一阵软绵绵的黑雾气,挟带煤灰一片片,大得像成熟的雪花——
> 109 飘飘致哀,不难想象是为太阳送终。狗,在泥沼里面貌难辨。马,半斤八两——溅得眼罩都是。行人,撑着伞推来挤去,一个个染上坏脾气,在街道转角的地方也没得立足,那儿自从天亮(如果这一天曾经亮过的话)已经有成千上万的行人失足滑倒,在层层的泥巴上头添增新的淤积物,就地沉淀紧紧粘贴人行道,愈积愈厚。[3]

说到狄更斯所描写的伦敦,一言难尽。不过,从《荒凉山庄》(*Bleak*

House)的开头摘引的这些句子足以看出，都市景观可能负载多么浓烈的情感、价值判断与世界观。污秽、杂乱、四处弥漫的道德腐败的气息附着在老朽不堪的体制上，此一景象有如万无一失的标记，注明该段描述必定是狄更斯笔下的伦敦。我们的蒙彼利埃人定居在截然不同的一个世界。但是，他描述的同样是凭自己的心思营造出来的世界，即使他没有狄更斯那种传达个人感受的文学才华。不管有没有文学趣味，地方意识是我们寻求人生定位所不可或缺的。如果发现出身于旧制度较为寻常的资产阶级用文字把它说出来，落笔如流水，这无异于碰上十八世纪世界观的一个基本成分。可是，如何彰显意义所在呢？

达官显要在图卢兹(Toulouse)列队行进

阅读这位作者的描述，困难重重不下于他当年动笔写作。每一个语词都在表达一个陌生的意识，试图梳理一个如今已不存在的世界。要穿透那个意识，我们有必要对于描述的模式比对于描述的对象付出更大的专注。我们的作者是否运用标准的方案梳理都市地志?他根据什么条件划分这个现象和那个现象?开始动笔时,他如何分门别类整理重大事件?我们的工作不是要揭露蒙彼利埃在1768年是什么模样,而是要了解我们的观察家如何观察蒙彼利埃。

不过,得先说明一下“资产阶级”这个立场鲜明的术语。这个术语伤人,叫人听了不是滋味,而且不精确,可是非用不可。历史学家已经争议了几个世代,现在仍然争论不休。在法国,它通常具
110 有马克思主义的含义。资产阶级是拥有生产模式的人,有自己的生活方式和自己的意识形态的某种“经济人”(Economic Man)。他是十八世纪的要角,那个世纪纵使谈不上完全工业化,却也是个大肆扩张的时代,根据法国人看待“盎格鲁-撒克逊”经济的片面观点来说就是“起飞”(“le take-off”)。面对经济权力与政治无力的扞格——在1789年前夕贵族图谋东山再起的时期尤其雪上加霜——资产阶级形成阶级意识,接着揭竿起义,领导包括农民和技工在内的民众阵线掀起法国大革命。这支打击武力能够同心齐力,意识形态是一大主因,因为资产阶级设法以自己的自由(特别是自由贸易)和平等(特别是摧毁贵族特权)满足平民大众。到了1789年,启蒙运动已经大功告成:正如同最望众士林的法国历史学家在影响最深远的法国教科书中斩钉截铁告诉一代读者,“十八世纪思考资产阶级”。[4]

中产阶级的兴起这个历久常青的主题在十八世纪的法国自成一格,系奠定在下述的历史观:历史是经济、社会与文化三个层面
111 发生作用的过程。层次越深,力道越强劲。因此,经济的变化引发

社会结构的变化,最后则促成价值与观念的改变。诚然有些历史学家提出相当不一样的观点。罗兰·穆尼耶(Roland Mousnier)和他的学生构想出一套理论,主张旧制度乃是以法律规范和社会地位为基础的礼制社会(society of orders)的理想图像。马克思主义学派有个葛兰西(Gramscian)倾向,把某些自治权归因于优势社会政治"壁垒"形成过程中的意识形态势力。然而,自从二十世纪五十年代,直到二十世纪七十年代,法国历史书写的主流在于试图创造以因果三层面模型(a three-tiered model of causality)为基础的"总体"("total")历史。[5]

这个观点把资产阶级摆在舞台的正中央。身为生产模式的拥有者,在社会结构中不断攀升,又是现代意识形态的拥护者,他注定要扫除横梗在他眼前的一切。可是,没有人对他有足够的了解。他以没有面貌的一个类别出现在历史书籍中。所以在1955年,三层面总体历史观的最高发言人埃内斯特·拉布鲁斯(Ernest Labrousse)发起一场运动,直捣资产阶级在档案堆中的藏身之处。根据社会—职业坐标方格编纂出来的大量统计调查纷纷出炉,无
非是要在社会结构之内标定从十八世纪的巴黎开始扩散到西方世 112
界各地的资产阶级。事实证明巴黎非常棘手。孚雷(François Furet)和多马尔(Adeline Daumard)调查出1749年总共2,597件结婚证书,揭露一个由技工、店主、自由业者、王朝官员和贵族组成的都市社会,但是没有制造业者,而且只有屈指可数的批发商。罗什(Daniel Roche)和沃韦勒(Michel Vovelle)就巴黎和沙特尔(Chartres)进行比较研究,得出类似的结论。每一个城市都有资产阶级,没错,不过他们是"旧制度的资产阶级"——主要是"食利

者”(*rentiers*),也就是靠年金和地租维生而不必工作,他们和马克思主义历史编纂学(Marxist Historiography)所界定的产业资产阶级针锋相对。诚然,在亚眠和里昂等纺织业中心可以找到制造业者,不过他们管理的通常是已经存在数世纪之久的生产企业,这和正开始改变英格兰都市地景的机械化、制造厂生产毫无相似之处。自从法国有企业家以来,他们大体上出身于贵族。贵族的投资并不是仅限于采矿和冶金这些传统的部门,而是遍及产业和商务的所有领域;反观商人,他们通常在累积足够的资金,可以像绅士一样靠土地和租金或利息生活之后,立即退出商场。[6]

专题论著持续涌现,一个城市接一个城市、一省接一省,旧制度的法国越看越觉得古老。最值得称道的研究,如加登(Maurice Garden)研究里昂和佩罗(Jean-Claude Perrot)研究卡昂(Caen),挖掘出一些真正的制造业者和批发商;不可否认他们是资本主义的资产阶级,但是比起在现代法国所有的城市大量增加而为数众多的技工与零售商,可就显得微不足道了。可能除了里尔(Lille)和其他城市的一二个地段,历史学家根本无从找出马克思主义学派所想象的生龙活虎、具备自我意识、促进工业化的阶级。莫里诺(Michel Morineau)太离谱了,竟然辩称经济在整个十八世纪依然停滞不前,又说拉布鲁斯(Labrousse)在二十世纪三十和四十年代制作的谷价上涨曲线图所具现经济扩张的标准景象其实是错觉——是马尔萨斯指称的人口压力所致,无关乎生产力的增加。
113 经济体制不可能那么脆弱,但是显然尚未经历一场产业革命,甚至连农业革命也无影无踪。从海峡的法国这一岸来看,“起飞”是开始了,不过看来是“盎格鲁-撒克逊”特有的。[7]

此一趋势有如秋风扫落叶,一举清除旧制度的三层模式中最低阶层的现代性,同时也把第二个阶层中大多数人口的进步动力侵蚀精光。前面提到“思考资产阶级”的世纪,那个观念哪儿去了?针对主要的思想中心,即省区(provincial,指巴黎以外的地区)学术机构,所做的大量社会学分析显示,思想家属于贵族、教士、政府官员、医生和律师出身的传统精英。启蒙运动书籍的读者群看来差不多是同一批人,剧院的观众——即使是看“市民剧”(*drames bourgeois*)这个新剧种看到掉眼泪的那些人——甚至更吻合贵族阶级的趣味。正如我们将在下一章看到的,作家群来自社会的每一个行业,除了产业界。当然,启蒙运动文学依旧可以诠释为“资产阶级”文学,因为这个术语是和一套价值观念分不开的,而那些价值观总是可以在印刷品中找到的。可是,那个过程跟跑马灯没两样,只是冗词赘语在兜圈子,比如说资产阶级文学就是表达资产阶级见解的文学,这根本扯不上社会史的边。学者全面回应“寻找资产阶级”的呼声,可是迄今仍然面貌难辨。[8]

基于前述的经验,把我们的蒙彼利埃人当作稀有物种的标本似乎太夸张了——尤其是考虑到我们无法确认他的身份时,益信其然。不过,根据文本所流露的他的语音,我们可以找出他大概的落点。他上劈下砍,划出两条分界,把自己和两种人隔离开来,一种是贵族,另一种是民众。我们还在扉页间看到他无比率直的定见:引起他共鸣的是都市社会夹在中间的那个范围,当中有医生、律师、管理人员、“食利者”。他们在大多数的省区城市形成“知识阶层”(intelligentsia)。这些人属于“旧制度的资产阶级”。十八世纪使用“资产阶级”这个术语时,指的就是他们,而当时的辞书所定

义的“资产阶级”只不过是“城市的公民”,虽然辞书也注意到其形
114 容词的特殊用法,如“资产阶级的房子”、“资产阶级的汤”、“资产阶级的酒”,而且书中所举的副词用法之例使人想起特定的一种生活方式:“他以资产阶级的方式(*bourgeoisement*)生活、说话、思考。在中午,他以资产阶级的方式进餐,跟家人一起,称心如意而且胃口大开。”[9]

从含蓄又切合时代背景的资产阶级的观念着手,我们应该可以将心比心进入《现况》;接着从内部下一番工夫,我们或许能够在我们的作者借他的文本所建构的世界中徜徉漫游。

然而,与其莽撞突进,我们不如先回顾一下历史学家所建构的蒙彼利埃,即使只是为了找出可以有所比较的地方,以便帮助我们了解即将面对的形势。[10]

十八世纪的蒙彼利埃基本上是个行政中心兼市场,在法国南部的朗格多克(Languedoc)这一大片地区中,是仅次于图卢兹和尼姆(Nimes)的第三大都市。该市人口增加非常急速,从 1710 年大约二万人增加到 1789 年大约三万一千人——不只是因为像其他城市一样从乡村地区迁入大量人口,而且因为死亡率降低以及最重要的财富增加。经济史家如今把“扩张的世纪”——也就是素来广为人知的旧制度最后一个阶段——分成三个十年期,从 1740 到 1770 年;可是在蒙彼利埃,那些年头足使几乎每一个人都生活得更安逸,即使他们没有促成经济脱胎换骨。收成好,价格合理,利润从该城市的农业腹地源源流向其市场,又扩散到工坊和店铺。

蒙彼利埃毕竟不是曼彻斯特。它生产的是自从中古时代末期就已开始生产的物品,同样是小规模的作业。试以铜绿的制造为

例，以之为业的大约有八百个家庭，每年带来八十万银元的收益。就在普通住家的地下室制造，把铜盘堆在陶缸里头，缸内注满蒸馏酒。家中的女人每星期刮取一次盘子表面的"醋酸铜"。代理商挨家挨户收集，再由像迪朗（François Durand）父子这样的大批发商行销欧洲各地。蒙彼利埃人还制造其他的地方特产：扑克牌、香水 115
和手套。他们有多达两千人编织羊毛毯，以 *flassadas* 之名著称，就在自己的房间里，织好的就堆在家里等候经销商登门收购。羊毛制品就整体而言已经没落了，但是省内其他地区所产制的布料却是以蒙彼利埃为集散地。十八世纪六十年代，棉花工业开始发展，有些就在工厂里，工厂在市区外围的地带拓展，雇用的工人数以百计。其中有许多是做印花布和手帕的，其需求量由于吸鼻烟的风气渐开而大增。可是鼻烟和铜绿都不是促成产业革命的原料，而且工厂只不过是在大型工作场所小规模自然发展的结果，里头的职工和雇主——相当于热罗姆和他的"资产阶级"——做活的方式两百年来几乎没什么两样。虽然经历十八世纪中叶的扩张，经济仍然处于未开发状态——也就是补锅匠在门口敲敲打打、裁缝师坐在店铺窗口跷二郎腿、商人在账房称钱币的那种经济形态。

钱币累积极其可观，竟使得蒙彼利埃发展出类似寡头集团的商业势力。正如同在法国的其他城市所看到的情形，商人惯于把资本从贸易转移到土地和官职。只要在司法界和皇家衙门买到高阶层的职位，他们立刻跻身贵族之列。富甲一方的家庭——拉雅（Lajard）、迪朗、佩里耶（Périé）和巴齐耶（Bazille）——掌控了蒙彼利埃的社会与文化生活，此一情形由于城里实质上没有古老的封建贵族而益形严重。蒙彼利埃虽然不是省级最高法院所在地，却是省内最重要的行政中心,是总督府坐落之地,不乏省级的达官要人,也有若干王室行宫,富商巨贾的位阶因而水涨船高。不过在1768年,城内人口毕竟只有二万五千人左右,位居顶层阶级的人数不可能太多。精英圈子里几乎每一个人都彼此认识。参加音乐学会的音乐会,在戏剧院看戏,在皇家科学院听演讲,还有共济会会员间的礼尚往来,都是他们聚首的方式。他们每天在佩鲁海滨
116 大道(Promenade du Peyrou)散步都有机会打照面,每个星期聚餐,尤其是星期天参加在圣皮埃尔大教堂(Cathédrale de Saint Pierre)举行的弥撒之后共享大餐。他们当中有许多人也在里戈蓬斯(Rigaud et Pons)书店和封塔内(Abraham Fontanel)的读书会相聚,在那里读同样的书,包括伏尔泰、狄德罗和卢梭的大量作品。

我们的作者在1768年动笔描述的就是这个城镇——比上不足而比下有余的一个相当繁荣进步的城市。不过,试图比较事实(历史学家呈现的蒙彼利埃)和对于事实的诠释(《现况》呈现的蒙彼利埃),不应该把他的描述和我们的描述拿来相提并论。理由是,诠释与事实纠缠不清,我们永远不可能分得清楚。我们也不可能跳过文本杀出一条生路直达文本所不能及的确实真相。其实,前面三个段落描述这个城市所采取的分类法正是我在这篇文章中批判的对象。那种描述模式是1768年的这个蒙彼利埃人连做梦都想不到的了。他从主教和教士开始,接着浏览市政的当权人物,最后鸟瞰不同的社会"等级"和他们的习俗。文本的每一个章节循序逐次展开,好像是在进行一场校阅典礼。事实上,《现况》的前半部读起来有如播报列队行进的实况——这是完全可以理解的,因为在现代欧洲早期的每一个地方,列队行进都是大事。亮相的行

列展示头衔、身份、团体和等级，这是当时认为社会秩序赖以维系的四大要件。因此，我们的作者在描述他的城市时，采取的方式一如他的同胞安排他们的列队行进。出入在所难免，整体的形势并无二致，他把街头的演出转化成白纸黑字，因为列队行进是都市社会传统惯用的语法。

那么，蒙彼利埃到底展示些什么？根据《现况》的前半部来推断，一场典型的大列队行进完全吻合当今所称一个城市的上层结构。它以护送市政官员出席所有重要场合的礼卫队带出一阵五彩和声浪揭开序幕：两名指挥官一身红装，袖口镶银线花边；六名掌 117
旗官穿半蓝半红的礼服，手执银质令杖和荣誉旌旗，佩带镇上的传统武器；八名戟兵持矛；一名号手穿红色制服，镶银线花边，在最前头奏乐，为跟随在后的达官显要引路。

第一等级（教士）先上场，由一系列的宗教兄弟会开始：一队白衣苦修修士，手持蜡烛，身穿白长袍，头藏在连颈帽底下；接着是穿袋形衣，色调深浅有别的较小规模的修会——真十字会、万圣会和圣保罗会。这个行列可能多达上百个团体，随后出现一队孤儿，身穿普济院蓝色与灰色的粗布制服。男童和女童分队行进，后头跟着院里的六名辅导员、十二名管理员、六名理事——这是在声明该市尽心尽力照顾穷苦无依的人，同时借此祈求天恩福泽，因为一般认为穷人特别容易蒙受上帝的慈悲。此所以他们经常以丧礼的行列行进，拿着蜡烛和布匹礼物。

随后出场的是正规的教士，每一个修会都穿各自的传统服装，依照在蒙彼利埃成立的年代排定顺序：带头的是多明我会八个，其次是科德利埃会十二个，奥古斯丁会三个，大加尔默罗会三个，加尔默罗脱鞋会十二个,慈恩天父会三个,嘉布遣会三十个,静思会二十个,奥拉托利会一个。随后还有居家教士:牧师助理三个和代牧十一个,代表在城里三个教区负责监督灵魂的牧师职责。

这时候,一个金、银合铸精雕,造型壮观的十字架宣告主教莅临。他在行进的行列中就走在由主教座堂公祷团员簇拥着的圣体饼之前,一袭粉红大袍服表示他特殊的地位,因为他同时也是莫吉欧兼孟佛朗伯爵(comte de Mauguio and Montferrand)、德拉马凯鲁兹侯爵(marquis de la Marquerose)、索韦男爵(baron de Sauve)和德拉韦鲁纳领主(seigneur de la Vérune),所辖土地每年的收益高达六万银元。没错,省区之内是有更古老的城市;纳博那(Nabornne)、图卢兹和阿尔比(Albi)都有"大"主教。但是,高级教士一起参加蒙彼利埃的省三级列队行进的时候,只有蒙彼利埃主
118 教穿粉红色服装出现在行列中。其他的二十三位都穿黑色服装,仅有的例外是纳博那大主教,他也由于地位杰出而有权利穿粉红色礼袍。在〔相对于全省的〕市列队行进的场合,蒙彼利埃主教的粉红袍服在公祷团员低调、黑色的教士袍和灰色的毛皮连颈帽衬托之下,非常醒目。公祷团员也是根据阶级高低(依次为四名Dignitaires、四名Personnats和十五名Simples Chanoines)排定行进的先后次序。接在后边的是整个列队行进中最庄严的部分,即圣体饼,在极其精美的游行用祭台上显供圣体发光,上覆华盖,由当地的六名行政官撑支柱护驾。

行政官是地方市政机关的最高官职,他们在列队行进所扮演的角色代表宗教权威与公民权威互相结合。各穿鲜红袍服,戴紫缎连颈帽,分别代表一个法人团体。前面三个是省总督从"绅士"、

“生活高贵的资产阶级”和辩护律师或公证官这三个阶级任命的。[11]另外三人由主要的市政机构市参议会推选，分别代表下列三类法人团体：第一类，商人、外科医生、药剂师或书记；第二类，金工匠、假发制造商、酒商、挂毯制造商或其他“可敬的行业”的从业人员；第三类，手工业行会里头的雇主技工。[12]行政官也代表蒙彼利埃的第三等级（民众）参加省三级会议的集会。在这一类的场合，他们和主教比起来似乎微不足道，因为他们只穿短袍，而且不能致辞。可是，他们合力准备了一样礼物，是价值六百银元的四只表，而且他们在市列队行进时风光十足，走在圣体旁边，盛装护驾。在某些列队行进中，他们还有圣礼总会的十二名会员穿礼服相伴，手持蜡烛走在圣体饼的旁边。这一部分的行列是整个游行的核心，总是有穿制服的卫队护送。

镇上的其他官方要员接续行进的行列，也是依照职级和头衔的次序。司法警卫总队派遣的一支骑警队，穿着整齐的礼服，引导间接税最高法院——本地区的最高法院——的文职官员。法院其
实由三个部门组成，分别处理不同的法律与行政问题，不过其成员 119
在行列中的次序是依照职级。[13]带头的是省长，通常是具有王室血统的贵族，他以法院首席庭长的荣衔出席种种典礼场合。他通常由专属的武官护卫，都是袍服盛装。接着是文职官员的主体：十三名庭长，穿丝质黑袍，外罩有貂皮连颈帽的鲜红色袍服；六十五名推事，服装的式样相同，只是跟在后头；十八名襄阅官，穿黑色花缎；二十六名办案参事，穿黑色塔夫绸（taffeta，又称软缎）；三名检察官和一名书记，所穿袍服类似推事，只是他们具备法律学位；一名首席执行官，穿丝质黑长袍和粉红色官服，也有连颈帽，但是没

有毛皮;八名执行官,穿粉红色袍服。法兰西财务官跟在后头,多达三十一人,包括四名检察官和三名书记,都穿黑色缎子。他们一个个有钱又有势,因为大多数税务征收所涉及的法律问题,最后的裁决权掌握在他们手中。

列队行进的最后一支队伍是来自初等法院的官员:庭长两名,宗教法官一名,刑事法官一名,首席助理一名,特别助理一名,荣誉参事两名,参事十二名,代诉人一名,国王辩护律师一名,书记官一名,以及一群代诉人和执行官。庭长穿鲜红袍,不过没有连颈帽,也没有毛皮缘饰。其他的官员则特准穿黑色缎子。

列队行进在这儿结束,殿后的是地方官员阶层组织中地位相当高的一批人。名单还可以再加上我们的作者在后续的章节中继续描述的其他法人组织:司法警卫总队,造币厂,皇家法学会,教会、封建和商业三个法院,参议会与二十四人委员会,以及许许多多的专员、督察、税务员、财务官和主计人员,他们使得王室官僚在地方上益加根深枝蔓。这些官吏也是按各自的官服在恰当的时机出现于行进队列,不过他们没有参加行进的大队列,因为最庄严的
120 仪式只保留给城里面最尊贵的人和一年中最重要的节日,包括宗教的和民间的。大列队行进令人过目难忘,是集声、色与布料之大成的展示会。号声长鸣,马蹄声嘚嘚踩在卵石路上,达官显贵从眼前走过,有的穿马靴,有的穿凉鞋,有的羽毛为饰,有的粗布为装。红与蓝各有多种不同的色调,辉映文职官员的花边与毛皮缘饰,并对比僧侣的黑色与褐色。缎、丝等高级布料横扫街头,各式各样的袍服与制服川流不息,随处可见上下波动的十字架和权杖,烛火一路飞舞。

现代美国人难免把这样的景象类比于蔷薇体育馆橄榄球赛或梅西(Macy)百货公司的感恩节游行，可是没有比这更离谱的事了。蒙彼利埃的大列队行进不鼓动球迷，也不刺激消费，而是表达都市社会共同的礼制。那是在街头摊开的一篇声明，该城市借以向自己呈现自己——有时候也向上帝，因为蒙彼利埃在遭遇干旱或饥荒的威胁时，也举行列队行进。可是，在列队行进已尘埃落定，而且礼袍官服已打包入柜两个世纪之后，我们怎么读它呢？

幸运的是，我们的当地语料供应人费了好大的工夫解说细节。比方说，他提到间接税最高法院的某些官员没有穿红色——红色是保留给法学出身的文职官员的。说来令人难以释怀，法院里头有一部分年轻人根本没上过大学，他们的官职是花钱买来的。他们在有见识的人看来相当突兀：庭长在行进队列中穿貂毛皮缘饰的黑天鹅绒，参事则是黑缎白貂毛皮。我们的作者还能够从袍服的颜色和质地看出一个人的地位与收入。庭长拥有完整、可世袭的贵族身份。他享有“阁下”(Messire)的尊称，拥有“同侪审判权”(在最高法院由同侪审判的权利)，享有某些免税特权(免除采邑捐和土地转移税)，年薪六千银元外加不同名目的事务费，这样的职位可是要花十一万银元才买得到的。参事也有同样的特权和司法功用，不过他的贵族权利得要到第三代以后才能完全世袭；他们被称为“先生”(*Monsieur*)，年收入只有四千银元，买官费是每人六万 121
银元。

教士也一样，可以从参加列队行进的服装上看出阶级。我们的作者列出所有的头衔、特权、收入与功能，无一不是隐含在行进队伍的次序中。走在最前头的多明我会，历史最悠久，每年接受六千银元的津贴。奥古斯丁会的位阶属于中等,津贴四千银元。力争上游的慈恩天父会则只有两千银元,也没有专属的隐修院,因此殿后。我们的作者看出袍服底下隐藏许多赘肉。他提到许多隐修院的建筑有气派,接受大笔的捐赠,却只供养三四个不事生产的教士。僧侣在他心目中的地位并不高。

教授可就不一样了。我们的这位作者带着欣羡的眼光观察蒙彼利埃大学的皇家教授穿深红色的缎子,戴貂皮连颈帽。在法学院,他们称作"法律骑士",这个头衔使得他们具有非世袭的贵族身份,以及穿袍服和附金质马刺长筒靴入棺下葬的权利。他们的年收入只有一千八百银元(层级较低的博士生只有两百银元),这样的待遇使得我们的作者深感不平,认为匹配不上他们的"等级"所具备的"高贵"。[14] 不过,他最喜爱的"尊贵"或"品质"并非得自财富。教授之所以为法律的骑士,是因为他们的知识具有高尚的格调,何况带着金质马刺入土为安比身后遗留财产更重要。

因此,钱财、地位和权势不足以构成单一社会礼法的三重奏。正如同《现况》所展现的人间喜剧,复杂与矛盾所在多有。大加尔默罗会比加尔默罗脱鞋会更值得敬重,财富却不如。法兰西财务官的职位远远超过间接税最高法院的参事,可是在列队行进中所受到的尊荣却比不上。王室出身的省长走在最高法院队伍的前头,年收入高达二十万银元,可是他的权力比起总督实在微不足道,而总督的年收入却只有七万银元,但在列队行进的场合甚至没有亮相的机会。

没有参加列队行进大典的人使得场面益形复杂,因为他们虽
122 然在行列中缺席,却影响到旁观者的观感,最起码影响到《现况》作

者的观感。他提到三一会在宗教家族的阶层组织中应该是排在中下,因处境艰困而没有出席盛会。耶稣会一度有钱又有势,资历排在静思会之后,却因为被逐出王国疆界,再也无法参加典礼。蓝衣苦修会是个新兴却颇得人缘的兄弟会,他们想争取走在白衣苦修会前面的权力,因争取未果而整个退出行进队列。更广为人知的是,行进队列中的其他三个兄弟会也想要争取排行老大;他们后来虽然退而求其次,却导致另外八个兄弟会集体退出,作壁上观。我们的作者仔细列出这八个兄弟会的名称,说他们因为没参加列队行进而不被"广为人知"。[15]同样地,他列出没有参加列队行进的市政团队,如司法警卫总队和造币厂等单位。他们在其他场合可以袍服羽饰在街道走动,可是在大列队行进的场合,初等法院法官的最后一位执行官后头跟着一个队伍,除此别无其他团队够资格参加最隆重的市民盛会。在旁观者看来,被排除在校阅队列之外的,正因为缺席而显得醒目。他们属于出现在负面表列的一批,忽视他们就无法窥见全豹,因为略过留白的地方,一如略过铺张的场面,同样无法恰当解读一场列队行进。

那么,整体意义是什么呢?列队行进不能一板一眼当作社会的模型,因为它对社会要件有所夸大,也有所忽略。教士是列队行进的重头戏,但是不论他们在圣体瞻礼这个宗教节庆的队伍行列中显得多么体面,他们在旁观者眼中少有威望可言,我们的作者也是这么认为,他提到僧侣不再获邀参加上流社会的餐宴。他还强调蒙彼利埃是个商业都市,那里的市民表现出尊重财富的健全心态。可是,列队行进一方面凸显穷人的重要性,在另一方面却没保留多少空间给商人,制造业者就更别提了。他们视而不见的对象

还包括所有的技工、按日计酬的劳工和仆人,这些人构成了蒙彼利埃人口的大宗;他们也排除所有的新教徒——整整占了市民的六
123 分之一。

不过,列队行进毕竟不是社会结构的小比例尺模型,而是表达社会的精髓,也就是表达社会最重要的身份和头衔。按《现况》书中的描述,一个人的“身份”是由他在法人团体中的职级或官阶决定的,无关乎胆识或才智等个人的特质。这份文本也理所当然地认为,社会是由法人单位构成的,不是由无拘无束无所隶属的个人所组成,而法人团体则是属于一个阶层组织,列队行进就是那个阶层组织的具体表现。然而,阶层组织不是一字排开就直接归档。正如白衣苦修会和蓝衣苦修会的争执所显示的,声望固然是一大原则,却是以相当复杂的形态呈现。公祷团团员跟在牧师助理之后,牧师助理在教会阶层组织之内正是占据较低的阶级;可是在公祷团这个团体之内,较高的阶级走在前头。参加列队行进的不同队伍各有不同的分界线——不只是区隔传教士与俗众,也区隔正规教士与居家教士;不只是区隔高级法庭与低级法庭,也区隔文职官员与检察官。

然而,有个一体通用的形态显得突出。列队行进往前移动,层级逐步升高,从志同道合的团体升到正规教士,又升到居家教士,再升到主教及其座堂公祷团员护驾圣体饼——也就是基督的化身。就在整个列队行进最庄严的这个时刻,教会职级淡入,公民社会淡出,因为遮护圣体饼的华盖是由六名行政官扶驾,他们乃是市政府官员之首。六名行政官也有所区分:最前头的三个是来自贵族与食利者的名门世家,其次三人来自行会雇主的上层阶级。就

这样，王国之内的三个传统等级——教士、贵族与民众——在列队行进的核心共聚一方。接着列队往下回转行进，穿过一队市政机关，其重要性依次递减。行进者的尊贵得自行进队伍本身所彰显的殊荣，甚至超过他们和界外旁观的下层一般民众之间的对比。在蒙彼利埃，一如在印度，“人种分级制”(*homo hierarchicus*)之所以枝繁叶茂，乃是由于社会的增殖分裂所致，并非由于社会的偏极发展。[16]社会“礼制”不是区分阶级，而是微波荡漾在循序渐进的“头衔”级别中流过旁观者。

《现况》所呈现的旁观者不只是看表面上的阶级区分。他也注 124
意到肉眼不可见的疆界划分，因为他知道哪些人被排除在列队行进的行列之外，一如他知道行列之内包含哪些人。排除与包含同样属于分疆划界的程序，这一道程序既发生在人心，也发生在街头。不过，疆界唯有落实在具体的行动上才有用武之地。举行一场大列队行进不啻是对现实进行一次规范。它不只是追求功利目标，例如干旱时祈禠禳灾或仕途上祈荣求升。其存在的价值也可以在许多文告和艺术作品中看出来——一种纯粹的表达，对自己表达自我的一种社会礼制。

可是，列队行进的语言毕竟是过时了。它无法传达十八世纪中叶经济扩张所造成社会体制内部的分分合合。我们的作者知道他的世界在改变，虽然他无从界定那些变迁，也无从找到表达那些变迁所需要的字眼。《现况》后半部分的重点在于蒙彼利埃的社会与经济生活，在接近这一部分的地方，作者开始摸索适当的用语。写到中途，在题为《贵族，居民的阶级》的一章，他突然调转笔锋，改用不同的隐喻。这个城市不再是一场点校“头衔”的活动。它变成了以“等级”为基础的三层结构。

这样的说法,把人分成祈祷者(教士或第一等级)、战斗者(贵族或第二等级)与工作者(其余的人口主体或第三等级)这三种传统的类别,而且人人明白自己在这个传统中有所归属的省区与王国,是很自然的。但是,我们的作者重整这些类别,程度之彻底竟至于摧毁了它们的传统意义。他全面删除教士一类,理由是这一级“在这个城里不怎么受到尊重。它在日常生活的哪一方面都没有影响力”。[17]于是,他大笔一挥,全面排除在标准的三级分类制以及他自己的《现况》前半部形象最显眼的一批人士之外。接着,他把贵族提升到“第一等级”(这个称呼必定要摆进引号,以便区别因
125 因相袭的用法)。他说明蒙彼利埃没有封建制度遗留下来的大家族。城里的“第一等级”仅仅包括袍服贵族,他们和封建时代所遗留的较古老的刀剑贵族不一样,都是由于占据重要官职而获得贵族地位的文职官员。虽然这些新近显贵的资产阶级从法律观点可以归为“第一等级”里头的第二次级,但他们在日常的生活方式和其他的富裕市民并无不同:“这些〔袍服〕贵族在城里没有独具的声望、权威或特权;在这城里,资产与财富通常就是代表一切。”[18]

接下来,我们的作者把资产阶级摆在传统上由贵族身份占据的位阶,就是“第二等级”。这也是他忠于自己的地方,正如他选用的字眼所清楚表明的:

> 资产阶级或第二等级。“第二等级”这个称呼包含没有受封为贵族的文职官员、律师、医师、辩护律师、公证官、金融家、批发商、零售商,以及靠种种收益维生而无特

> 定职业的那些人。这个阶级不管在哪个国家总是最有用、最重要、最富裕。它依照自己的意愿资助第一等级而操纵最后一个等级。[19]

作者介绍“第三等级”，以旧式的手艺（*artisanat*）人而不是劳工阶级称呼。他描述其成员，称之为“技工”和“普通人”，并且区分三个“细类”：艺匠，手脑并用的技工；机械工，机械行业的工人；日工（按日计酬的劳工）和农工。之所以有最后一个细类是因为蒙彼利埃，就像大多数早期的现代都市，含括大片乡村，栽培园艺和耕作田地处处需要可观的劳力。[20]最后还有家事仆人以及未受雇的穷人。作者把他们列在劳工之后，却把他们排除在他的分类表之外，因为他们不属于任何一个法人团体，仅有的例外是官府登记有案的乞丐和普济院收容的贫民。他们不属于都市社会的生活圈，因此不构成一个等级，虽然街头巷尾到处看得到他们成群结队。

像这样描述社会结构，方法怪异。此一方式在《现况》的后半部有所呼应，引人联想到蒙彼利埃闹区紧密的住屋，对比先前描述列队行进的回旋结构。资产阶级进占华厦的主要楼层，把贵族从一楼推向上层结构的顶楼，普通民众则停留在楼梯下方。可是“等级”的语言不会比“头衔”的语言更现代。我们的作者使用古旧的分类，掏空它们古老的意义，然后重新整理，采取的方法无非是传达有如会在十九世纪公开冒出来的社会礼制的形态：旧精英与暴发户共一色扬威的“名士”社会；一个巴尔扎克社会，其基本势力是财富，可是财富来自传统的资源，包括土地、官职、种种定期收益和贸易，而不是来自产业革命。 126

资产阶级又是怎么一回事？我们的作者用到这个字眼是理直气壮的。可是，他没有下定义，而是列举实例，大多数是从事自由业的人，如医生、律师、公证人等，也有少数是批发商；最后则是使这个类别有个名称的那一个社会形态，即地地道道的“资产阶级”，他们没有从事任何职业，而是靠地租或定期收益维生。这个术语出现在《现况》时，古风洋溢：“生活高贵的资产阶级”，“只靠 *rentes*（定期收益）生活的资产阶级”。[21] 这个类别对于工业化少有贡献可言。诚然，它包括金融业者和批发商，但是他们是在自从中古时代就存在的商业资本主义体系内经营业务。在食利者对比之下，企业家因为在《现况》中没有只字片语提到而引人注目——益加醒目的是蒙彼利埃已有企业家存在，虽然数目不多。法雷尔（Farel）和帕列尔（Parlier）两位“先生”在他们的纺织厂雇用一千二百个工人，可是我们的作者没有提到他们的人或他们的工厂。他倒是列出城里所有行业的一长串名录。像植物学家列举一个地区的动植物清单，他极尽所能区分五花八门的技工，强调地域特性，如手套制造业、香水业、铜绿交易业，并且网罗在现代都市早期四处大量增生的类别，如补鞋匠、白镴器工匠、裁缝匠、马鞍匠、锁匠、金工匠、上釉工匠、假发制造商、绳索制造商。这张名单扩及数以百计
127 的工坊，以及如今已经绝迹而无从翻译的行业——*mangonniers*、*romainiers*、*passementiers*、*palemardiers*、*plumassiers* 和 *pangustiers*。它传达的意义是：那是手工艺经济（handicraft economy），分割成微小的单位，同业则以行会树围篱，以技工和零售商为主的小世界，距离产业革命似乎有几个世纪。

我们的作者在那个世界显然感到惬意。他对工业的价值存有

疑虑：

> 至于城里有许多工厂是不是弊多于利，这个问题没有定论。工厂的确为许许多多男女老少提供大量的工作，使得他们和他们的家庭有一线生机。可是，这些人如果受雇耕耘土地，他们的工作不会更有用处吗？虽然都市人轻视耕田而把它留给农民，农作物的生产比起纺织和甜酒的生产实在是更可贵也更迫切。没有后者毕竟能够过活，因为它们完全是多余的，通常有害于人的健康，顶多使人维持奢侈的生活方式。[22]

这样的看法带有重农主义论调，也反映驳斥奢侈的时髦观点，作者并不赞同甘冒风险、扩大生产、增加利润，或其他隐含现代企业精神的任何行为。他提到制造业在蒙彼利埃"微不足道"，欣喜之情溢于言表，但接着解释道："使它维持健全的就在于它没什么重要性。我们的制造业者只生产确定销售得出去的产量，不拿别人的钱财做赌注，而且确保生意源源不断。这种行为非常谨慎。薄利却稳赚，利益稳定循环，无疑比异想天开更值得，因为投机生意是永远不可能打包票的。"[23]说话的人是个"旧制度的资产阶级"，不是产业界什么有头有脸的人物，也不是资本主义的辩护健将。但是，如果说他的经济学概念是彻头彻尾的保守，那么是什么因素使得他对事情的一般看法染上似乎是如假包换的资产阶级的色彩？

从文本来判断，我们这位仁兄打从骨子里觉得自己是资产阶级;可是那种感觉,就我们能够从《现况》了解所得而论,根本无关乎他对经济常理的理解或误解。那种感觉源自他解读社会的方式。他把"资产阶级等级"摆在和蒙彼利埃的其他两个"等级"对立
128 的位置,也就是对立于贵族和普通民众。这两个等级似乎虎视眈眈,差别只在于各有各的方式。所以他密切观察它们的疆界,结果他在界定资产阶级的地位时就是采取消极的方式,亦即指出怀有敌意的邻居所在。

我们的作者虽然敏锐察觉到"头衔"与社会地位紧密系结的重要,却排斥贵族社会荣誉观。相反地,他以合理的态度尊重金钱。他强调,蒙彼利埃的上层阶级看重的是财富,不是荣誉,虽然像图卢兹那样的贵族社会城市并非如此。

> 由于这个城里属于骑士团的人为数有限,我确信我在前面一章所说的,就是这里缺乏古老的家族,而且对于博得殊荣这样的事一向淡然处之。我也可以把这个现象归因于本地唯利是图,能带来具体收益的事比荣誉更讨喜,毕竟在一个只凭财产的额度识人的城市,荣誉既不能使人舒适,也无法使人杰出。[24]

贵族与普通人的差别最终可以归结于财富问题,计算嫁妆那种旧式的财富:在"第一等级"这个阶层,新娘带着三万至六万银元结婚;在"第二等级",她们带着一万至二万银元。采取这样没格调的标准衡量贵族的身份,在我们的作者看来并无不妥,因为他特别强调蒙彼利埃所有的贵族其实都是资产阶级出身,都是经由购买

具有贵族地位的官职而获得“身份”。一旦进入社会最高阶层，他们就跟大多数的工作种类绝了缘，因为他们认为做事无异于作践自己，而所谓生活“高贵”意思就是什么事都不做。但是在我们的作者看来，无所事事是罪大恶极，什么格调的无所事事都一样。身为公民最重要的就是要有用。没用加上唯恐丧失阶级的势利心态，这使得绅士面目可憎，不论他们在列队行进中如何官模官样趾高气扬都是枉然。这位作者对于间接税最高法院和法兰西财务官的文职官员深表敬意，却感叹他们那个等级的根本心态：

> 第一等级的人认为，如果他们年纪轻轻的孩子从事 129
> 有用的职业，做些可以自力更生的实际工作，他们就觉得自己脸上无光，这种观念实在是有弊无利。一个庭长、参事、襄阅官、办案参事、财务官，甚或初等法院的文职官员，竟然认为自己年纪轻轻的孩子如果从事律师、医师、辩护律师、公证官、批发商或这一类的工作，就是有失身份，这是非常要不得的偏见。他们鄙视这一类的职业，可是他们大多数是这一类职业出身的。在一个人人崇尚讲理的城市，这种愚昧确实粗鄙不文，会造成数不清的年轻人注定要懒散加贫穷度过余生，而那些人原本是可以受雇从事有用的工作，不只是为了自己的好处，也是为了社会的好处。[25]

这种语气有点神经质，透露出作者对于贵族社会的排他性深不以为然，使得他力主“第一等级”这个社会阶级相对不重要的立

论站不住脚。他从来不放过批评贵族免税权的机会,其实那一笔税收在以平民税(*la taille*,即人头税)为主要税源的省区根本微不足道,而平民税的征收遍及全境,和社会地位是不相干的;他也从来不错过指陈贵族特权的机会,那些特权(同侪审判权、免除市警卫役和免缴采邑捐)也同样微不足道;他也一有机会就数落高贵的文职官员没有一技之长,做些穷极无聊的事,比如为了荣誉而比剑决斗。他的整体观点和一般用法所称的"第三等级"(不属于教士与贵族身份的每一个人)在 1789 年提出的要求有许多不谋而合的地方。

不过,他没有杀气腾腾。相反地,他赞扬政府的善意和公平,而且他的政治观感可能来自总督府的某个单位,在那样的背景之下,政治的要义只是征税和改善道路。我们的作者无法想象由选举代表或直接参与国家大事的独立自主的个人所构成的政治实体。他所思所想离不开法人团体的观点。因此,省当局派遣代表团到凡尔赛宫的时候,得要逐级转报——先通过一位挺直站立的主教,然后通过一位弯腰说话的贵族,最后通过一位第三等级(就这个称呼的传统意义而言)的成员单膝跪地禀报国王,这样的程序在他看来是顶自然不过的事。他记叙市政府也看得到类似的想
130 法。他认为蒙彼利埃幸运有加,因为它的行政官没有因官职而受封为贵族,这跟行政层级相当的图卢兹与波尔多不一样。但是,他虽然不赞同这种册封,却也没有质疑行政官代表的是社会阶级而不是个人这个先入为主的观念。"这个特权(因市政官职而受封为贵族)没有被视为理所当然,这是好事,因为那只会制造一群贵族,他们会沦为无所事事,贫穷以终。再说,按阶级任命最管用,因为

这么一来，用于区分市民的每一个等级和次级都有权利晋身市政府。”[26]我们的这个资产阶级分子在区分社会等级时，不把贵族的身份当作一回事，却把社会等级之分当作是自然的社会组织。

他好像也乐意接受资产阶级在一定程度上的贵族化。真正使
他吃惊的是民众的“资产阶级化”，因为“第二等级”在边境所面临
的最大威胁来自“第三等级”。卢梭或许已经注意到普通民众的美
德，不过我们的作者看得更清楚：“民众有劣根性，天生好色又好
斗。”[27]他用四个标题归纳他们的恶性：（1）他们见缝插针，逮住机
会就跟雇主过意不去，欺骗雇主；（2）他们总是做错事；（3）他们随
时在找机会纵饮作乐，丢下工作不管；（4）他们欠债不还。[28]这样的
指控，读起来好像印刷所职工在指责热罗姆没有敬业精神；我们的
蒙彼利埃人其实也观察到同样的技工文化，虽然他采取的是相反
的观点。他承认技工多少做了有用的事，这一点和贵族不一样：技
工是在做事，不管做得多糟糕。可是，他们把时间浪费在“残暴的
行为”上。[29]他稍微知道热罗姆之类的人在城里聚众结社，有奇怪
的入会式和没完没了的餐会；他对于他们不为外人道的特殊习俗，
除了轻视还是轻视，认为“可悲一如其荒唐”。[30]工人你来我往总离
不开暴力，因为他们吃喝玩乐之后，最过瘾的事莫过于欺负无辜的
过路行人，或找个对手与同样不醉不归的职工团体干一场架。矫
正这种行为的唯一办法是吊刑，最起码也该充军。可是当局纵容 131
过头了。他们总是要有证据才会惩处，而且处罚永远不够严厉；其
实跟“第三等级”相处之道只有一条，就是逼他们汲取前车之鉴，谨
守本分。

这些观感所透露的是面对陌生的生活方式时，害怕与不了解

兼而有之的心情。我们的作者相信蒙彼利埃正遭受犯罪潮的侵袭。“来自民众糟粕”的年轻人成群结队在街头游荡,偷人家的钱包又割人家的喉咙。[31]歌厅、弹子房、赌窟、恶名昭彰的住宅如雨后笋到处冒出来。有名望的市民甚至不可能黄昏时在国王花园散步而没有碰上作奸犯科之徒的危害。读《现况》给人的印象是,这种危险的感觉源自横亘在普通民众和文雅社会之间的文化鸿沟——所谓文雅社会就是贵族精英和富裕的资产阶级杂处一方的社会,即作者所指的“正派人士”。[32]不同的等级并不是居住在完全隔离的世界;事实上,我们的作者感叹“第三等级”被隔离得还不够彻底。不过,每一次他描述那个等级,他就提到使它和前面两个等级有所区隔的种种差异,包括语言、服装、饮食习惯和娱乐等方面的差异。他在《现况》的最后一部分太过于专注这个主题,竟使得那一部分成为习俗与文化的论著,而他所描述的社会则似乎不再是区隔成三个等级,而是分裂成两个敌对的阵营:贵族与平民。

在蒙彼利埃,每一个人都说奥克语*的地方变体,可是所有的官方活动都发生在巴黎,因此前面两个等级有双语倾向,“第三等级”则保留自己的方言。服装在蒙彼利埃,一如在现代欧洲早期的每一个地方,具有社会符号的功用。绅士穿及膝裤,劳工穿长裤。淑女穿天鹅绒与丝,视季节而定;普通妇女穿毛与棉织物,但所穿布料与季节并无绝对的关联。所有的装饰,从鞋扣到假发,全都可以看出前面两个等级和“第三等级”之间的明显差异,可是“第一”和“第二”等级之间没有分别。

---

* 奥克语:*langue d'oc*,中世纪法国卢瓦尔河以南地区用语。——译者

类似的区隔也表现在饮食的内容、时间与方式。技工和劳工随时随地都可以吃，不受工作时间与场所的限制，因为他们的工作 132
与休闲不分。共济会会员传统上以八次用餐时间分割一个工作天，其他手艺的职工通常一天至少有四次的休息进食。但是资产阶级和袍服贵族一天固定三餐，在固定的时间坐下来吃。偶尔上馆子，他们去正派的客栈，是“大老板”经营的，吃套餐；技工去酒馆，是“小老板”经营的，吃单点。酒馆已经成为前面两个社会等级的陌生领域，虽然半个世纪以前无人不经常光顾而且彼此醉成一团——起码我们的作者是这么相信。他深表赞同提到，现代资产阶级和现代贵族不会喝到酩酊大醉，而且只喝精致的酒，通常是从其他省区进口的。技工和劳工喜欢当地的烈红酒，大口大口地灌，含在嘴巴里漱口兼品味。

蒙彼利埃也根据游乐做区隔。我们的作者细心列出清单，还注明哪一种游戏适合前面两个等级。不是球类运动，也不是槌球(*jeu de mail*)，那免不了粗暴的混战，只适合农民和劳工；也不是撞球，那使人交上坏朋友；而是名为“鹦鹉”的古老游戏，“最优美、最高尚，而且最能娱乐‘正派人士’”。[33]这种游戏得要有两队“骑士”，都是“第二等级”的人，穿金线缘饰的红色和蓝色丝料服装，戴翎帽。参加的人先在城区游街几天，由乐队和长竿撑起的木雕鹦鹉前导。然后，他们把鹦鹉绑在船桅顶端，船就摆在城墙外围长满青草的护城河，接着举行射艺竞赛。射落鹦鹉的骑士就封王。箭王住家的前面会搭建一座凯旋拱门，骑士带着淑女在那儿通宵跳舞，舞会结束后集体参加箭王主办的餐宴，席间畅饮烈红酒。不过，资产阶级并非经常扮演骑士和淑女。事实上，这种“鹦鹉戏”最

后一次举行是在两个世代以前,1730 年庆祝王储诞生的时候。因
133 此,和工人们每个星期在护城河举行原始形态的足球比赛那种冲撞嬉闹比起来,鹦鹉戏提供不了多少娱乐。

从《现况》记叙的游戏和庆典来看,“第三等级”最有乐趣可言。“第一”和“第二”等级可以在大列队行进的场合庄严游行,技工和劳工却聚在绞刑架四周尽情喧闹嘶吼,看着“人气王”骑上刍马,带动左邻右舍跳起“乞丐的歌剧”之类的舞,降格模拟可以上溯到十六世纪的宫廷生活。跳舞是“小人物”的最爱,使得他们常有机会嘲笑大人物,尤其是在狂欢节、五朔节庆祝活动和闹新婚期间。我们的作者十分尽责,巨细靡遗记录这一切娱乐,可是他本人并不赞同,因此以自满的语气说资产阶级把它们留给低下阶层。“这些娱乐在这个城市已经完全退烧,赚钱成了新宠。因此不再有公众的节庆,不再有‘鹦鹉’箭术比赛或大众有志一同的寻欢作乐。就算偶尔看得到,那也只是普通民众的事。‘正派人士’是不参加的。”[34]

甚至连婚宴也不再有喧闹的场面,除非是在“第三等级”之中。在上层阶级,只有近亲才接到邀请,不是左邻右舍一起来。不再有喝醉酒,不再有餐桌旁就地大打出手,不再有摔烂家具打破头颅,不再有闹场滋事或闹新婚或酒馆开黄腔。“这一切在以往造成多少惊心脱序,如果现在有人要来个死灰复燃,将会因扰乱安宁而受到处罚。全面的改变带来无穷的效益,最可观的是如今在用餐的时间举目所见是一派规矩与端庄。这是公众庆典所不可或缺的;除非民族性发生变化,我们有充分的理由相信这种情形会永远持续下去。”[35]

诚然,拉伯雷趣味(Rabelaisianism)的张力在技工之间仍然蠢蠢欲动,我们的作者不难从热罗姆当学徒的故事中看出端倪。不过,他注意到巫术、施咒和众巫夜会在蒙彼利埃不再能够激荡人心,欣慰溢于言表。要说还有什么迷信,那也仅限于普通民众,像 134
是粗暴的比赛和嘈杂的庆祝活动。上层阶级已经弃绝那些几个世代以前还是全民参与的活动,已经把自己闭锁在自己的文化形态里。“如今是以体面的娱乐为主。〔为社交而举办音乐会的〕音乐学会的成立就是其一,他们举办的音乐会使其他的〔通俗娱乐〕为人所遗忘。阅读好书,日有增长的哲学气质,使得我们忘记了祖先所有的愚蠢行为。”[36]纵使还有什么愚蠢的行为以大众文化的形态流传下来,“正派人士”好像也能够独善其身。

不过,如果它暗示都市社会被隔离成互不相属的文化区,或暗示我们的作者的意识,不论多么资产阶级,还能够维持水波不兴,那可就误导读者了。他有他的忧虑,特别是关于越界的问题。

财富的民主化效应由资产阶级向外扩散,不只是向上,同时也向下扩散。没错,大多数的职工和劳工永远不可能累积足够的资金去购买任何比手表更贵的东西,但是雇主技工——比如手表制造商或相当于热罗姆的“资产阶级”之类的人——过的生活和“第二等级”的人不相上下。许多有钱的技工拥有银餐具,吃得和资产阶级一样好。他们的妻子和女儿在上午茶时间喝咖啡,和贵妇没两样。所有阶级的女人都穿丝袜,甚至女店员也可能被误认为是有身份的淑女——除非细心察看她们头饰华丽之处,她们略短的裙子,以及她们鞋子刻意流露的挑逗意味。更糟的是,男仆有时候穿上和主人一样精美的衣服,大摇大摆腰间佩剑,和同样花哨的同伴在公共场合散步。第三等级的三个次级之间,差别更是销蚀殆尽。“最卑贱的技工举止一如最知名的艺匠或任何从事比较高尚的行业的人。他们的开销,他们的服装,还有他们的住家,根本无从区分。停留在原来等级的只有农业劳工。”[37]

但是,最动荡不安的是从“第三等级”向“第二等级”的越界行
135 为。举例来说,外科医生使得身份的观念变模糊。他们传统上属于“第三等级”的上层阶级,因为他们是艺匠,是理发匠行会的成员。但是他们当中有十个人在蒙彼利埃名为圣科姆外科医生学校(Saint-Côme des Chirurgiens)的高级手术学校,以皇家示范教授的名义对大批学生开课。他们只穿简单的黑袍,薪水只有五百银元,可是他们跟其他教授一样,也拥有某种贵族的地位。因此,由于特殊的法令,他们享受到“显要的居民”这个妾身不明的地位,只要不开业、不为顾客修面剃胡子,就能保有其“等级上的殊荣”。[38] 为顾客修面剃胡子的外科医生则照旧被归入“艺匠”一类,社会地位低了半级。

教育一如金钱,也有瓦解社会分类的效果。虽然我们的作者尊重教育,教育却令他感到不安;他断然反对“第三等级”接受教育。慈济兄弟会资助两所大型的学校,竟然免费教导低阶层的儿童读书写字,他深为反感。他要关闭这两所学校,也要废止在普济院教导贫民儿童读书的措施。应该禁止技工把孩子送进中学。大学贵为教育体系的顶端,应该强制执行入学规定,禁止曾经从事“机械行业”的人进入法学院和医学院。只有把学术文化和“第三等级”彻底隔离,社会才不至于要养活一群失业的知识分子,那些人本来就应该去犁田耕地或步踵他们的父亲在工坊劳动。

这个论点在十八世纪的教育论战中司空见惯。伏尔泰经常就这一点申论力辩。不过,真正让我们的作者寝食难安的,倒不在于受过教育的普通民众会成为经济的负担,而是他们会瓦解社会等级的区分。“一个轿夫、一个街头搬运工、一个低微卑贱的人,竟然有权利送他的孩子进中学……而且普通民众的孩子既没有教养,也没有操守,竟然和优良家庭的孩子混在一起,带来坏榜样,成为坏行为的传染源,这根本就是违背礼规。”[40]

普通民众本身就够坏,更糟糕的是他们一旦走出他们的等级, 136
整个社会礼制都受到威胁。衔接不同等级、修会、法人、阶级和种种团体的缝合线不再是万无一失的社会分界线。我们的作者因此主张在每一个可能的地方加强部署边防。学生结党作乱如家常便饭,应该强制穿特殊的制服,而且每个学院都不一样,这一来他们和正常的市民在一起不至于鱼目混珠。公园和步道应该保留某些时段给某些团体。某些行业的技工应该限定居住的场所。最重要的是,应该强迫仆人随身佩带一目了然的识别证:

> 理由:最粗鄙不文的莫过于看到厨子或贴身仆役身穿有织带或花边缘饰的套装,腰系佩剑,在最体面的人群中大摇大摆散步;或是看到贴身女侍穿得和女主人一样花枝招展;或是发现不管哪一类的家事仆人打扮得像文雅人士。这一切都惹人反感。仆人这个阶级就是要做劳役,就是要服从主人的命令。他们不该有自由,不该和组成社会团体的市民相提并论。所以,应该禁止他们和市民混杂;如果非杂处不可,应该要有识别证标明他们的等

级,让人家一眼就看出来,不至于错认。[41]

可是,我们的作者对于发生在“第一”和“第二”等级之间的越界融合却喜形于色,因为财富的增加虽然在社会底层看来那么危险,在社会顶层却似乎令人感到振奋。“自从人们开始从金融和贸易中迅速致富,第二等级就博得前所未有的尊重。他们的花费和豪华使得第二等级成为第一等级羡慕的对象。大势所趋,这两者已经合并了,如今他们经营家务、举办餐宴和穿着打扮都不再有差别。”[42]一个新的都市精英阶层正在形成,和普通民众水火不容。倒不是说有更多的资产阶级花钱买官而爬上贵族的地位,而是他们花钱发展出新的文化风格,那种风格连贵族本身也垂涎。

再来看看法国人郑重其事的吃饭问题。我们的作者观察到豪华的排场已经不再流行,最好的家庭如今在餐桌上讲究“素雅”和
137 “实惠”。[43]他的意思是,文雅社会一改自从路易十四当政时蔚成风气的大吃大喝的吃饭方式,当时的宴会都是二十甚至更多道菜的马拉松大事,如今新兴的“资产阶级烹饪”成了新宠。菜式减少,烹调却更精致。佐以酒类和各式酱汁,菜式上桌也有标准食谱可循:浓汤、冷盘、汤后菜、主菜、烤肉、甜食、餐后点心、咖啡、利口酒。这一套吃经,现代的中产阶级恐怕退避三舍,在十八世纪却是简朴。如果没有客人,贵族家庭可能就只准备正菜、肉、沙拉和餐后点心。[44]

崇尚简朴的新品位并非暗示反对奢侈。恰恰相反,都市精英买起服装和家具,花钱如流水。清晨梳妆时间,出身“第一”或“第二”等级的淑女喝咖啡享受特别的服务,名为“早点”,动用的餐具包括一个大浅盘、一个咖啡壶、一个热巧克力壶、一个热水器、一个热鲜奶器以及包含刀、叉、匙的一组餐具,全都是银器;接着还有一个茶壶、一个糖罐和杯子,都是瓷器;最后还有酒柜,里头塞满各式各样用水晶玻璃装的提神饮料。这只是她私用的道具。奢侈不再用于公开展示,而是越来越限于家庭的生活领域。表现的形态不外乎"闺房客厅"、逍遥椅、鼻烟盒,以及唯蓬巴杜品位(Pompadourean,蓬巴杜是路易十五的情妇)为时尚的整个珍玩世界。贵族家庭削减仆人的数目,也废除仆人的制服。他们吃饭不再讲究仆役成群那样的排场,而是享受合家进餐的气氛。盖新房子,他们缩小房间,却增加走廊,这样他们睡觉、穿衣和谈话都可以有更大的隐私。家庭从公共领域撤退,越来越以家庭本身为主。看塞代纳(Sedaine)和狄德罗的戏,读勒萨日(Le Sage)和马里沃(Marivaux)的小说,品味夏尔丹(Chardin)和格勒兹(Greuze)的绘画,他们无不是在欣赏自己的形象。

我们当然不能把路易十五时代的艺术简化成资产阶级的兴起,甚至看待市民剧也不能这样大而化之。有必要强调的重点——因为艺术社会史一向忽视这一点——是,贵族的地位并没
有降低。他们的财富没有减少,他们也没有放弃优越的出身,而是 138
恰恰相反。但是,他们的生活不像以前那么高贵。横扫十七世纪的那种过分讲究的姿态,如今松弛了;他们开始享受新都市风格的亲密关系,这种风格和上层资产阶级有许多共通之处。

此一共同的文化风格之形成,牵涉到对于启蒙运动时代的"高级"文化的某些信念。虽然我们的作者没找到值得他记上一笔的当地画家或诗人,但描述音乐学会却充分流露出他身为市民的自豪。那个音乐社交团体“几乎网罗所有第一等级和第二等级的居民”。[45]会员付出六十银元的年费，可以出席歌剧、室内乐和交响曲的演奏会，地点在美轮美奂的音乐厅，那是该市不假外力自己建造的。蒙彼利埃还有一座设备完善的剧院和若干所共济会的会馆——在馆内，前面两个社会等级杂处不分。比较不喜欢交际的人投入大笔资金筹建自然史展览馆，搜集种种昆虫、植物与化石。私立图书馆也很发达，书市因此受益繁荣，虽然书籍不是当地印刷。受教育的精英分子，包括贵族和资产阶级，对科学与科技深感兴趣。城里的大学令他们引以为傲，其中的医学院闻名遐迩；他们也为城里的皇家科学会感到骄傲，宣称足以和巴黎的科学院并驾齐驱。蒙彼利埃的皇家科学会是个非常出色的团体，不只是发表自己的研究成果，每逢星期四定期集会，还讨论日月蚀、化石、燃素以及最新的发现，从地理到解剖无所不包。学会包括有荣誉会员——主教、总督、间接税最高法院的首席庭长，以及其他达官显要，主要来自贵族——和正规会员，后者多数来自专业阶级。一如其他的省学术机构，该科学会体现了都市显贵阶级混合精英圈根深蒂固的以中庸为本的启蒙运动文化。[46]

我们的作者显然赞同启蒙运动。他不需要僧侣，那是一群寄生虫，对社会毫无贡献，却吸走发展商业所需要的资金。耶稣会被赶出法国，他感到高兴。他比较喜欢新教徒和犹太人的宽容，对于莫林纳教派和詹森教派的教条之争只觉得可笑。神学在他看来是无益于世道人心的思索：着手改善人世间的生活总胜过担忧理智
139 所不能及的问题。他的世俗心态并不表示他和天主教会决裂，因为他对于责任繁重而收入偏低的本堂神父深表同情，对于“真正的虔

诚”也深表敬意。[47]不过,他的心思显然和哲人有共鸣。“如今不再为加尔文主义、莫林纳主义和詹森主义争论不休”,他这么写道,欣慰之情溢于言表。“取而代之的是,阅读哲学书籍蔚成风气,尤其是年轻人,风气之盛竟使得自然神论者之多前所未见。必须说的是,他们都爱好和平,愿意宽容各式各样的宗教习俗,不至于拘泥其一而排斥其余,而且相信道德善行本身就足以使人成为正人君子。”[48]

正人君子就是正派、有教养的公民;“正人君子是名望,也是身份”。[49]正人君子的理念在《现况》里俯拾皆是,其源头在于十七世纪贵族社会的文雅观念,可是在 1768 年已经染上资产阶级的色彩。它意味着良好的仪态、宽容、讲理、节制、思路清晰、待人处事公平以及自尊自重。那既不是贵族社会的荣誉规章,也不是资产阶级的工作伦理,而是表达一种新的都市格调,同时标识一个新的理想类型的诞生。此一新的理想类型就是绅士。都市绅士绝大多数属于资产阶级,即使不见得法国全境都是如此,起码在蒙彼利埃是这样。在莫里哀的时代,绅士和资产阶级这两个名称矛盾令人发噱,如今不再是那么一回事了。不论贵族和技工两面包夹如何使他不安,资产阶级绅士毕竟发展出他自己的生活方式。有钱,吃得好,穿着得体,环目所见都是有品位的东西,确信自己有用,牢牢固守自己的人生哲学,他在新的都市文化中怡然自得。“幸福的是住在大城市的那些人”,[50]这是我们的作者拈出的结论。这个结论没有考虑到等候分发救济食品的队伍,也没有考虑到济贫院、精神病院和绞刑架。可是,他的结论适合率先追求幸福的那一批人,也就是“第二等级”当中的“正人君子”。

这一考虑把我们带回到开头的问题:一个中产阶级人士如何

140 阅读旧制度之下的城市?《现况》其实提供了三种解读。书中呈现蒙彼利埃,起先视其为展示头衔的列队行进,然后视其为三个等级的组合,最后视其为一种生活方式的场景。这三个版本各有内部的矛盾,彼此也有矛盾存在——这正是文献迷人之处,因为透过不搭调的地方可以辨识出一种前所未见的世界观奋力要冒出头。这位作者持续写了数以百计的篇幅,描而述之不惮烦,因为他感受到一股驱策的力量,觉得有必要理解他的世界,可是他找不到适合这个工作的架构。大列队行进提供给他传统的惯用语,他用来呈现一个城市的阶层组织,可是那一套语汇无法尽如人意,一方面夸大某些团体的重要性,另一方面完全忽视其他团体。等级之分是运用另一种传统语言,正吻合社会的法人性格,可是面对社会变迁不免捉襟见肘。记叙都市文化透露出许多人们的生活,可是进一步检视我们会发觉作者极力为资产阶级的生活方式辩护。写到这一点的时候,我们的作者一举推翻他那些古老的术语,向一种文化上的阶级概念靠拢,此一阶级概念塑造了城市的新主人;就确认城市新主人的身份而论,“资产阶级烹饪”所发挥的作用超过工厂。那样的说法似嫌夸张,却不该等闲视之。理由是,那是对于现实的认知,它塑造了现实本身,而且即将形塑随后百年的法国历史,那一百年不只是马克思而且也是巴尔扎克的世纪。

附录:省区社会阶级杂处

以下的文本是《1768 年所见蒙彼利埃市现况》第十五章《贵族,居民的等级》,第 67—69 页。

I. 世家家族。不应该期望在这个城市里找到太多历史悠久的军人贵族。在蒙彼利埃领主的时代是有一些著名的老家族。如今一个也没有,因为他们没有后裔,不然就是子孙外移,或是失去姓氏和家系。

出自蒙彼利埃老家族的绅士有巴施·迪卡拉(Baschi du Caila)、 141
德·罗克弗伊(de Roquefeuil)、德·蒙卡尔姆(de Montcalm)、德·圣-韦朗(de Saint-Véran)、康迪拉尔盖——卡斯特里(Castries)家庭的一支——的迪拉·克鲁瓦(de la Croix de Candilhargues)、蒙塔尔诺的布瑞纳克(Brignac de Montarnaud)、蒙特巴辛的拉韦涅(Lavergne de Montbasin)、圣-朱利安(Saint-Julien)。别无其他证据确凿的古老贵族。

II. 袍服贵族。这可多了。司法界有许多老家族,如格雷塞(Grasset)、博科(Bocaud)、特雷莫莱(Trémolet)、迪谢(Duché)、贝勒瓦尔(Belleval)、茹贝尔(Joubert)、邦(Bon)、马萨尼(Massannes)、戴赫佛耶(Daigrefeuille)、戴德(Deydé)等。《蒙彼利埃的历史》(*Histoire de Montpellier*, Charles d'Aigrefeuille 撰)列出这些家族的年表和担任的官职。不过其中最古老的不超过二百五十年。

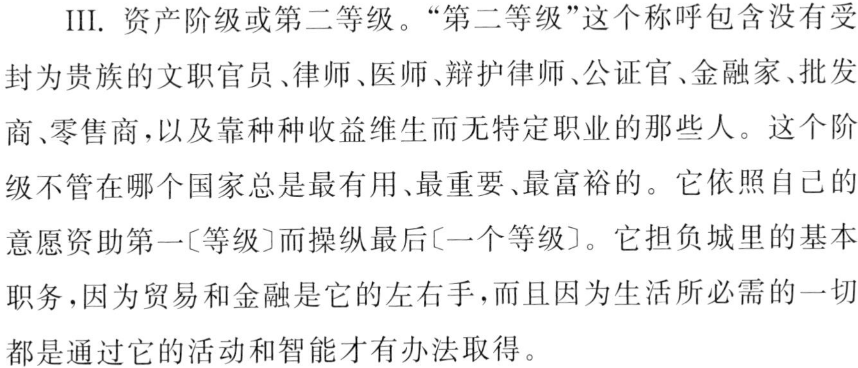

III. 资产阶级或第二等级。“第二等级”这个称呼包含没有受封为贵族的文职官员、律师、医师、辩护律师、公证官、金融家、批发商、零售商,以及靠种种收益维生而无特定职业的那些人。这个阶级不管在哪个国家总是最有用、最重要、最富裕的。它依照自己的意愿资助第一〔等级〕而操纵最后〔一个等级〕。它担负城里的基本职务,因为贸易和金融是它的左右手,而且因为生活所必需的一切都是通过它的活动和智能才有办法取得。

IV. 技工。技工的种类非常多（我会用一章的篇幅介绍手工业的种种行会）。这个阶级可以分成几类：首先是艺匠；其次是机械行业；最后是农业劳工和日工（按日计酬的工人）。这些市民极其有用。少了他们，其他两个社会阶级寸步难行。扶持他们而且给他们工作是很重要的。不过同时也有必要规范他们的行为，并且培养他们守法的观念。理由是，普通民众有劣根性，天生好色又好斗。只有采用良法严刑加以制伏，才能使他们善尽职责。

V. 家事仆人。家中充斥穿制服的仆人，这个荒唐的措施久遭废弃。现在大家满足于必不可少的最小数量，让他们发挥最大的效用。即使这样，仆人仍然太多，这对国家和仆人都不好。他们偏

142 好安逸懒散的生活，最好是主人下田劳动或进工坊做工。只要创业就可以自己当家做主，就可以组织家庭进而服务祖国，一辈子为人帮佣则只能在年华老去之后老死救济院，这个道理他们根本不愿意去了解。总之，家事服务是以薪资、礼物和食物等形态在消耗蒙彼利埃的资源——最糟糕的是，全世界找不到一个服务水平如此低劣的城市。

观察。我说过蒙彼利埃缺乏世家贵族，这可以说明下述的事实：城里找不到一个圣灵骑士团的骑士，虽然许多小镇看得到他们的踪影。我们这里只有三个家族曾经供应骑士给马耳他（Malta），那就是博科、蒙卡尔姆和邦家族。

至于服务军旅的，勒卡拉、拉·谢兹和蒙卡尔姆这三个家族出过四位御林军的副队长。其他的家族产生过一些旅长、许多上尉、中校和圣路易骑士，可是没有上校。这里的人被指控进了部队就吃不了苦，不敬业，而且太早退伍。一般说来，只要获颁〔圣路易

的〕十字勋章就开始盼望退伍。这种倾向的例子太多太多了，没有人敢否认。

自从人们开始从金融和贸易中迅速致富，第二等级就博得前所未有的尊重。他们的花费和豪华使得第二等级成为第一等级羡慕的对象。大势所趋，这两者已经合并了，如今他们经营家务、举办餐宴和穿着的方式不再有差别。

第三个〔等级〕里头的次类也一样，再也看不出彼此的差别。最卑贱的技工举止一如知名的艺匠或任何从事比较高尚行业的人。他们的开销，他们的服装，还有他们的住家，根本无从区分。停留在原来等级的只有农业劳工，原因不外他的职业不允许，或他仍然附属于拥有土地并雇用他工作的居民，不然就是他的收入只够一家人糊口。

然而，一旦有公共工程要做、有军人要栖身或有强制劳动亟待执行，担子全部落在他们肩上。那无疑是他们那个等级的命运。143
不过，补偿他们的辛劳，鼓励他们，而且不让他们晓得我们多么需要他们，让他们日子好过些，甚至免除他们的税赋，可以激励他们更加尽责，这样做有利无弊。

以人力载人的措施是一大恶习。那个习俗违背自然，而且最荒谬的莫过于看到大炮、主教、武官、文官或花花公子关在笼子里招摇过街，要别人用肩膀扛着，蹒跚涉水、踏泥巴、走在冰雪地上，一不小心脚步踩空就会被压扁。山地农民从事这个艰苦行业的不计其数，他们天生强壮，必定可以善加利用他们的体力，发挥在农耕上，而不是要他们抬着两脚健全能够走路的人到处逛。他们喝酒没有节制，一段期间之后就瘫痪，最后老死在济贫院。如果宣教师大力抨击这种陋习,而不是一味宣扬不着边际的教条;如果传教士除教籍的对象是那些扛人的和被人扛的,而不是根本就捕风捉影的女巫和根本就不怕被逐出教会的吸血人渣,这个不可思议的习俗就有可能根除,社会也会因此更美好。

最后,应该立法规定每一个仆人,不论男女,随身佩带一目了然的识别证。理由:最粗鄙不文的莫过于看到厨子或贴身仆役身穿有织带或花边缘饰的套装,腰系佩剑,在最体面的人群中大摇大摆散步;或是看到贴身女侍穿得和女主人一样花枝招展;或是发现不管哪一类的家事仆人打扮得像文雅人士。这一切都惹人反感。仆人这个阶级就是要做劳役,就是要服从主人的命令。他们不该有自由,不该和组成社会团体的市民相提并论。所以,应该禁止他们和市民混杂;如果非杂处不可,应该要有识别证标明他们的等级,让人家一眼就看出来,不至于错认。

第四章　警探整理他的档案：文坛解剖

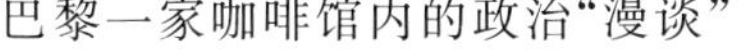

巴黎一家咖啡馆内的政治“漫谈”

145 来自蒙彼利埃的资产阶级试图梳理他的市民同胞,巴黎却有个警官在筛选并整理另一个都市族类的情报。这个族类是知识分子。虽然用来称呼他们的这个词当时还没造出来,知识分子却已经在阁楼和咖啡馆大肆繁殖;警方则是严密监视他们。我们要谈的这个警察,名叫埃默里(Joseph d'Hémery),是书商这个行业的巡官;所以,他也负责调查写书的人。事实上,他调查的人数如此之多,竟使得他的档案不折不扣成为巴黎文学界的人口普查,从大名鼎鼎的哲人(*philosophes*)到默默无闻的文坛佣兵悉数网罗。根
146 据这批档案不难描摹启蒙运动高峰时期知识分子的轮廓,知识分子就是在那个时期开始以一个社会类型的面貌出现的。它们透露了一个相当开通的旧制度官员,为了理解这个新现象所采取的方法——仍然是拿一个框架套世界,只不过这一次套出来的是警方的独家新闻。[1]

诚然,埃默里不是从文化社会学的角度提出他调查的结果,也没有质疑此一调查的认识论基础。他只是执行他的工作,即调查。从 1748—1753 年,前后五年期间,他以作家为对象,整整写了五百页的报告,现在仍然不见天日,躺在法国国家图书馆。他到底为什么从事这项工作,很难说。那些报告摆在三个档案盒里头,标题为"作家纪事"("Historique des auteurs"),没有任何序文、说明或文本证据可以判明其用途。埃默里是在 1748 年 6 月上任的,他可能只是要建立他的档案,以便在新管区有效执行维护治安的任务。可是在那五年期间,有一些不寻常的书要他处理,包括孟德斯鸠的《论法的精神》(*L'Esprit des lois*)、《百科全书》(*Encyclopédie*)、卢梭的《论科学与艺术》(*Discours sur les sciences et les arts*)、狄德罗

的《盲人书简》(*Lettre sur les aveugles*)、布丰的《自然史》(*Histoire naturelle*)、图桑的《论习俗》(*Les Moeurs*),以及普哈迪神父(abbé de Prades)恶名昭彰的文章。整个启蒙运动仿如以出版的形态在瞬间爆发。也是在这段期间,阿努维勒(Machault d'Arnouville)的税制改革,詹森教派与耶稣会的争议,告解证(*billets de confession*)惹出来的风波,国王与最高法院的冲突,法国在《艾克斯拉沙佩勒和约》(*Peace of Aix-la-Chapelle*)受到屈辱所引发的反政府气氛,种种因素互相激荡之下,意识形态的压力全面升高。独裁君主无论如何宣称他拥有绝对的权力,事到如今再也无法对于民意和挥笔鼓动民意的人置若罔闻。

这位新上任的书商调查员显然是适才适任,办起事来条理分明。他从种种渠道累聚大量的卷宗,报刊、线民、门房、咖啡馆的闲话、巴士底监狱的侦讯都是他的助手。接着,他从这些卷宗中挑选情报,誊写在制式表格上,按字母顺序归档,有新的状况随时可以不断增补。这一套程序之周详前所未见,可是从继起的意识形态警察工作的历史来看却显得原始。埃默里没有电脑可以处理事实资料,只能叙述见闻所得。举例而言,在小克雷比永(Crébillon 147
fils)的报告上,他这么记载:"他父亲说:'我后悔做过的事只有两件,《塞蜜哈米丝》(*Semiramis*)和我儿子。'这儿子回答:'别担心,没有人把任何一笔账记到你头上。'"埃默里不只是出人意料以不合乎科学态度的幽默感处理他的情报,他还把文学判断也派上用场。他观察到拉巴尔(La Barre)写的散文不赖,可是写不出像样的诗。罗贝·德·博弗塞(Robbé de Beauveset)的罪状恰恰相反:"他的诗有些天分,可是写得粗糙,少有格调可言。"埃默里这一套

在第二处*或美国联邦调查局是行不通的。

因此,把埃默里的报告当作可以在现代户口调查中找到的那种硬邦邦的事实资料,那就错了;可是,嫌他过分主观而弃如敝屣,那更是大错特错。埃默里所了解的十八世纪文坛,有太多外人难以道其详的地方,这是任何一个历史学家都无法望其项背的。视作家为一个社会团体而加以调查,就这一点来说,他的报告提供了当今所知最早的文献,更何况他的调查正值文学史上的一个关键时刻。尤有进者,那些报告可用于复核许许多多传记和书目资料。一旦彻底研究这份材料并编列统计图表,我们就能够欣赏到现代欧洲早期文坛前所未有的清晰景象。

埃默里的报告其实含括五百零一人,不过其中六十七人不曾出版过任何作品,顶多只是在文学杂志《法国信使》(*Mercure*)发表几行诗。这么说来,他的报告网罗了四百三十四位活跃于文坛的作家。这些人当中,生年可考的有三百五十九人,出生地确凿的有三百一十二人,社会-职业地位有根据的有三百三十三人。因此,这份调查的统计基础似乎足以确切支持某些结论。

可是,埃默里撒下的罗网到底有多大?唯一可以拿来和他的调查做个比较的是《文学法国》(*La France Littéraire*),这是一本文学年鉴,宗旨在于罗列1756年仍健在的每一个法国作家。由于名录多达一千一百八十七人,我们可以说埃默里囊括法国作家总人口的大约三分之一。可是,哪三分之一?这个问题牵涉到界定作家的困难处。埃默里使用"auteur"(作者)这个称呼,却没有加

* 第二处:法国国防部的情报单位。——译者

以解释。《文学法国》则宣称包含每一个曾经出版书籍的人，可是
其中列举的“书”大部分经不起时间的考验——诸如乡村神父的布 150
道文稿、省区（巴黎以外地区）要人的演讲稿、小镇医生的医药小册等，其实是任何人说得出口的统统榜上有名——因为该年鉴两位作者的初衷就是要收录一般大众所能提供的任何书籍与任何作者。结果是，《文学法国》偏重于次要的地方文人。埃默里处理的作家范围相当广，不过几乎只限于巴黎一地。准此，我们似乎可以合理推出这样的结论：他的档案涵盖活跃的文坛人口中相当大的比例，从中得出的统计图表相当精确反映文学群落在启蒙运动重镇的景象。[2]

这个团体的人口结构如图表一所示。在1750年，作家的年龄分布从九十三岁（丰特奈尔[Fontenelle]）到十六岁（吕利耶尔[Rulhière]），不过大多数算是年轻。卢梭三十八岁，正是作家岁数的平均值。百科全书学派的核心圈子主要由三十来岁的人组成，包括三十七岁的狄德罗和三十三岁的达朗伯（d'Alembert）。因此，突出的条纹约略等于一个文学世代。孟德斯鸠和伏尔泰是例外，他们一只脚踩在路易十四治下的法国。除了他们两个，这一批哲人属于在十八世纪中叶臻于生命高峰的战斗兵团。[3]

这些作家的籍贯，如图表二所示，也看到类似的模式。南部看来比较落后，罗讷河三角洲（Rhône delta）和加龙河（Garonne）周围零零落落的都市地区是例外。四分之三的作家出生在素有盛名的圣马洛-日内瓦线（Saint Malo-Geneva line）以北，在法国北部和东北部，那是人文荟萃而学府特多的地区。巴黎一地产生了三分之一的作家，多达一百一十三位。由此可见，这张地图并没有为另

年龄	人数	
70 以上(含)	9	
68—69	4	
66—67	7	
64—65	3	
62—63	2	
60—61	17	孟德斯鸠 61
58—59	10	
56—57	8	伏尔泰 56
54—55	8	
52—53	11	
50—51	13	
48—49	12	
46—47	11	
44—45	13	
42—43	14	
40—41	25	
38—39	16	卢梭 38
36—37	23	狄德罗 37
34—35	29	
32—33	17	达朗伯 33
30—31	21	
28—29	19	
26—27	15	
24—25	21	
22—23	13	
20—21	11	
20 以下	7	

年龄	人数
70(含)以上	9
60—69	33
50—59	50
40—49	75
30—39	106
20—29	79
20 以下	7

总数 359　　平均 38

图表一　1750 年作者的年纪

省份：出生地以省份为准
　　没指出明确的地点
安茹(Anjou)(1)
勃艮地(Bourgogne)(1)
布列塔尼(Bretagne)(6)
香槟(Champagne)(1)
多菲内(Dauphine)(1)
加斯科尼(Gascogne)(1)
朗格多克(Languedoc)(3)
洛林(Lorraine)(1)
诺曼底(Normandie)(2)
圣东哲(Saintonge)(1)

图例：落籍人数
• 1
● 2—5
⬤ 6—11
○ 100 以上

图表二　作者的出生地

一个文化史的老生常谈背书,说什么巴黎吸纳各省区的人才,从而长期主控这个国家。1750 年的作家,土生土长的多于预期中巴黎供应的。[4]

意图分析两个世纪以前任何一个法国人团体的社会结构,难免碰到不尽可信的资料和模棱两可的分类法。不过,埃默里的作家有四分之三可以毫不含糊地确认,进而根据图表三的类别加以分类。其余“无法确认”的四分之一,大多数是“没有身份
152 的人”(*gens sans état*)——鬻文维生,没有固定的职业,如狄德罗和卢梭有好些年都是这样。他们当中虽然许多人有大量相关的信息,我们却没办法加以分类,遑论从事统计分析。不过,面对旧制度难窥其详的流动人口,只要我们容忍他们的存在,我们就可以把图表三当作可靠的指标,探究文人共和国在巴黎的社会方向。

在埃默里的档案里头,特权阶级占有相当重要的地位,远远超出他们占总人口数的比重。确认的作者中,百分之十七是贵族。虽然其中包括像孟德斯鸠这样的严肃作家,他们大多是业余的绅士作家,只是心血来潮时写写诗或轻松的喜剧。就像波米侯爵(marquis de Paulmy)的情形,他以他的秘书弗罗马热(Nicolas Fromaget)的名义出版中篇小说,他们这一类人通常不希望被认为攀附浮名。他们也不是为了市场而写作。埃默里写道,圣富瓦伯爵(comte de Saint-Foix)“像个绅士作家一样工作,不曾从他的剧本得到一毛钱”。在埃默里的报告中,贵族作家通常以权力掮客出现,主导赞助比较低级的文人。

	1750年作者人数	年代不确定作者人数	作者总数	百分比	作者的父亲	总数百分比
上级教士,居家	3		3	1		
上级教士,正规	1		1			
下级教士,居家	31		31	9		
下级教士,正规	4	1	5	2		
封爵贵族,无官职	11		11	3	16	10
官员,高级行政	4		4	1	1	1
官员,军职	20	7	27	8	12	8
官员,最高法院	10	2	12	4	12	8
官员,高级财政	2		2	1	6	4
官员,低级法院	4	2	6	2	8	5
低级行政	20	10	30	9	22	14
律师	26	2	28	8	19	12
法律从业人员	3		3	1	1	1
医师	6		6	2	1	1
药剂师		1	1		4	3
教授	10		10	3		
低级财政	2	1	3	1	2	1
批发商	1		1		11	7
制造商						
“食利者”	10		10	3		
新闻记者	9	11	20	6		
私人教师	27	8	35	11	4	3
图书馆员	6		6	2		
秘书	15	10	25	8	1	1
闲差	10	1	11	3		
演员	8	1	9	3	1	1
音乐家	1		1		1	1

(续表)

学生	3		3	1		
雇员	5	1	6	2	8	5
零售商	2		2	1	6	4
技工	6	1	7	2	14	9
仆人	1	1	2	1	1	1
妻子,寡妇	9		9	3		
其他	1	2	3	1	5	3
	—	—	—	—	—	—
总数	271	62	333		156	

作家总数

身份确认的作者,1750 年	271	
身份确认的作者,年代不确定	62	
扣除额(不是作者)	67	
无法确认	101	
	—	
	501	(434"作家")

参考细目

可能的贵族	60
削发受戒的教士	69
妇女	16
受刑	45

图表三　作者的社会-职业地位

教士在报告中也有视写作为次要活动的倾向,而且人数不少,在可以确认的作者中占了百分之十二。高级教士只有四人,相对于数以打计的神父,包括孔狄亚克(Condillac)、马布利(Mably)、雷纳尔(Raynal)以及《百科全书》的三人小组伊丰(Yvon)、佩斯特

(Pestré)和普哈迪。少数神父如博韦(J.-B.-C.-M. de Beauvais)和戴雅尔丹(Michel Desjardins),持续有宫廷布道词和葬礼颂词问世,都是波舒哀(Bossuet)的风格。但是一般说来,宫廷教士已经被启蒙运动的神父取代了。

虽然百分之七十的作家出自第三等级(次于贵族和教士的普通民众),但他们当中只有少数被认为是"资产阶级"——此处系指狭义的"资产阶级",也就是以贸易和工业维生的资本家。其中只有一个批发商,马塞尔(J. H. Oursel),是印刷商的儿子;制造业者连一个也没有。商业成分隐然可见:作者的父亲是批发商的有十一人,作者的父亲更有多达一百五十六人可指认其身份。不过,文学在市场上不像在专业领域和王室机构中那么蓬勃。医生和律师合起来占百分之十;百分之九是低级行政官员;如果把最高法院和低级法院的文职官员也算进去,任职于国家机构的有百分之十六。父亲最多的一群来自低级行政官员,有二十二人;次多的是律师,十九人。通过统计数字的过滤,并阅读数以百计的传记速写之后,可以得到这样的印象:许多文学生涯的背后有一个雄心壮志又脑筋灵敏的王室官僚。一如神父,职员和法律书记对法国文学的贡献难以估量。普雷沃(Prévost)是这个族类的缩影。他的父亲是律师,后来转往法院发展,曾任大法官,他本人则数度担任神父。埃默里写道:"他进进出出,待过每一个修会。"

然而,说到要赚钱维生,最大的一群作家仰赖的是今天可以称之为文人行业的领域。百分之三十六的作家从事新闻记者、家教、图书馆员、秘书和演员,不然就是仰赖保护人提供闲差的收入。这是文人共和国的"面包与奶油"成分;由于是赞助所得,作家知道奶油该涂在面包的哪一面。根据埃默里的记叙，孟克里夫(François-Augustin Paradis de Moncrif)正是这样：

> 他是巡省税务稽查员，当时阿尔让松(M. d'Argenson)担任总督。他作的歌曲非常好听，引起阿尔让松的注意。阿尔让松因此带他到巴黎，安插一个职务给他。从那以后，他(孟克里夫)始终跟随在他的身边……他也是法国邮政的主任秘书，这个职位为他带来每年六千银元的收入，是阿尔让松送他的礼物。

在低阶层，文学人口占的比例相当惊人，有六个百分点，包括零售商、技工和小雇员。这里头也包含雇主技工——印刷商、雕工和珐琅画工各一人——和相对低微的工人——挽具制造工、割捆机工人、门房各一人，男仆两个。男仆之一叫瓦尼翁(Viollet de Wagnon)，他在另一个仆人和一个杂货商的帮助之下，出版了他的《仆役作家》(*L'Auteur laquais*)。查尔斯-西蒙·法瓦(Charles-
154 Simon Favart)是在家里开的酥皮糕点店揉面团时，边听他父亲即兴唱歌而学得写诗的窍门。[5]我们看到低层阶级在旧制度的文学天地里也扮演一个角色——有相当戏份的一个角色，如果把作家的父亲也列入考虑的话。他们当中有百分之十九属于“小人物”；他们大多数是普通技工，包括补鞋匠、面包糕点师傅和裁缝。他们的儿子有的当上律师，有的成为老师或新闻记者，而这些儿子本身的成就显示，社会进步有时候能够为舞文弄墨的年轻人开启不寻常的契机。然而，文坛对于一个社会团体仍然封闭如昔，那就是农

民。当然啦，埃默里没有在乡间寻找作家，但是从外地来到巴黎的作家群的背景中，找不到一丝一毫的农民成分。纵有雷斯蒂夫这样的人，文学法国依旧是都市性格。

而且，文学法国向来是男性的天下。知名的沙龙却是女人主持的，因此她们在警方的档案中也占了一些篇幅。就像她们当中名气最响亮的格拉菲尼夫人（Mme de Graffigny），女性作者通常是在守寡或与丈夫离异之后转而写作。她们大多数有足够的钱财独立生存。教师有两位。其中一位叫布尔蕾特（Charlotte Bourette），有"饮料缪斯"的美称，顾名思义正是经营一家饮料店；另一位是高级妓女，名叫圣法莉耶小姐（Mlle de Saint Phalier）。报告中记叙这位高级妓女，读起来简直就是一篇小说摘要。她的父亲是巴黎的马贩，她本人离开父亲之后，为人帮佣，主人是个富裕的金融家。主人家的少爷诱骗她失身，软硬兼施带她离家出走，少爷被父亲抓回家。这位父亲强迫他娶了一个比较门当户对的女孩，任凭法莉耶小姐流落街头。警方遇到她的时候，她已经是个情妇，和女演员厮混在一起，即将出版她的第一本书《皮夹归原主》（*Le Portefeuille rendu*），题献给蓬巴杜夫人。

逢有比较悲惨的故事，埃默里就在档案里头插入红色的"纪事"条目，因为有许多人的生涯就是循着从阁楼到贫民区的抛物线，以巴士底监狱为中途休息站。苏拉斯达郎沃（L.-J.-C. Soulas d'Allainval）是个典型的例子。他为意大利喜剧院写笑剧不足以糊口，改写政治题材的诽谤文，又在报刊发表匿名文章，结果遭到文字狱。获释之后，他负债更多。最后，他再也无法从文具商那里 155
赊到纸张，而文具商为了收回六十银元的未付账款，半路拦截他从

意大利喜剧院的票房所分到一笔为数有限的进账。达朗沃开始"天床地宇"露宿街头。他的身体吃不消了。埃默里记叙后续的故事:

> 1752年9月,他偶然成为贝尔坦先生(M. Bertin)的座上客,在餐桌上突然中风。贝尔坦塞了两个金路易(louis,旧币制值二十法郎)在他的口袋,把他打发走。因为没得照料,他被送到主宫医院,在那儿无所事事过了好长的一段日子。他后来就一直半身不遂,现在沦落到要在比塞特(Bicêtre)*,或疗养院找个栖身之地。一个才华横溢的人,下场这么惨。

埃默里对谢弗里耶(François-Antoine Chevrier)可没那么同情,说他"不是什么好材料,说谎不脸红,说话带刺,什么都看不顺眼,让人受不了的自以为是"。律师、军人、剧作家和诗人都当不成之后,谢弗里耶写起小册子,在地下期刊发表文章,也搞起反政府活动。警方以密函通过德国和低地国家缉捕他,眼看就要手到擒来,他却销声匿迹,在鹿特丹失去线索。警方在拉科斯特(Emmanuel-Jean de La Coste)的案子中逮到他们的人。拉科斯特是个被剥夺僧职的出家人,五十九岁,判处鞭刑,终生当军夫。谢弗里耶本人带着一名少女逃往比利时的列日,靠贩售反法国的小册子、伪造的彩券维生,他的女伴好像还出卖皮肉。凡此行径正是格

---

* 比塞特:位于巴黎南方近郊,有免费的养老院。——译者

拉布街(Grub Street)* 的特色，也是文人共和国的一个重要成分。诚然，大多数作家不至于沉沦到达朗沃、谢弗里耶和拉科斯特那样的地步，可是步踵格拉布街的穷文人锒铛入狱的不在少数。四十五名作家，占受调查人数的十个百分点，至少有过一次被关入国家监牢的记录，通常是巴士底监狱。巴士底监狱是法国大革命爆发以前激进宣传的中心象征，即使它在 1789 年 7 月 4 日几乎空无一人，对于那些塑造此一象征的人来说毕竟是意义重大。[6]

当然啦，没有人能够在 1750 年预见 1789 年。十八世纪中叶的文人或许不安分，要说是革命却言重了。他们当中的多数人挣扎奋斗，只不过是希望在《法国信使》上读到跟自己有关的评论，或闯进法兰西喜剧院，或挤进法兰西学院。他们自食其力的方法多得是：有人靠祖产的收益，有人谋得官职，有人凭专业维生，更多的是担任摇笔杆的人都有机会做的事，诸如记者、教书、秘书以及，如果幸运的话，闲差。他们来自农民以外的社会各阶层，来自南方落后地区以外的王国各角落。其中有少数是女人，大多数是前途不可限量的青年，是小官员和技工的儿子，他们获得奖学金、发表诗，最后成为律师或担任公职——不然，也有少数成为全职的作家，像狄德罗那样“由书商供养”。

157

像那样收场将会是皆大欢喜，可以树立一个模式，哲人也可以有立锥之地。然而，不幸的是，文学理论家已经教导历史学家要小心文本，文本不论多坚实，都可能在批评解读之下溶解成“论述”。所以历史学家应该三思，别急着把警方的报告当作现实精炼成字

* 格拉布街：伦敦穷文人聚集之处。——译者

诽谤文作者拉科斯特受刑示众

字珠玑所凝结的金块，别以为只要钻进档案堆挖掘、过滤又拼凑，就能重建如假包换的过去。报告本身就是建构出来的，是建立在与作家的本质有关的一些隐而不显的假定，而撰写这份报告时，根

本没有人把文学当作一项职业。

埃默里本人写报告的时候，就是在从事作家的工作。他在文人共和国里也扮演一个角色，同时又维持他隶属于警察总长和法国政府其他官员的身份。他的报告融合文学的感性和官僚的条理，这种特色在当今大多数的警察总部里是料想不到的。其中包含许多对于作者独特的文体风格及其宗教与政治意见的评述。试以克雷基侯爵夫人（marquise de Créquy）为例，埃默里摘引三页她笔下的一段对白，不是因为该段对白涉及任何意识形态方面的议题，而是为了说明她的散文造诣。即使像伏尔泰这样的“坏材料”，只要发现有“品位”、“机锋”和“才华”，他也不吝惜赞美。“聪颖”是他特别喜欢的字眼。那似乎是他在作家身上所能找到的最好的东西，只要为人“聪颖”就足以多方弥补违背常规的行为。韦利 158
(Paul-François Velly）神父是“一个非常聪颖的人”，性喜流连蝴蝶丛，不过“僧侣离开修道院之后几乎”都是那样。贝尔纳（Jean-Pierre Bernard）殊途同归，是一个“聪颖的”教士，在葬礼讲道的场合特别能发挥才华：“他是个开朗的老顽童，寻欢作乐有一套，一有机会就是和女孩子共度上半夜。”

埃默里深深了解世俗之道。他并不认为开个黄腔或挖苦教会是什么大逆不道的事，尤其在“天才”迸出火花时更是如此，就像在皮龙（Alexis Piron）的作品中所见到的：“他带刺的机锋和宗教方面的恶名意味着他不是法兰西学院的院士。克雷比永劝他别梦想会被选上。但是《不肖子》（*Les fils ingrats*）、《古斯塔夫》（*Gustave*）和《女诗狂》（*La métromanie*）足以证明他的才气。不论什么事，他做了就会成功。”埃默里欣赏哲人，至少欣赏温文儒雅的哲人，像是丰特奈尔、杜克洛(Duclos)和达朗伯等人。可是无神论者使他惊惶,看来他是虔诚信仰官方的正统教义。报告清楚显示他的价值观,特别是在他对于寻常作家信笔写下个人的感想时,例如勒马斯克里耶(Jean-Baptiste Le Mascrier):

> 有很长的一段时间,他是耶稣会的会员。他为书商主编过帖利亚梅(*Télliamed*,一种期刊)和多种其他出版品。《宗教礼仪》(*Céremonies religieuses*)里头有他的文章,他整理《玛耶回忆录:埃及纪行》(*Mémories de M. de Mailletsur la description de l'Egypte*),文笔颇受好评。他转而写诗,也有一手,这可以从几年前演的一出戏的序幕中看出来。
>
> 他在本笃会做过事,那里的人都说他是个有才华的人。可惜他的创意还要再加把劲。他出版过一本很出色的宗教书,对每一个真正的基督徒都很有用处,可是跟他关系最密切的人都认为,誊写的工作使得他逐渐转变写作的方向。

总的说来,埃默里观察文学世界并不流于偏颇,总能怀着同情、幽默与欣赏文学本身的态度。即使是受到他监视的那些人,他也能分享他们的价值观,不至于一味对教会与政府摇旗输诚。最离谱的莫过于把他描写成一个现代密探,或是把他的警察工作解
159 释成猎巫。在专制主义的时代搜集情报,那种工作令人感到有点生疏却相当有趣。在做梦都想不到革命的十八世纪中叶,没有人

会期望揭发革命阴谋；可是波旁王朝里头有许多官僚要竭尽所能知道王国的事，包括王国的居民人数、贸易的数量以及出版界的种种。埃默里属于理性化的官员一族，从科尔贝和沃邦（Vauban）到杜尔哥（Turgot）和内克（Necker）一脉相传。不过他主管的是中等的层级——书商调查员，比制造商调查员低一级或两级，他建立的档案，比起一些大臣或总督所进行的调查范围也较小。[7]

关于这些报告是怎么写成的，文本中有许多证据。常看到"见附页"或"见他的卷宗"这样的标记，这说明了埃默里是依照个别作家分别归档。虽然卷宗不见了，报告中的相关指涉倒是透露了它们包含些什么样的信息。不外是剪报资料，书商的出版说明，埃默里在外巡察时做的笔记，巴士底监狱的侦讯记录，作者们互相捧场或中伤仇人的信件，以及受雇于警察总长的密探所提出的报告。某些密探也有他们自己的档案。穆易骑士夏尔·德·菲厄（Charles de Fieux, chevalier de Mouhy）的报告透露出他如何进行他的工作："他是个密探，直接向贝里耶先生（M. Berryer［警察总长］）负责，每天完成一篇报告，详述他在咖啡馆、剧院和公园所看到的一切。"我们还可以在其他报告追踪穆易的活动，如记载皮当撒（Mathieu-Francois Pidansat de Mairobert）："他刚被捕，关在巴士底监狱，理由是在咖啡馆散布一些〔诗〕抨击国王和〔蓬巴杜〕侯爵夫人。有一些是在他被捕时从他的口袋搜出来的。告发他的人是穆易骑士。"检举之事也常出自被遗弃的情人、在气头上的儿子和分居挟怨的妻子。书商和印刷商源源不绝产生与誊本来路有关的信息——特别是竞争对手的誊本。女房东和本堂神父提供进一步的细节。埃默里还能够在许多卷宗的封底发现从邻居的闲谈搜集

160 得来的零星情报,不尽然是恶意的。这是普雷托(Etienne-André Philippe de Prétot)的:“至于他的行为,那是好得没话说。他已婚,有了孩子,这使得他非循规蹈矩不可。邻居对他的评价很高。”

埃默里在撰写报告之前,会先筛选一番。又筛又选必定是大工程,因为卷宗的内容相当驳杂,有硬邦邦的事实资料,也有天南地北的闲扯。所以,埃默里采用制式规格——大张的对开纸,大写字母印出六栏标题:姓名、年龄、出生地、体貌特征、地址、纪事。这些标题提供了分类情报的基本格式,标题之下的日期和手写的条目则提供埃默里写作模式的线索。大多数的条目是清清楚楚的书写体手迹,但是日期较晚,埃默里增补的情报用的是他自己的草书,这不难根据国家图书馆所藏他写的信函和备忘录核对辨识。大约有半数的报告标记的日期是每月的一号,也有许多是元旦。这么看来,埃默里很可能挪出一些特别的日子整理他的档案,传唤警局的一名秘书,口述报告内容,挑出他认为最有用的情报,分夹归档。这整个过程意味着力求系统化,要把条理秩序强加在龙蛇杂处的紊乱世界的一股意志。这和蒙彼利埃的《现况》字里行间所流露出的寻求条理的冲动异曲同工,这“异曲”是指不同的表达形式:现代官僚政治那种标准化、规格化、分类归档的驱策力。

埃默里代表官僚演化过程的早期阶段;此所以他个人的心声能够通过这些报告的制式规格传达给我们。他以第一人称单数落笔,笔调随兴,这和他笔下正式、不带个人色彩的官式信札成鲜明的对比。他的便笺和书信经常是呈给“大人”——Nicolas-Rene Berryer (贝里耶),即警察总长,他的报告却好像是写给自己看的。举例来说,填写勒布朗(Le Blanc de Villeneuve)的出生地,他随写随更正:“来自里昂。不对,我错了;是蒙泰利马尔(Montelimar),船长的儿子。”在科戈林骑士(chevalier de Cogolin)的报告上,他写道:

> 1752年7月1日。我得知他在他哥哥家发疯死了,这哥哥是波兰御林军的军官,也是洛林公爵。 161
>
> 12月1日。那不正确。

诗人勒迪厄(Le Dieux)的报告也有同样随兴的意见:“茱莉告诉我,说他写了许多诗。那是真的。”埃默里偶尔也说脏话,也使用他的上司不会领情的语气提到要人。[8]越是仔细研究这些报告,看它们是否写给隐身在法国行政体系什么阶层的某个读者,越是相信埃默里是写给自己看的,是他在日常活动中用得着的,尤其是在他接任这个工作的第一年期间,当时他为了顺利穿透小圈子林立的文学界和钩心斗角的出版界,确实需要相关的细节。

埃默里和其他人一样,得要在周遭的世界看出某些条理,可是他还面临一项工作:在巡查中走出自己的路。一名警官如何“调查”文人共和国?首先,他得要有能力辨识作家;所以他有红色标题“体貌特征”,填写相当仔细。例如伏尔泰的“体貌特征”:“高个子,没有表情,举止像羊人怪。”特征的描述超乎凝视一尊塑像所产生的冲击,意义饱满:“下流,像蟾蜍,快饿死了”(班维勒[Binville]);“肥胖,笨手笨脚,举止像农夫”(凯吕斯[Caylus]);“讨人嫌,黝黑,矮小,脏兮兮,恶心”(茹尔当[Jourdan])。埃默里不是只用英俊或丑陋以及矮或高这样简单的类别,因为他能够从对方的脸上察觉出讯息。就像拉莫尔利埃骑士(chevalier de La Morlière)的特征描述:“肥胖,脸颊丰满,眼神必定有什么事。”这一招阅人相面术可能得自体相术,那是文艺复兴期间新兴的一门伪科学,随后数百年间经由通俗的廉价小册子大肆流传各地。[9]埃默里的特征描述有许多像这样的措辞:“刺目的体相和性格”(勒哈茨[Le Ratz]),“非常老实的体相(丰塞曼[Foncemagne])”,“讨人厌的体相”(柯克[Coq]),“不忠不义的体相”(维耶马松[Vieuxmaison]),“面目可憎的体相”(比利娜[Biliena]),“世界上最悲伤的体相”(布瓦西[Boissy])。

地址也同样传递意义。皮当撒独自住在“细绳街(rue des Cordeliers)一个洗衣妇人三楼的房间”。他显然是个边缘类型,就像名叫勒布伦(Le Brun)的一个学生诗人,他住在“竖琴街(rue de la Harpe),面对阿尔库尔中学(College d'Harcourt),一个假发制造商的家具房间,在后面的二楼”;一个同样默默无闻的诗人,名叫沃杰尔(Vauger),住在“马札林街(rue Mazarine)左边第一家假发制造商的家具出租房,从布西圆环(Carrefour de Buci)进去,在二楼临街的一边,门正对着楼梯”。这种人不怕跟监。他们没有固定的“身份”,没有恒产,没有家庭,和邻居不相往来。凭地址本身就能够把他们定位。

红色标题的“纪事”占印刷表格最大的篇幅,是埃默里安顿作家的主要处所。他是要大费周章从卷宗筛选并组织材料的,就是在撰写“纪事”这一部分,因为他用的是叙事的体裁,复杂不下于农民说故事。其中有一些读起来简直就像是小说摘要。剧作家法瓦的“纪事”是这样的:

他是面包师傅的儿子,非常聪颖的一个男孩,写出了世界上最好的喜歌剧。喜歌剧院关闭的时候,萨克斯元帅(maréchal de Saxe)网罗他出任他的剧团团长。法瓦在那儿大赚了一笔;可是他随后爱上元帅的情妇小香提莉(la petit Chantilly),娶了她,并且他同意让她继续和元帅住在一起。这场幸福的婚姻持续到战后。但是,1749年11月,法瓦夫妇跟元帅起冲突。法瓦运用他的影响力在意大利喜剧院谋得职位,从他(元帅)那儿榨得一大笔钱之后,法瓦夫人要离开他。元帅得到国王的诏令,要逮捕她,同时把她的丈夫逐出王国。他们两人分头逃命。这妻子在南锡(Nancy)被捕下狱,起先关在安德利(Les Andelys),后来移往昂杰女苦修院(Pénitentes of Angers)。这件事在演员的圈子激起大风暴,他们派出代表晋见黎塞留公爵(duc de Richelieu),要求让他们的同志回国。他让他们在来宾接待室久候。后来,他们再度求见,他终于同意接见他们,不过接待非常冷淡,对待莱利奥(Lelio [Antoine-Francois Riccoboni])尤其不客气,结果是他离开剧团。因此,一直到法瓦太太同意回到元帅身边,她才获释,受他软禁直到他去世。之后,她回到丈夫身边,那期间他始终在法国以外的地方流浪。没多久,她又在意大利喜剧院找到工作。然后,喜歌剧院重新开张,他们两人都想加入。不过意大利人让她入股,又给他津贴,以交换他定期提供模仿讽刺的作品;所以他们现在和那一家剧院分不开。[10]

163

埃默里用语质朴,叙事依照时间的先后次序直线进行,可是他记载的却是个复杂的故事。他虽然没有添枝加叶美化一番,却交代出身世卑微的两个年轻人,凭自己的本事在廷臣与王玺密函的世界里求生。埃默里没有滥情渲染难有权益可言的悲惨人生。相反地,他提到法瓦打算和元帅共享妻子,也提到她转危为安的能耐。但是他的叙事潜伏一股强劲的回流波,把读者的同情心从有钱又有权的一方挟带而去。法瓦像童话故事的主角一样开始走运。他个子矮小、贫穷、聪颖("体貌特征:矮小,头发金黄,一张脸很漂亮")。在巨人的世界——萨克斯元帅在十八世纪四十年代很可能是法国境内仅次于国王的第一号权力人物——冒险犯难之后,赢得心上人,他们从此在意大利喜剧院过着幸福快乐的日子。这样的故事结构,民间故事屡见不鲜。其寓意可能来自"鸠尚娶雅克琳"("Kiot-Jean")、"穿长筒靴的猫"("Le Chat botté")或"小铁匠"。不过埃默里没有引申寓意所在。他继续处理下一个卷宗,我们却不免好奇,想知道他所调查出来的文学世界,是否适合本书第一章归纳所得农民世界的结构。

不管怎么说,警察的报告内容就含有说故事的成分,而且"调查"作家之事就是在一个有意义的架构之内发生的。因此,我们可以把那些"纪事"当作有意义的故事来解读,那些故事透露出旧制度之下对于文学生活的一些预设立场。像法瓦那么复杂的毕竟是
164 少数。有些只包含两三个句子,叙事也不连贯。但是它们全都基于有关文学世界如何运作的一些成见,那些成见乃是文人共和国的游戏规则。规则不是埃默里发明的。和那些作家一样,他视规则为理所当然,接着观察那些规则如何在他监视之下的生涯中发

生作用。他的观察虽然主观，观察所得却有大体上的意义，因为它们属于一个共通的主体，也就是属于现实的社会结构，而这个结构是观察者和被观察者共同拥有的。为了破解他们共用的符码，我们必须重读那些报告，探索字里行间的意涵——因为是成见，所以没有说出来。

就拿一份典型的报告来看，对象是文人共和国鼎鼎有名的公民贝尼斯神父（François-Joachim de Pierres, abbé de Bernis）。他二十九岁就坐上了法兰西学院的院士席，虽然只发表过一些轻松的诗和一部乏善可陈的著作《论情感与品位》（*Réflexions sur les passions et les goûts*）。出身大世家，又是蓬巴杜夫人的宠信，他在教会与政府的职位迅速步步高升，最后当上枢机主教，又担任驻罗马大使。这样的一个人，埃默里挑选什么情报写入报告呢？登录贝尼斯的年龄（三十八岁——正值他的盛年）、地址（太子街[rue du Dauphin]——很好）和外观（“英俊的体相”——也很好）之后，他强调六项重点：

1. 贝尼斯是法兰西学院院士，也是布里乌德（Brioude）兼里昂伯爵。

2. “他是色鬼，已经勾搭上罗昂亲王（Rohan）的王妃。”

3. 他是通权达变的朝臣，蓬巴杜的宠信，后者已说服教皇赐他圣俸，是通过尼韦奈公爵（duc de Nivernais）促成的。

4. 他写过几首“不错的诗”和《论情感与品位》。

> 5. 他和拉法尔元帅(maréchal de La Fare)有关，后者在法庭诉讼中总是为他辩护。
>
> 6. 他自己的保护伞扩及杜克洛，已经任命他为法兰西史官。

埃默里对于这位神父的文学作品没有多着墨。取而代之的
165 是，他把他摆在家族关系、徇情营私、“保护伞”的网络中。“保护伞”尤其是关键词，贯串全部的报告。警方档案里的每一个人都在寻求、接受或施与保护伞，上自王亲贵妇、下至身无长物的小册子作家，无一例外。正如蓬巴杜夫人为贝尼斯挣得教会的荣光，贝尼斯给了杜克洛一份闲差干俸。那个体系就是这么运转的。警方并不质疑影响力流转的原则。他们概括承受：一切尽在不言中，在文人共和国大抵如此，在社会中也一样。

羽翼原则扩散到文学事业的中、下游领域，这不难从地位远低于贝尼斯的作家的报告中体会出来。譬如洛荣(Pierre Laujon)，他走上一条交通频繁的道路，通达文人共和国的中上阶层。他和许多作家一样，以法律学生的身份走上舞台，写诗作乐。写诗的结果，在喜歌剧院一炮而红；这一红，吸引了撑保护伞的大人；这一撑，坐上了闲差。这是跃登龙门的经典故事，其中的过程在埃默里的故事中交代得清清楚楚：

> 这年轻人天资非常聪颖。他写了几出歌剧，在这一家〔喜歌剧院〕和凡尔赛的小私语剧院上演，结果博得蓬巴杜夫人、埃扬公爵大人(M. le duc d'Ayen)和克莱蒙伯

> 爵大人(M. le comte de Clermont)的羽翼保护,给了他指挥部秘书的职位。那个亲王还让他担任香槟省政府秘书,一年值三千银元的官位。

诚然,洛荣有他与生俱来的资产:机智,美貌(“体貌特征:头发金黄,皮肤白皙,一张脸非常漂亮”),有个律师父亲,有个亲戚是克莱蒙伯爵的情妇。不过,他自己的牌也打得漂亮。

夸耶(Gabriel-François Coyer)也走相同的路数,虽然他手气比较差,不曾攀到文学阶层的中腰以上。没有钱财,没有家族关系,也没有讨人喜爱的脸盘(“不讨喜、瘦长型的体相”),他靠出书和写纯文学也占有一席之地。一笔稳定的财源终于打开,他把握住了。

> 他是个教士,天资聪颖,有一些卖弄学问的倾向。有很长的一段时间,他常在巴黎的街道出没,身无分文,没有工作。但是他后来成为蒂雷纳王子(prince de Turenne)
> 的家庭教师。王子深感满意,后来赏给他骑兵团直属连 166
> 指导神父(Aumonier du Colonel Général de la Cavalerie)的职位。由于那个职位现在给了埃夫勒伯爵(comte d'Evreux),蒂雷纳王子提供给他一千两百银元的年金,他可以持续领到埃夫勒伯爵去世。

贝尼斯的一个宠信洛雷斯(Antoine de Laurès)也在阶梯上占了个位置,不过是在中下层的位置,而且朝不保夕。埃默里当初在写洛雷斯的报告时,无法预见这青年的事业会是如何。一方面,他身世良好:他的父亲是审计院蒙彼利埃办事处主任;另一方面,他本人手头拮据。揆诸事实,如果他献给国王和蓬巴杜夫人的颂诗没有立刻带来一些赞助的话,他只好三餐不继窝在阁楼。根据报告上后来的补记,这些颂诗果然发挥了临门一脚的作用。

> 他设法向〔蓬巴杜〕侯爵夫人毛遂自荐,是沾了贝尼斯神父的光。他夸夸其言,说承蒙她允准他寻求会带来一些进账的事,又说她会使他成功。一段时间之后,他设法求见克莱蒙伯爵,找到了输诚示好的新对象,这一次是由于他的亲戚蒙雷赞(M. de Montlezun)。[11]

在更低的阶层有布多(Pierre-Jean Boudot),他是书商的儿子,编纂、删节、翻译了大量的作品。不过,他靠庇护者维持生活。“他非常聪颖。埃诺院长(président Hénault)极力保荐他,为他在皇家图书馆谋了一份差事”,埃默里这么写道,另又补充说,据说署名埃诺著的《法国史纲》(*Abrégé de l'histoire de France*)大部分是布多操刀的。还有迪富尔(Pierre Dufour),二十四岁,咖啡馆主人的儿子,也试着从文坛底部爬出自己的一条路。他在一家印刷所当差。他贩卖禁书。他千方百计迂回打进意大利喜剧院和喜歌剧院的演员与剧作家圈子,靠的是他的教父法瓦。他还自力钻出一条门路,和吕邦普勒兹伯爵(comte de Rubanprez)攀上关系,从此有
167 了栖身之处,也得到一些没有实质益处的保护。埃默里瞧不起迪富尔,认为他人品可疑,是趋炎附势之辈,一手既写且卖地下文学

作品，另一只手却向警方邀功："他是个走后门的小人，非常滑头。"迪富尔其实著作不少——六个剧本，包括幽默短剧、一册诗集、一部小说。可是这一切加起来也换不到一个职位，他干脆放弃写作，乖乖在一家书店安身。

永不歇止地寻求保护伞，这在埃默里所记叙的文学行业中相当醒目。马里尼(François Augier de Marigny)听说伤残官兵疗养院有个职缺，赶紧写诗赞美主其事的阿尔让松伯爵(comte d'Argenson)。巴特(Charles Batteux)负责培养蓬巴杜夫人的医师，因此补实纳瓦拉学院(College de Navarre)的一个教授缺。德洛戈(Jean Dromgold)说，单单一首关于丰特努瓦战役(battle of Fontenoy)的诗不足以表扬克莱蒙伯爵的胆识。他写小册子抨击那首诗，随即被任命为克莱蒙伯爵指挥部秘书。

文学行就是如此。埃默里记录这些事实完全不带个人的感情，对于作家的巴结奉承或保护者的虚荣心，并没有摆出道学面孔。相反地，使他感到震惊的是，看到被保护者对于一手提拔他的人有二心。迪朗隆(Antoinc Duranlon)受恩于罗昂家族(house of Rohan)，在担任他们的家庭教师受到赏识之后，被任命为校长(Collège de Maître Gervais)。可是一就任新职，迪朗隆立刻投入索邦神学院(Sorbonne，巴黎大学的前身)的一个派系，而这两个家族为了罗昂-盖梅内神父(abbé de Rohan-Guéménée)所要求的荣誉权利闹得不可开交。罗昂家族动用关系，撤换迪朗隆的职位，逼得他在布雷斯(Bresse)无法立足。埃默里说迪朗隆罪有应得，因为他知恩不报，"忘恩负义无以复加"。对比之下，孟克里夫的行为值得表扬。前文提到，孟克里夫平步青云，全靠阿尔让松伯爵的提拔。由于伯爵的关系,他获得三个秘书职位、《博识报》(*Journal des savants*)的干股、法兰西学院的席位以及年薪六千银元的邮政职位。孟克里夫发现一些讽刺国王和蓬巴杜夫人的作品,是反对
168 阿尔让松而支持莫勒帕伯爵(Maurepas)的宫廷派系散发的,他立刻举发作者。他做对了,不只是因为作家万万不该反咬喂他食物的那只手,而且是因为他应该反击敌对阵营所有的打手。

所以说,羽翼之为用是文学行业的基本原则。这个原则在报告中随处可见,竟使得另外一个现象因为无迹可寻而显得醒目。这另外一个现象就是文学市场。埃默里偶尔提到想要靠笔杆维生的作家。加亚尔(Gabriel-Henri Gaillard)就是个例子。他原本仰赖伏尔泰给他的工作维生(已成名的作家也撑得起保护伞),却在1750年"转业",冒险闯向文学市场:"他原本是四族学院的图书馆管理员,一个无足轻重的职位,他后来辞掉了,为的是担任一个小孩的家庭教师,是伏尔泰为他安排的。他只教了六个月,现在靠写作维持生活……他最近的一些作品极力推崇伏尔泰,对他满怀敬意。"可是,没多久之后,他接受了《博识报》的一个工作,从此不必为债务烦恼。埃默里还提到一个小册子作家,名叫拉巴尔,由于《艾克斯拉沙佩勒合约》而失去他在外交部门担任文宣工作的职务,努力写作要摆脱"苦不堪言"的生活。"战后找不到任何门路,他把自己所有的时间全给了拉福利奥(La Foliot,书商),不时为他写些东西,换取温饱。"这样的例子毕竟稀罕,不是没有需要经济资助的作家,而是因为书商不愿意,要不就是没有能力提供资助。埃默里后来在拉福利奥的报告写道,多亏警察总长介入,拉巴尔终于获得"《法兰西公论报》(*Gazette de France*)的一个小职务"。

一旦需钱孔急，作家为了求生，通常从事社会瀚海的边缘活动，像走私禁书或者向警方密报走私者。他们不可能希望写出畅销书一夜致富，因为书籍权益全部控制在出版商手中，而且盗版业猖獗，不可能期望从销售量获得太多利润。作家永远拿不到版税，因为版权都是一次卖断，不然就是原稿换取若干册赠书，可以拿去卖，也可以赠送给潜在的保护者。高价售出原稿的例子少之又少；六千银元付给《爱弥儿》，以及十二万银元支付给狄德罗为了《百科 169
全书》花二十年的辛劳，这只是特例。埃默里提到图桑最畅销的《论习俗》，以五百银元就卖断了，虽然他的出版商德勒斯潘至少赚进一万银元。图桑的例子说明了一个普遍的看法："他为书商劳心卖命，意思就是他难渡收支相抵这一关。"埃默里告诉我们，拉波特(Joseph de La Porte)仰赖他的笔自力更生，"只有那样活下去"，仿如那是什么不寻常的事。常见的模式是，以"登龙门"为目标，吸引保护者关爱的眼神，坐上王室行政机构的位置或踏进富裕家族的大门。

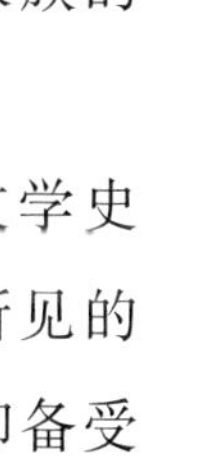

婚姻也是一条门路。勒叙尔(Jean-Louis Lesueur)在文学史上并没有留下太多鸿爪，可是他的文学生涯代表警方观点所见的理想类型：在起跑线上，他除了才华与和善，鲜有其余，后来却备受敬重，羽翼在他头上张开，坐的是闲差的职位，身边还有一个富家出身的妻子。

> 他是个聪颖的年轻人，写了几出喜歌剧，演出相当成功。布拉尼先生(M. Bertin de Blagny)在剧院认识他，结为朋友，又给了他一份年薪三千的额外工作。如今他

> 就在那儿上班。
>
> 他刚结婚，妻子带给了他一笔财富。他得之无愧，因为他是个好孩子，个性和善没话说。

埃默里对婚姻采取务实的观点。在他看来，婚姻是创业的策略性棋步——不然就是失策。作家的妻子从来不曾以有见识、有教养或有品德的形象出现在报告中。此所以他不浪费篇幅对科克莱(C.-G. Coqueley de Chaussepierre)表示同情："他娶了同村子一个无足轻重的女孩，她没有身世，也没有家财。她唯一值得一提的是，她和前总检察长的妻子有亲戚关系，总检察长娶她〔这个亲戚〕只是基于良心，在她当了他的情妇好几年之后。"同样的情形，迪利蒙(Poiteven Dulimon)涂涂写写大概也闯不出什么名堂，因为"他在贝桑松结了一场坏婚姻"。"坏"婚姻生出孩子，却生不出财

170 富，所以报告出现一连串不快乐的"一家之主"奋战有弊无利的多余人口。图桑被迫赶稿鬻文，因为他有十一个孩子；穆易成为警方的线民，因为他有五个孩子；德勒(Dreux du Radier)和博纳沃(René de Bonneval)被下一代压得喘不过气，终其余生注定困在文人陋巷。

照这样看来，需要"好"婚姻却找不到门路的作家，应该放弃结婚的念头。他们当中的多数人显然就是如此。埃默里也会监控家庭关系，却只有二十四份报告提到妻子和孩子。虽然这方面的信息过于零散，归纳不出结论，但是大多数作家终身未婚，特别是在"知识行业"里头，这似乎错不了。即使结婚，他们通常等到出了名或占了闲差之后，甚至等到坐上法兰西学院的席位之后。所以，我

们看到警方眼中另一个成功的故事，格雷塞(J.-B.-L. Gresset)的生涯：写了几出在法兰西喜剧院叫座的作品之后，他获选进入法兰西学院，最后，在五十四岁那一年，娶了亚眠(Amiens)一个富商的女儿。

可是，作家在追求名山事业的时候，如何才能把稳感情的舵？达朗伯力劝所有的哲人终身拥抱操守与贫穷。[12]但是埃默里知道，那是强人所难。他了解人间有爱，一如他承认人间有婚姻经济学。马蒙泰尔(Marmontel)和法瓦出现在报告中都是“身陷热恋”，各自迷恋萨克斯元帅的一个情妇。马蒙泰尔的“纪事”，曲折动人不下于法瓦；事实上，那一部分读起来像极了他们所写剧本的剧情：年轻的剧作家爱上女演员韦里埃小姐(Mlle Verrière)，看到她躲在老元帅背后。他们打发了跟班的仆役，以便自由自在诉衷情。这仆役本是元帅的眼线，或许也是警方的眼线，他得知他们俩的瓜葛。没多久，灾难降临他们头上：女演员损失一万两千银元的年收入，作家不再有保护伞可撑。不过，收场皆大欢喜，因为韦里娭小姐显然和元帅重修旧好，马蒙泰尔则投向她的同事柯雷红小姐(Mlle Cléron)。不管是直接还是间接，窥遍许多钥匙孔之后，埃默里看得很清楚，大多数作家会找上情妇。 171

说比做来得容易。法兰西喜剧院的女演员不常奔向穷作家的怀抱，即使拥有马蒙泰尔和法瓦的体相也一样。和陋巷文人住在一起的女人，出身环境都差不多，不外是女仆、女店员、洗衣女或妓女。这样的背景不容易产生快乐的家庭，就像我们在埃默里的“纪事”里看到的，快乐的结局屈指可数，从女人的观点来看尤其如此。再来看一个爱情人生，主角是肖梅(A.-J. Chaumeix)，一个默默无闻的作家，初抵巴黎时口袋没几文钱，倒是心怀无穷的期望。他先在一所寄宿学校兼差教书。学校解散之后，他窝在公寓，诱拐一个女仆，答应说要娶她。然而，没过多久，他就不再爱她了。他开始为书商埃里桑(Herissant)写反启蒙运动的文章，赚了一些钱。这时候，那个被遗弃的未婚妻很可能已经怀孕，向埃里桑索赔，要从肖梅的账上扣下三百银元。肖梅于是向一个兼职教师的妹妹示好，过从甚密。这一次他没有逃避婚姻，虽然这女人是，根据埃默里的记叙，“女魔一个，她本人不值一文，他从她那儿也没得到半文钱”。但是几年之后，他远赴俄罗斯，丢下妻子和一个婴儿。

对文人来说，暧昧关系有危险在，因为他可能娶他的情妇，不论婚配有多“坏”。埃默里告诉我们，莫尼耶(A.-G. Meusnier de Querlon)爱上一个鸨母，为了使她出狱而娶她。没多久，他走投无路，却还得养家。幸亏《法兰西公论报》的一份差事，接着又有《小布告》(*Petites affiches*)的编务，给了他一场及时雨。可是，他的储蓄不足以养老，天年还是得仰赖一个金融家给付的津贴。另外有几个作家，妓院成了他们的伤心地——这是根据埃默里的档案所记载作家的私生活。有个诗人，名叫米隆(Milon)，经常光顾四烟囱圆环(Carrefour des Quatre Cheminées)的一家妓院，爱上鸨
172 母不能自拔。后来成为新闻记者的剧作家皮埃尔·卢梭(Pierre Rousseau)，跟一个妓女形同夫妻，却又跟她的女儿同居。另外两个文坛佣兵，编纂人蒂尔潘(F.-H. Turpin)和小册子作家盖内(Guenet)，不只是妓女的常客，而且还娶了她们。文人陋巷的婚姻也有好结局的。埃默里提到安索姆(Louis Anseaume)本来是个兼职教师，日子过得苦哈哈，直到娶了喜歌剧院一个女演员的妹妹才

有转机，他们结合是“基于需要超过基于情意的一桩婚姻”。两年之后，他一切称心如意，写作兼制作喜歌剧。不过，婚姻通常是作家的绊脚石。穷剧作家布瓦西（Louis de Boissy）的报告有两个句子，听来教人心生不忍，却道破常态的模式：“他是个绅士。他娶了帮他洗衣服的。”从其他报告的观点来看，卢梭和狄德罗的婚姻——依次一个娶半文盲的洗衣女仆，另一个娶洗衣妇的女儿——看来并非不寻常。

如果作家不能寄望摇笔杆维生，进而过个说得过去的家庭生活，那么写作本身如何成为一桩事业呢？文人的尊严及其神圣不可侵犯的使命一再出现于哲人的作品，[13]但是这一类主题在埃默里的报告里却不见踪影。警方虽然打照面认得出作家，还把作家从其他的法国人当中挑出来，又在埃默里的档案留个位置给他，可是他们提起他来，仿如不认为他有职业或在社会上有杰出的地位。他也许是个绅士、教士、律师或跟屁虫，可是他不具备使他有别于非作家之辈的“身份”或“社会地位”。

正如同“身份”与“社会地位”这两个名词的法文原文所暗示的，埃默里使用古老的社会语汇，那一套语汇少有空间容纳现代且独立自主的知识分子。比起狄德罗与达朗伯，他或许落伍，可是他的语言很可能相当吻合十八世纪中叶作家的处境。警方不可能在任何一个大家习以为常的类别中找到作家的定位，因为他们无从设想作家那种不需要贵人保护和文学市场分不开而且以之为志业的现代相貌。考虑到环绕此一不确定地位的概念迷雾，作家到底拥有怎样的身份？

警方的报告虽然没有清楚提供那个问题的答案，却包含一些发人深省的看法。举例来说,埃默里经常以“男孩”称呼作家。这个措辞无关乎年纪。狄德罗以“男孩”出现在他的报告中,虽然他那时候是三十七岁,已婚,有孩子了。雷纳尔神父、莱克吕兹神父(abbé de l'Ecluse-des-Lodges)和西戈纳(Pierre Sigorgne)全都是三十几岁的“男孩”;芒诺里(Louis Mannory)更是五十七岁的“男孩”。他们之所以和仅仅被列为男人或明白称作绅士的那些人不同类,是因为他们的社会地位不够杰出。不论是新闻记者、教师或神父,他们处在文人共和国的较低阶层,地位模糊不定。他们进进出出格拉布街,丛聚在前文所提社会-职业光谱中称作“知识行业”的区域。我们非得使用那个不合乎时代背景的称呼不可,因为旧制度没有为狄德罗那样的人保留一个类别。“男孩”是埃默里所能使用的最妥当的称呼。他永远不会想到把这个称呼应用在圣朗贝尔侯爵(marquis de Saint-Lambert)身上,因为他是军官,虽然他在埃默里写报告时只有三十三岁;珀蒂(Antoine Petit)也一样,因为他是医师,虽然他只三十一岁。“男孩”意味着边缘属性,是用来安置无立锥之地的人,也就是身影模糊的现代知识分子的先驱,他们现身在警方的档案中是“没有身份的人”。

埃默里如此运用语言,不应该归咎于官僚强调身份地位的癖性;他无从摆脱时代的偏见。因此,在雅梅(Pierre-Charles Jamet)的报告中,他理所当然地写下“听说他来自良好的家庭”,又提到包税人佩塞利耶(Charles-Etienne Pesselier)是“一个高尚文雅的人,这对诗人与金融业者是莫大的荣誉”。不过,埃默里并不是势利眼。在图桑的报告上,他这么写:“很难说他出身好,因为他是圣保罗教区一个鞋匠的儿子。尽管如此,他仍然是值得敬佩的人。”报告贬抑作家时，看来不像是表达埃默里个人的看法，倒像是反映他周遭环境根深蒂固的心态。当然，那一类意见的个人成分与社会成分是无法明确区辨。可是在某些地方，特别是在不经意或信笔夹注的时候，埃默里不知不觉就可能说出一般的成见。例如，在莫 174
拉班（Jacques Morabin）的纪事栏，他以实事求是的笔调写下这样的看法："他聪颖，写了一本书，四开本，分装两册，标题《西塞罗传》（*La Vie de Cicéron*），献给圣弗洛朗坦伯爵（M. le comte de Saint Florentin）；他就是受伯爵保护，担任他的秘书。把他送给埃诺先生的，就是这位大人。"一个作家可以从一个保护者转手给另外一个保护者，跟物品没两样。

这一类记载的语气吻合普通作家所受到的待遇。伏尔泰遭受罗昂骑士的仆人痛殴一事，经常被引来证明作家在十八世纪初叶不受尊重的例子。其实在《百科全书》的时代，作家冒犯显要人士还是照样会挨揍负伤。鲁瓦（Pierre-Charles Roy）是相当出色的资深剧作家，差点儿被克莱蒙伯爵的仆人打死，为的是要报复他在法兰西学院一场引起风风雨雨的院士选举期间所写的一首讽刺诗。在十八世纪四十年代，普兰·迪·圣富瓦对于嘲讽他的剧本的人，动手打人绝不手软，借此持续恐吓观众。传言他以决斗的方式处死了若干批评者，又威胁说有谁胆敢在剧评中对他吹毛求疵，他就割掉谁的耳朵。甚至作家彼此也会大打出手，马蒙泰尔和弗雷龙（Fréron）就是。在法兰西喜剧院，"上流社会"于幕间休息时间在休息处交际的时候，马蒙泰尔责问弗雷龙在《文学年刊》（*Anne littéraire*）所发表冲着他而来的讽刺意见，要求给个满意的解释。弗雷龙提议打架解决。两剑交锋几个回合之后，众人把他们分开，交给法兰西元帅司令部的人,他们负责处理荣誉事宜。但是伊桑基安元帅(maréchal d'Isenquien)懒得理会,说那是“小游戏,只适合警方处理”。这件事出现在埃默里的报告中,也只不过是一场“喜剧”。埃默里和其他人一样,听到作家竟然也说起荣誉什么的,甚至还看到作家像绅士一样起而捍卫荣誉的奇观,不免觉得好笑。

当然,许多作家不需要为了寻求保护、挨打或受人嘲弄而操心。这些作家不会想到跟妓女结婚,也不会被称作“男孩”,因为他们有独立的“身份”,也就是社会公认的地位,如文武官员或律师之类。但是普通作家仍然置身于草莽世界,和他同时代的人也不会
175 把他们拱上雕像基座。那时候的哲人还在为现代的知识分子宗派奠定根基,警方表达的乃是对于他们的“戏局”比较寻常、务实的看法。写作也许会使得绅士的生涯锦上添花,也有可能使普通人赚到一个闲差。不过,更可能的情况是一无是处。埃默里同情波特朗斯(Michel Portelance)的家庭,他是个有才华的年轻人,颇有可能闯出一些名堂,可惜他嗜诗如命:“他是一个家事仆人的儿子,有个叔叔是主教座堂的公祷团员,资助他读书,无非是希望他来日有成就。可是他浸淫读诗写诗,让叔叔失望透顶。”

埃默里却又欣赏才能。在他看来,丰特奈尔是“我们这个世纪最天才洋溢的人之一”;伏尔泰则是“气宇轩昂,可是他的意见让人无法恭维”。这样的看法虽然听得出有警方调查人员的语调,却也有表示敬佩的意思。埃默里述及孟德斯鸠时,对于孟德斯鸠本人及其《论法的精神》所遭遇的困境深表同情:“他这个人极其聪颖,深受视力不良之苦。他已经写了几本引人入胜的书,像《波斯人信札》(*Lettres persanes*)、《吉尼德教堂》(*Le Temple de Gnide*)和广

为人知的《论法的精神》。”

这样的看法在路易十四治下不可思议，那是沃邦和费奈隆(Fénelon)被逐出宫廷的时代，也是拉辛为了晋身上流社会而放弃写作的时代。在十九世纪也格格不入，那时巴尔扎克和雨果业已奠定作家身份的英雄格调，左拉也已完成征服市场的壮举。埃默里表达的是作家地位演化史上介于其间的一个阶段。他没有想到写作是独立的事业或具有杰出的地位。不过，他尊重写作，视其为一种艺术——而且知道写作具有意识形态的影响力，其后续发展值得观察。

虽然意识形态对于埃默里并非以概念的形态存在，他却是每天涉足其间——既不是如启蒙运动向下冲刷的激流，也不是如革命意识向上喷涌的泉流，而是他在街道平面遭遇的危险的形态。有几篇报告看得到“危险”，通常是在提到可疑人物的时候。埃默里使用程度累进的描述词：“好国民”(福斯[Fosse])、“有点坏的国民”(奥利维耶[Olivier, Febre, Néel])、“坏臣民”(帕默斯[Courtois, Palmeus])、“坏透了的国民”(伏尔泰[Voltaire])，或是“不可疑”(布瓦西)、“可疑”(卡于撒[Cahusac])、“极其可疑”(吕凯[Lurquet])。他似乎小心翼翼在衡量他的语言，仿如在估计每一个卷宗的危险程度。从上下文来判断，他把“危险”和“坏国民”联想在一起，其间的关联看得出是旧制度之下警方特有的思维。帕默斯是“一个危险的坏国民”，因为他写匿名信给大权在握的人，攻击他的仇人。富克小姐(Mlle Fauque de la Cépède)看来也半斤八两，因为她模仿两个情人的笔迹，写假信使他们卷入纷争——这种诡计在今天似乎微不足道。埃默里却看得很严重：“那种才能危害

社会甚大。”在个人际遇的起伏取决于“信誉”的体系之中，连累别人也是一大威胁。最“受信任”的无非是酬庸官员，那些人也最有可能因失宠而失位。因此埃默里对于为了中伤居高位者的名誉而搜集情报的人特别慎重。所以，尼韦勒（P.-C. Nivelle de La Chaussée）的报告有这样的评述：“他不曾做过可疑的事，可是他不受欢迎，因为他被认为是危险人物，会暗地里伤害别人。”

“暗地里伤害”，这是通过诸如伤害（*nuire*）与糟蹋（*perdre*）之类的动词所传达的观念，通常是以检举的形态表现出来，恰恰和保护的原则背道而驰，而保护原则无非是在维持体系的势力均衡。埃默里所到之处，总是遇到检举的事。有个名叫库图瓦（Courtois）的穷诗人受雇于某军官，提供了一封匿名信里头的情报，要把仇人送进监狱。有个迪布瓦太太（Mme Dubois），丈夫是一家裁缝店的店员，两人大吵一架之后，她为了把丈夫关进巴士底监狱，用假名写了一封信，说他在肥美星期二（Mardi Gras）于大庭广众朗读诽谤国王的诗。茹安（Nicolas Jouin）是个银行家，让他儿子的情妇吃起监牢饭；这儿子回敬一封匿名信，泄露他老爸写过一系列詹森教派的小册子，其中一本是抨击巴黎大主教的。

对警方而言，监视这一类的诽谤造谣是一项全天候的工作。
177 埃默里并不操心出身寒微的百姓名誉受害的案例。某咖啡馆女服务生抱怨，说她已分手的情人，一个叫作塞里（Roger de Sery）的诗人，写小册子抹黑她，埃默里置若罔闻。但是，他密切监控下列的几个人：盖拉尔迪尼（Fabio Gherardine），他在一本小册子诋毁圣塞弗伦伯爵（comte de Saint-Séverin）的家世；雅梅，他破坏主计长及其祖先的名誉；朗格莱（Nicolas Lenglet du Fresnoy），他要出版

摄政时期*的历史，书中“充斥对当权家族非常不利的事情”。世家大族及其党派受到中伤，那是国家大事，因为在宫廷政治体系当中，人格事关重大不下于原则，而个人的信誉却可能因为小册子的明枪暗箭而毁于一旦。

因此意识形态警察的工作就是追查小册子的作者，同时压制诽谤文，也就是以印刷形态出现的诽谤言论。埃默里特别尽心维护他自己的保护人的名誉，特别是巴黎警察总长贝里耶和宫廷中的阿尔让松派系，而且从报告可以看得出，有时候是他的上司下令他跟监某个作家。举例而言，在卡于撒的报告里头，埃默里提到贝里耶“告诉我说他在宫廷中被认为可疑，因此应该会受到严密的调查”。卡于撒并没有写什么反动的宗教小册子。但是他看起来像个“坏国民”，因为他一再投效不同的党派——从克莱蒙伯爵转到圣弗洛朗坦伯爵，又转向金融家拉波利涅尔(la Polinière)，还写了一本伪日本小说《护身符》(*Grigri*)，里头包含太多足以使许多宫廷要人身败名裂的信息。还有个类似的情形：贝里耶警告埃默里，要看好盖尔(J.-A. Guer)，他是宫廷里头属于马肖派系的一个“坏臣民”，因为他最近去了一趟荷兰安排某些“可疑文稿”的印刷事宜。

“可疑”、“坏”和“危险”之类的形容词，在这些人物的报告中俯拾皆是。按埃默里的描述，富热尔(L.-C. Fougeret de Montbron)特别“坏”，因为他专擅诽谤文：

> 他最近在海牙印了一册八九大张的作品，题作《世界

* 指 1715—1723 年奥尔良公爵摄政期间。——译者

> 公民》(*Le Cosmopolite, citoyen du monde*)。那是反法国政府的讽刺作品，矛头特别对准贝里耶先生和阿尔让先生(M. d'Argens)，后者尤其是他怀恨的对象，因为他
> 178 认为他(阿尔让侯爵)逼得他在普鲁士走投无路，他在那里已经住习惯了。

危害最大的诽谤文作者是从边界外开火，目标却瞄准王国中地位最高的人。埃默里在1751年4月写道，贝尔坦(L.-M. Bertin de Frateaux)“如今在伦敦，以前是在西班牙。他还在发表对自己的国家不利的言论，联合一群坏国民写讽刺作品反对国家”。一年之后，埃默里报告说，贝尔坦已经在巴士底监狱。警方搜出他藏在巴黎的一些手稿之后，派人计诱他离开伦敦，在卡雷(Calais)逮捕了他。他关在牢里两年半，罪名是写过“对国王和整个王室危害最烈的诽谤性出版品”。

埃默里的工作，正如他自己了解的，包括压制任何可能危害国王权威的言论以保护王国。诋毁辱骂路易十五与蓬巴杜夫人的小册子，在现代读者看来无异于传播谣言，在他看来却是反动言论。所以，埃默里把最强烈的措辞保留给两种人。一种是像朗格莱之类的诽谤文作者，他是“一个危险的人，会推翻一个王国”；另一种是小册子作者和批评王室权威的议会派(parliamentary *frondeurs*)，他们在杜布莱夫人(Mme Doublet)和维约梅松夫人(Mme Vieuxamaison)的沙龙聚会，那是“巴黎最危险的〔社群〕”。这些团体不只是闲扯宫廷阴谋与政治，而且还在诽谤性出版品和手抄报纸上发表危害最烈的新闻，“遮遮掩掩”流传于法国各地。这些新

闻传播者是原生代的新闻记者，有六个人出现在埃默里的报告里。他把这些人看得很严重，因为他们对舆论影响重大。他的线民在咖啡馆和公园听到他们的“新闻”，甚至在民众当中也听得到绘声绘色口语相传的“新闻”。有一个线民描述杜布莱夫人沙龙最主要的新闻传播者皮当撒如何高谈阔论。按埃默里的记载，皮当撒是“巴黎最恶毒的舌头”：“梅罗贝（即皮当撒）在普罗科普（Procope）咖啡馆谈到最近的〔二十分之一税〕改革措施，说来自军方的什么人应该被逐出宫廷，只有破坏民众和作奸犯科能让那个人称心如意。”

警方总是在搜集“漫谈”，即煽动性言论，作家则经常因此而入 179
狱。埃默里的档案保留了鲜明的轨迹，读者浏览其间，转个身就可能遇见可疑人物，如坎索纳骑士（F.-Z. de Lauberivières，chevalier de Quinsonas），军人出身的新闻传播者，“他漫谈起来毫无顾忌”；德勒，“由于漫谈”而受流刑；梅兰（F.-P. Mellin de Saint-Hilaire），“由于漫谈……诋毁蓬巴杜夫人”而被送进巴士底监狱；布雷（Antoine Bret），也在巴士底监狱，因为“漫谈诋毁国王和蓬巴杜夫人”。有时候，我们依稀可以听到他们说话。古尔奈，他是教士，也是地理学家，在埃默里的报告中是“非常坏的臣民”。这一份报告读起来有如在公共场所速记现场听到的传闻：

> 1751 年 3 月 14 日，〔当他〕正穿越皇宫的花园时，谈到警方，他说不曾有过比当今君临巴黎的舆情调查更蛮横无道的。那是暴政专制，人人嗤之以鼻。归根究底，他说，因为国王懦弱，又耽溺声色，除了醉生梦死什么都不

在乎。缰绳握在一个女人的手里……其余的人的话,他一概听不入耳。

同一主题不只是见于店员的妻子迪布瓦太太为了告发自己的丈夫而交给警方的那首诗,也见于配上流行曲调在街头巷尾流传的几首歌词。警方听到不同背景出身的人异口同声在唱:[14]

好逸恶劳挥霍百姓的财富,
你做坏事推算来日有多长,
一大臣和一贪婪妇的奴才,
路易,听听上天为你留什么。

当时所有的媒体,包括书籍、小册、报纸、传闻、诗篇与歌词,都有关于国王的负面报道。因此,王国在埃默里看来是老朽一个。
181 如果占据最高位的保护者不再能够博得臣民心悦诚服的效忠,整个保护体系势必瓦解。埃默里没有预见革命的爆发,可是从调查文人共和国的工作当中,他看到一个独裁君主面对民怨如波涛,没顶的可能性越来越大。廷臣因派系流转而在仕途上载浮载沉,小册子作者腐蚀一般民众对于政权的敬意,举目所见危机四伏——甚至连吊刑广场外一个简陋的房间也不例外,那儿有一个叫作狄德罗的"男孩"在为《百科辞典》(*Dictionnaire Encyclopédique*)振笔疾书。

然而,埃默里会把狄德罗和危险扯在一起,乍看似乎奇怪。狄德罗写的不是诽谤诗文,而是启蒙运动小册子;埃默里的报告并不

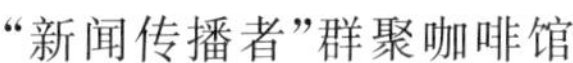

“新闻传播者”群聚咖啡馆

认为启蒙运动有什么威胁。事实上，报告中根本没有什么启蒙运动。埃默里不曾用到 *Lumières*（启蒙）与 *philosophe*（哲人）这样的称呼。虽然他的档案囊括了到 1753 年为止发表过作品的所有哲人，他却没有把他们当作一个类别来处理；而且，他通常个别开给他们成分纯正的证明书。他不只是对年老的毕恭毕敬，像丰特奈尔、杜克洛和孟德斯鸠都是；年少的，如达朗伯，在他笔下也是“一个有魅力的人，个性和机锋都一样”。卢梭在埃默里的报告中虽然浑身带刺，却是个“鹤立鸡群”和“才智出众”的人，对于音乐和文学辩证术有特殊的天分。甚至伏尔泰，一个“非常坏的臣民”，主要以恶名昭彰和诡计多端的形象出现在文坛和宫廷，也不例外。埃默里只提到两个有名的哲学沙龙——若弗兰夫人(Mme Geoffrin)的和克雷基侯爵夫人的——都只是信笔表过,完全无视群聚在莱斯皮纳斯小姐(Mlle de Lespinasse)、迪德芳夫人(Mme du Deffand)、唐森夫人(Mme de Tencin)和奥尔巴克男爵(baron d'Holbach)等人四周的重要知识分子团体。显然他没认出哲学的环境,也没察觉到启蒙运动一贯的见解,或许他根本就察觉不出有这样的一场运动。浩浩荡荡流串文化史长河的知识潮流,这是大多数教科书都看得到的景象,却浮不出警方报告的表面。

然而,潮流确实存在——只不过那是一股伏流。狄德罗有别于诽谤文作者和新闻传播者,他代表的那种危险是暗地滋长的变种,即无神论。埃默里写道:“他是个喜欢卖弄机锋的年轻人,没有宗教信仰还洋洋自得;非常危险;一说到宗教上不可思议的事就满
182 脸不屑。”报告进一步说明,狄德罗写了惊世骇俗的《哲学思想录》(*Les Pensées philosophiques*)和《珠宝风波》(*Les Bijoux indiscrets*)之后,终于因为《盲人书简》而入狱,现在和图桑与埃杜(Marc-Antoine Eidous)合作《百科辞典》。那两个作家在埃默里的档案里各有自己的卷宗,当初提出《百科全书》构想的前辈塞柳(Godefroy Sellius)也有,赞助的那些书商也一样。他们全都是可疑人物,过的都是格拉布街那种穷文人的生活,编纂与翻译双管齐下,偶尔穿插一些色情和没有宗教信仰的东西。因此埃默里写道,埃杜提供一些色情材料给狄德罗的《珠宝风波》,那本书由《百科全书》的出版商之一迪朗(Laurent Durand)于1748年秘密发行,另一个百科全书学派作家德拉夏佩勒(Jean-Baptiste de la Chapelle)则为《盲人书简》提供违背宗教信仰的材料:“他佯称狄德罗从他那儿得到

索德松（Saunderson）的谈话内容，那是《盲人书简》里头反宗教最严重的部分。”

报告中的参照不免让人以为狄德罗结交狐朋狗党。以此类推，《百科全书》不会是什么好东西，这在狄德罗的合作者之·普拉迪神父因误信谣传而逃离法国之后，似乎更言之成理。1752 年初，就在《百科全书》第二册出版在即的时候，索邦的教授们发现，普拉迪新近在他们自己的学院里辩护得有声有色的学位论文，俯拾皆是不当言论。在正统的殿堂发现哲学的败类，说来够令人难堪，查核不严谨犹属余事，但是普拉迪的文本似乎是取自《百科全书》的《序论》。实情是，他提供论神学问题的复本给狄德罗，并且和两名撰稿人共同执笔。这两个人是伊丰神父和佩斯特神父。尤有进者，百科全书学派的这神父三人小组跟神父出身的哲人关系密切，他们包括：马莱（Edme Mallet）神父，也是《百科全书》的撰稿人；雷纳尔神父，后来因为写了《欧洲人在南亚与东南亚的殖民史》（*Histoire philosophique et politique des établissements et du commerce des Européens dans les deux Indes*）这本下笔坦率的书而恶名昭彰；以及梅埃刚（Guillaume-Alexandre Méhégan）神父，他后来担任《百科报》（*Journal encyclopédique*）主编，1752 年因为 183
《索罗亚斯德》（*Zoroastre*）而被关进巴士底监狱，该书在埃默里笔下乃是“无法无天的反宗教诽谤文，题献给图桑的”。狄德罗和伊丰是因为亡命国外才逃过牢狱之灾，不过他们身在异乡仍然跟旧伙伴保持联络。埃默里还提到，伊丰避难荷兰仍持续为《百科全书》撰稿，佩斯特则为一本替普拉迪——他在腓特烈二世（Frederick Ⅱ）的庇护下安全定居于普鲁士——辩护的小册子

校对。

持异端见解的神父和以阁楼为家的无神论者携手合作,这使得《百科全书》看来可疑;但是埃默里不像继起的注释家如巴吕埃尔(Barruel)神父那样,他不侦查背后的阴谋。他们当中只有二十二个人出现在他的报告中——以到1765年《百科全书》最后几册问世为止,至少写过一篇文章的总人数来计算,他们占的比例不到十个百分点。从1748—1753年间,该书还没有成为当局的眼中钉,阅读大众也还没有当它是启蒙运动的象征。它仍然是合法的事业,仍然受到埃默里的上司——书商管理处的处长马勒泽布(Lamoignon de Malesherbes)——的保护,更何况书是题献给阿尔让松伯爵的。所以,埃默里并没有当它是严重的意识形态威胁,虽然他持续监控从一开始就参与的核心作者群。

但是,他确实在狄德罗身上看到危险——倒不是因为《百科全书》的关系,而是因为狄德罗对于似乎即将在巴黎四处散播的自由思想有贡献。有人密报说狄德罗嘲笑圣事,埃默里特别记下这件事实:"他(狄德罗)说他临终的时候会告解,并且〔在领圣餐礼时〕接受他们所称的上帝,但是跟义务毫不相干,只是因为考虑到他的家人,免得他们为了他没有宗教信仰就过世而受到别人的谴责。"麻烦的是,正如狄德罗看出来的,其他作家多的是有同样的心态。他们当中有一些以"自由思想分子"这样的绰号出现在报告里头:苏拉斯达郎沃、贝尔坦,还有盖鲁(Louis-Nicolas Guéroult),都是如此。埃默里挖出一张使科学大众化的名单,如埃斯泰夫,他写了一本唯物观点的论文小册,讨论宇宙的起源;如历史学家图本(François Turben),一部英格兰历史在他笔下变成全面指控宗教

的文件;以及一群下笔不检点的诗人——不只是“自由思想分子”, 184
如伏尔泰和皮龙,也包括名不见经传的诗人,如德利尔(L.-F. Delisle de la Drevetière)、J.-B. 拉科斯特(J.-B. La Coste)、洛热里(Lorgerie)神父和一个名叫奥利维耶的书记。埃默里晓得这些人把手稿摆在他们的哪个纸夹里,也晓得他们正在写些什么东西:洛热里刚完成一篇“反宗教的书信体文章”,德利尔正在写“一首对宗教不敬的诗”。由于有人会报告在沙龙和咖啡馆听到的谈话内容,埃默里因而知道马耶布瓦(Maillebois)伯爵在餐宴上朗诵过亵渎耶稣基督和施洗者约翰的诗,梅埃刚神父公然宣扬自然神论,谢诺(César Chesneau Du Marsais)是个彻头彻尾的无神论者。监督宗教事宜是警察的一项重要工作,这在埃默里看来似乎是在衡量渐趋高涨的反宗教声势。

这项整顿工作如何发生以及为何重要,从本文要举的最后一个例子可以看出端倪。这个例子是雅克·勒布朗(Jacques le Blanc)的报告,他是个没什么名气的神父,窝在凡尔赛的一个房间写反宗教的小册子。完成一篇题作《成见死而宗教生》(*Le Tombeau des préjugés sur lesquels se fondent les principales maximes de la religion*)的论文之后,勒布朗开始找出版商。他邂逅瓦朗坦(Valentin),后者自称在巴黎的出版业有渠道,毛遂自荐当他的经纪人。但是,读完手稿的摘要之后,瓦朗坦相信向巴黎大主教检举勒布朗所得到的奖赏将比中介费更为可观。大主教送他到警察局,指示他设陷阱以现行犯逮捕勒布朗。瓦朗坦和埃默里相约在巴黎的鱼贩街一家餐馆诈设饭局。然后瓦朗坦指示勒布朗伪装赴约,预防身份遭人识破,而且要记得带手稿来,因为有两名出版商急于购买。这神父换下他的教士袍,穿上一身旧黑衣,还戴上老式的假发。根据埃默里以相当同情的语调所记叙,他的模样简直就像拦路土匪,在约定的时间抵达会面的地点。瓦朗坦把他介绍给警察假扮的两位书商。然后,眼看就要达成协议,埃默里猝不及防冲上前,抢过手稿,把勒布朗押进巴士底监狱。伪装行事大
185 可成为有趣的“纪事”,可是出现在埃默里的记叙却悲伤又严肃。瓦朗坦是讨人嫌的投机分子,勒布朗是受到误导的被害人,手稿则是不法的作为。埃默里摘述该论文的要点如下:《圣经》是童话故事选集;基督的神迹是寓言,用来蒙骗没有主见的人;基督教、犹太教和伊斯兰教全都同样虚假;上帝存在的一切证据都是荒唐无稽,是“为了政治理由而发明的”。此一事件的政治意涵对埃默里似乎特别重要:“在他手稿的结尾处写着‘作于太阳之城’,就是凡尔赛,他写作期间居住之地,‘在伪君子的深宫闺房’,亦即他的隐修院。”

在埃默里看来,宗教立场和政治是分不开的。虽然他对神学争辩没什么兴趣,但他相信无神论动摇国王的权威。因此,归根结底说来,“自由思想分子”构成的威胁和“诽谤文作者”殊无二致,警方需要辨识出这两种形态的危险,不论其为私底下中伤个人的名誉或从哲人的阁楼向四面八方扩散。

此所以狄德罗以危险的化身出现在警方的档案中:“他是个非常聪颖的男孩,却极其危险。”从其他五百份报告的观点来看,他似乎也适合套进一个模式。一如许多其他的作家,他是男性,刚跨入中年没多久,出生于巴黎外围一个小城中受过教育的技工家庭。他娶了一个身世同样寒微的女人,在樊尚(Vincennes)吃过三个月的牢饭,在格拉布街度过相当长的一段时间。没有哪个社会学的

公式可以把他们一网打尽，因为文人共和国是个模糊的精神领域，而且作家散布于社会各处，并没有清晰的专业身份。尽管如此，埃默里在辨识狄德罗时，看出旧制度一个关系重大的成分，特别需要从警方的观点加以监视。从警方监看狄德罗之辈，我们可以看见知识分子模糊的身影具有清晰可辨的形象，在早期的现代法国现身为一股不容忽视的力量。[15]

附录：三份纪事 186

下面三份报告显示在文人共和国的较低层级，生活是怎么过的，以及警方如何观察。这些报告具体说明了狄德罗在《拉摩的侄子》(*Le Neveu de Rameau*)里的生动描写，以及他进行《百科全书》的工作时居住的那个世界。我们还可以从中看出埃默里如何组织他的卷宗里的素材，将之归入他设定的标准格式中的六栏印刷标题。

一、德尼·狄德罗

名字：狄德罗，作者。1748 年 1 月 1 日。

年龄：36。

出生地：朗格勒(Langres)。

长相：中等身材，相当高雅的体相。

地址：吊刑广场(Place de l'Estrapade)，装潢店的住家。

纪事：

他是朗格勒一个刀匠的儿子。

他是个非常聪颖的男孩,却极其危险。

他写了《哲学思想录》、《珠宝风波》以及其他那一类的书。

他也写了《理念的步道》(*L'Allée des idées*),手稿就摆在他住的地方,他答应不出版。

他正在进行《百科辞典》,跟图桑和埃杜合作的。

1749 年 6 月 9 日。他写了一本书,题作《盲人书简》。

7 月 24 日。他因此被捕,被带到樊尚。

【一张便条纸补充如下:】

1749 年。

反宗教与善良道德的作者。德尼·狄德罗,朗格勒人,住在巴黎的作者。

1949 年 7 月 24 日关进樊尚地牢;根据 8 月 21 日的命令,从地牢获释,转移到城堡改装的监狱。

187 同年 11 月 3 日离开。

因为写了一本书题作:

《盲人书简》,〔另有〕《珠宝风波》、《哲学思想录》、《论习俗》、《怀疑派:理念的步道》(又译《怀疑者漫步》)、《白鸟童话》(*L'Oiseau blanc, conte bleu*)及其他。

他这个年轻人,机锋毕露,不信教还洋洋自得;非常危险;说到神迹奥秘的事总是带着不屑的神情。他说他临终的时候会告解,并且〔在领圣餐礼时〕接受他们所称的上帝,但是跟义务毫不相干;只是因为考虑到他的家人,免得他们为了他没有宗教信仰就过世而受到别人的谴责。

二、朗贝尔神父

名字:朗贝尔(神父),教士,作者。1751 年 12 月 1 日。

年龄:50。

出生地:多勒(Dôle)。

长相:个子矮小,其貌不扬,举止像羊人怪,满脸疙瘩。

地址:玻璃制品街,染工太太的店铺,在四楼。

纪事:

他加入耶稣会已有十六或十七年。他是个非常坏的国民,爱喝又爱嫖。

他在 1746 年跟一个女孩子同居,她的父亲是军需部的雇员。他让人家以为她是他的妻子;用假名卡雷(Carré)跟她住在巴伊(Bailly)寡妇的膳宿房子一个有家具的房间,她在那里生下一个男孩。事后他们逃之夭夭,留下 850 银元的未付账款。七年后,巴伊寡妇发现他们的新住处,一状告到警察总长那儿。他就这样被迫以两年的时间分期偿还那一笔欠款。

这女人和她的小男孩现在同他住在一起。她说自己是他的管家。

他在 1744 年出版《一个荷兰领主的书信》(*Lettres d'un seigneur hollandais*),共三卷,讨论王亲在上一次战争的利益。他写这本书是应阿尔让松伯爵之请,伯爵给了他奖赏。之后他又出版《评论 188
集》(*Recueil d' observations*)十二开本共十五卷,和小普罗(Prault fils)合作的。那是一本很差劲的文选,错误一大堆,写得也很烂。那之后,他在瑞士度过一段时间,是当波米侯爵的随员。回国后,他出版一本坏小说，题作《墨西哥王妃塔依芬传》(*Histoire de la princesse Taïven, reine de Mexique*)，伪称是从纪颜(Guillyn)的西班牙文原作翻译而来。最后，他刚出版《路易十四时代文艺史》(*Histoire littéraire du règne de Louis XIV*)，四开本共三卷，自费出版，因为没有一个出版商要冒风险。国王的建筑师芒萨尔(Mansart)为这一桩投资预先垫款。看来他赚回这笔钱(12,000 银元)的机会非常渺茫，因为第一次印刷的 1,200 本只卖出 100 本。那一本书的制作不理想。只有论述的部分良好，可是那一部分却不是朗贝尔写的，而是不同领域的艺术家提供给他论自己的艺术的稿子。

他从这一部作品中得到 600 银元的年金，是阿尔让松帮他争取的。看来这位大臣认为他当线民的价值超过当作家。

三、富热尔

名字：蒙布龙(富热尔)，作者。1748 年 1 月 1 日。

年龄：40。

出生地：佩罗讷(Péronne)。

长相：高个子，好体格，褐皮肤，冷酷的体相。

地址：唱经班街，班址所在……

纪事：

他这个人冒冒失失的，是佩罗讷邮政局长的儿子。他有个兄弟是包税商的雇员。

他原本是卫兵，后来成为陛下的贴身侍从，因为人品不好，不得不放弃那个职位。随后他担任几位大使的随员，去过不同的外国宫廷，最近才回国。他是个聪颖的男孩，是《昂何雅德扮装记》

(*La Henriade travestie*)的作者,也写过一篇文章讨论感官的乐趣——题作《卧榻》(*Le Canapé*)的小册子,还翻译了《元帅纪旅》(*Le Voyage de l'amiral Binck*)。

1748 年 11 月 7 日。他因为写了一本题作《巴黎歌剧院的芳 189
香巾》(*Fanchon,ou Margot la ravaudeuse,ou la Tribade,actrice de l'Opéra*)的坏小说而被捕。他被捕的时候,这部作品的手稿就在他的住处当场查抄。

12 月 5 日。他被放逐到距巴黎五十里格(约 250 公里)的地方,根据的是国王在 12 月 1 日签署的命令。

1751 年 6 月 1 日。他最近在海牙印了八九大张的一篇作品,题作《世界公民》。那是反法国政府的讽刺作品,矛头特别针对贝里耶先生和阿尔让先生,后者尤其是他怀恨的对象,因为他认为他(阿尔让侯爵)逼得他在普鲁士走投无路,他在那里已经住习惯了。

这个蒙布龙每年回他的故乡佩罗讷四次,去收取 3,000 银元的租金。他在那个地方,人人避之唯恐不及。他有个叔叔是公祷团的团员,因听不惯他说话无法无天而大发脾气。他返乡一趟通常逗留八天。

第五章　哲学家修剪知识树：《百科全书》的认识论策略

“真理圣殿”,《百科全书》卷首插画呈现艺术与科学的寓言

为了掌握狄德罗之辈的行踪,警察得要筛选并分类多方搜集 191
而来的情报资讯,便于归档备查。观察所得需要加以筛选,然后进
行分类,此一需求绝非仅止于警方的例行公事。那是狄德罗生平
志业的核心,是他编纂《百科全书》的基础工程。可是,《百科全书》
问世的时候,它所采用的印刷形式或许引不起现代读者的注目。
事实上,对于任何一个期望寻觅现代性的意识形态根源的人来说,
查阅这一部启蒙运动最高成就的文本可能会大失所望。书中每一
句话都是在挖传统的正统信念的墙角,有数以千计的单词涉及磨
谷物、制针和越来越少用得到的动词。对开本共十七册的文本,无
所不包的资讯大杂烩,这样的书为什么在十八世纪掀起一场大风 192
暴,说来令人惊奇。它跟以前所有以博学集成为名号的书——比
如堂皇伟构的《法文与拉丁文通用大辞典》(*Dictionnaire de Trévoux*),或更加壮观的,莱比锡书商泽德勒(Johann Heinrich Zedler)所出版的对开本六十四册的《世界百科大全》(*Grosses vollständiges Universal-Lexicon aller Wissenschaften und Künste*, 1732—1750)——到底有什么不一样的地方?难道,就像一个权威学者说的,它是一部"参考书或战争机器"吗?[1]

我们可以回答说两者都是,然后顶一句"好烂的问题"把它打发掉。可是《百科全书》里头资讯与意识形态的关系所引发的议题,全面涉及知识与权力的相对关系。比方说,不妨考虑一下同为百科却性质迥异的博学集成书籍,博尔赫斯(Jorge Luis Borges)想象而福柯(Michel Foucault)在《事物的秩序》(*The Order of Things*,即《词与物》)中讨论的中国百科全书。书中把动物分成下述的类别:"(a)属于皇帝,(b)腌制的,(c)温驯的,(d)乳猪,(e)海

妖,(f)神话的,(g)野狗,(h)目前的分类所包括的,(i)狂暴的,(j)无法计数的,(k)上等骆驼毛笔画的,(l)其他,(m)刚打破水罐的,(n)从远方看起来好像在飞的。”[2]福柯辩称,这个分类因为根本无从思考而饶富意义。它逼使我们去面对不可思议的类别,因而暴露我们梳理事物的方法之武断。我们使事物条理化是根据我们认为理所当然的类别,只因为那些类别是现成的。它们比思考优先占有认识论的一席之地,因此特能持久。然而,在进行组织的工作时,一旦遭遇陌生的经验,我们会察觉到我们自己的类别经不起考验,处处碰壁。事事物物之所以聚合不散,只因为它们可以纳入尚未受到质疑的类别体系。我们毫不犹豫把北京狗和大丹狗都称作狗,根本无视北京狗看起来似乎比较像猫,而大丹狗比较像小型马。在梳理人生经验时,一旦停止思索“狗性”或其他类别的定义,我们的生活可能难以为继。

因此,分门别类无异于行使权力。一个科目被归入“低阶学科”而非“高阶学科”,或是被归入“软性”而非“刚性”的科学,也许
193 从此难以翻身。上错架的书也许就永远消失了。被界定为次等人类的敌人可能惨遭灭绝。一切社会行动的流向无不受制于分类体系所划定的疆界,不论分类体系是否精细得像图书馆目录、组织图表与大学科系那样清清楚楚。所有的动物生活全都按部就班套进一种意识本体论的网格。我们对于“象人”与“狼人”之类的怪物固然感到害怕,却也为之着迷,因为他们侵犯了我们的概念疆界;[3]某些生物使得我们发毛,因为它们滑入类别交界之处,例如下水游行也上陆爬行的“滑溜的”爬虫类动物,又如住在屋子里却也逗留在家居生活范围之外的“惹人嫌的”啮齿类动物。骂人的时候,我们

说他是老鼠,而不说是松鼠。“松鼠”可以作为昵称,《玩偶之家》(*A Doll's House*)剧中的海尔默(Helmer)对妻子娜拉(Nora)就是那样称呼。可是松鼠也是啮齿类动物,其危险与传染疾病的能力不下于老鼠。我们觉得松鼠的威胁比较小,那是因为它们毫不含糊属于户外。具有特异能力,因此具有仪式价值的,正是那些游走两界而“物身难明”的动物:此所以鹤鸵出现在新几内亚的神秘祭典,也所以雄猫在西方是女巫作法熬汤不可或缺的原料。毛发、手指甲、切削下来的身体突出部位〔如嘴唇、鼻子、手指头〕和排泄物也适合作法所需,因为它们代表身体上模棱两可的边陲地带,有机体在这些区域越界侵入周遭的物质世界。边界都是危险的,疏于防范就可能崩溃;果真如此的话,我们的类别可能出现决口继而整个崩塌,接下来就是我们的世界散为一片混沌。[4]

因此,建立类别进而善加维护是不容马虎的事。哲学家意图另起炉灶为知识世界起草疆界,不啻是干名触犯禁忌。即使小心避开圣界主题,也无法避免危险,因为知识与生俱来是模糊的。知识就像爬虫与老鼠,能够从一个类别滑入另一个类别。咬痕清晰可见。所以说,狄德罗和达朗伯拆解知识的旧秩序,又在已知和未知之间划新疆定新界的时候,是冒着莫大的危险的。

当然,自从亚里士多德的时代以来,哲学家已经重新装潢过精神殿堂的内部设计。重新梳理“低阶课程”与“高阶课程”、文理学科与技能学科、人文学识与古代课程所有的分支,这在中古时代与文艺复兴时期是许多从事规划与综合工作的学者乐此不疲的游
戏。关于梳理知识的“方法”与正确“配置”的争辩,在十六世纪撼 194
动整个文人共和国。天摇地动震出一个趋势,要把知识压缩成纲

要,通常采用图解法,根据拉米斯氏逻辑(Ramist logic)的原则说明学科的分支与叉枝。从拉米斯到培根、阿尔施泰德(Alsted)、夸美纽斯(Comenius)、莱布尼兹、钱伯斯、狄德罗和达朗伯,他们都有个一以贯之的倾向,无不是源于图表冲动——即绘制地图、制作大纲以及对知识的诸多环节予以空间化处理的趋势。[5]但是,狄德罗的《百科全书》卷首所附的图表,亦即源自培根与钱伯斯的那一棵有名的知识树,大胆呈现新的内容。它不是显示在既定的模式之内学科可以如何更易,而是传达一个前所未见的意图:在已知与不可知之间确立一条界线,把人们向来奉为神圣的东西从学识的世界一脚踢开。追踪哲人巧思妙手修剪从前辈继承而来的知识树的意图,我们能够深一层了解百科全书知识的启蒙视野到底冒着多大的危险。

狄德罗和达朗伯向读者发出警告,说他们从事的是一项比拉米斯式信手涂鸦更为意义重大的工作,也就是一部百科全书,那是有系统记叙"人类知识的常理与连贯"的书,[6]而不仅仅是另一部辞典,或依照愚蠢的字母序编排的资料摘要汇编。狄德罗在《说明书》(*Prospectus*)中解释,encyclopedia(百科全书)这个词源自"圆圈"的希腊文,意指"众学科的连贯(enchainement)"。[7]在譬喻的说法上,它表达了知识的世界这个概念,而知识的世界正是百科全书学派所要环航进而绘制地图的领域。"世界地图"是他们形容自己的工作所用的关键隐喻。更重要的是知识树的隐喻,它传达了这样的观念:知识茁长成一个有机的整体,虽然分支繁多。狄德罗和达朗伯在紧要之处把这两个隐喻混在一起。因此,在解释百科全书和辞典的差异时,达朗伯描述《百科全书》为:

> 一种世界地图,用来显示主要的国家,它们的位置; 195
> 以及彼此的依赖关系,也就是直接相通的干道。这条干道有数以千计的障碍横亘其中,只有个别国家的居民或旅行家知道障碍所在,而且只有在非常精细的分区地图上才能够呈现出来。这些分区地图就是《百科全书》收录的文章,“树”或“体系图表”则是它的世界地图。[8]

混用隐喻意味着异类融合仍处于不稳定的状态。试图把新秩序套在旧世界,这使得百科全书学派意识到一切整顿梳理之举都是武断的。一个哲学家设法加以联结的地方,另一个却认为多此一举。这么说来,《百科全书》定桩固本所成就的知识基业,不见得就比阿奎那的《神学大全》(*Summa of Thomas Aquinas*)更持久。《说明书》的语言依稀可见知识论的“焦虑感”(*Angst*),即使是在使用最强悍的语气宣称旧的综合法落伍时也不例外:

> 这一棵人类的知识树可以有几种不同的制作方法,譬如把不同的知识联系到我们心智的不同才能,或是联系到指涉的对象。最武断的地方,困难也最大。可是怎么可能不武断呢?自然呈示给我们的只是特定的东西,数量无限而且没有确切不疑的区分。每一样东西都以无从察觉的细微差异变化成另一样东西。在这环绕我们四周的万物之海,如果说应该出现破水而出的少数,像礁岩顶端那样睥睨其余,那只不过是因为它们受益于特定的体系、因因相袭的笼统的成规以及跟存在物具体的配置

毫不相干的某些事件。[9]

如果这一棵百科全书树只是数量无限多的树木当中的一棵,如果没有地图能够固定形态变动不居的知识版图,那么狄德罗和达朗伯怎么可能希望奠定“真正的哲学体制”? 答案:基本上是因为他们认为他们能够限定可知的范畴,并且在有限的范围阐明某种真相。真正的哲学教人谦虚,使我们明白除非得自于感觉与反省,我们一无所知。洛克使得培根的未竟之业切实可行,而培根的
196 未竟之业正是勾勒知识树。因此培根树的洛克版本可以拿来当作一切为人所知的现代“神学大全”的一个模型。

狄德罗和达朗伯大可以从系统性知识的象征之林挑选其他的树种。波菲利(Porphyry)和雷蒙·鲁尔(Raymond Lull)在培根之前着了先鞭,霍布斯则继踵其后。更切近我们的题旨的是伊弗雷姆·钱伯斯的《艺术与科学百科辞典》(*Cyclopaedia*),那是狄德罗和达朗伯的主要资源。他们原本就是要把那一部英文百科辞典译成法文,他们还从那一部辞书中获得百科全书的概念。狄德罗在《说明书》中承认他们受惠良多:

> 一如我们的英文作者,我们知道,完成一部条理分明又能为人所全面理解的百科全书,首要之务在于制作所有的科学与所有的艺术的树状谱系图,借以显示每一个知识分支的根源,以及各分支之间及其与主干的关联,这将有助于我们交代不同的文章跟它们的大标题的关联。[10]

钱伯斯本人坚决主张有系统呈现知识的重要性,认为没有条理的一堆资料不足为训:

> 困难之处在于其形式与简明,以便陈列如此大量的材料又能展现合乎一贯之道的整体,而不是胡乱堆积不连贯的片段……以往的辞典编纂人很少在他们的作品的结构上下工夫,似乎也不晓得辞典在某种程度上能够发挥连续论述的优点。[11]

简言之,钱伯斯提出了整体统合的知识观,把自己跟前辈区隔开来。他不只是要制作一部无所不包的"辞典",更是要制作一部"百科辞典",里头将包容学识的整个范围。

一如培根,钱伯斯呈现的知识分科形如树的分枝。这一棵树源自心智的三大功能:记忆,这是历史知识的根源;想象,这是诗的
根源;理性,这是哲学的根源。然而,他画出树状时,这三种功能却 197
消失了。他的图表仅仅显示知识如何分岔直到末梢,蔚成一片由四十七种艺术与科学组成的密枝茂叶。举例而言,神学是从"知识"主干长出来的,形态如下:[12]

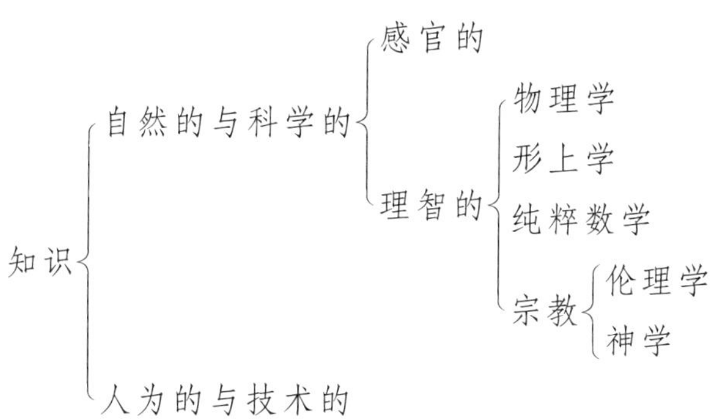

这样的一张神学图可能得到百科全书学派的垂青吗？就算它没有把神学拱为众科学之后，也是把神学摆在以旧的拉米斯法图绘而成的一连串根须组织的顶端。它分配给神学的文章也多于其他任何一个学科，这是读者查阅科学的每一个分支所附的注解就可以一目了然的。诚然，自由思想者如狄德罗或许渴望欢迎似乎从思想的推理和“科学”分支引出神学的一套体系。可是，贴上“理智”标签的这一根树枝生出四个分支，使得他所要贬抑的科学（形上学与宗教）和他所要抬举的科学（数学与物理学）具有同等的尊贵地位。更糟糕的是，这棵树竟然没有给予哲学类似的分支。神圣的与世俗的就这样一路纠缠不清。由于这样全面的混淆，培根的要点失踪了：培根认为艺术与科学是相辅相成的，并不是从心智的运用发展出来的。狄德罗和达朗伯让知识植根于知识论；所以，他们舍近求远，放弃钱伯斯而转向培根找源头。

回到培根也就意味着跳过洛克。达朗伯在《序论》中提到，培根仍然使用经院哲学的语言，仍然在中古时代的重重黑暗中摸索光明。[13]可是，培根的思想当中，包括强调归纳法、区分知觉与反
198 省、放弃形上体系而转向直接探究感官经验的世界，多的是与经验主义气息相通，而经验主义正是后来和洛克一起出现的。培根的知识树，和钱伯斯的不一样，确实暗示艺术与科学都是从心智的功能发展出来的。所以说，培根提供给狄德罗和达朗伯所需要的模型，而他们紧紧追随该模型，竟至于被指控为剽窃。[14]可是，正如他们在《说明书》和《序论》中一再强调的，他们在几个重点的地方和原来的模型不一样。他们构想出一张“世界地图”以配合他们的目的，恰如培根创造出“知识世界的小型地球仪”以配合他的目的。[15]

把他们的地图叠在培根的地球仪之上,即可看出知识地形的变迁,这可作为追踪《百科全书》的基本策略的线索。

一如培根,狄德罗和达朗伯从历史着手,那是源自记忆的知识树分枝。还有一个共同点是,他们把这树枝分成四个细枝:教会的、公民的、文学的与自然的(见本章附录)。不过,他们的图表比例配置和培根的完全不一样。在他们看来,教会史只是小的细枝,在整篇《序论》中只用一个句子就匆匆交代完毕,在篇末评论培根的知识树时,甚至连提都没提。对培根而言,教会史却是枝繁叶茂,其中包括天意史(history of Providence),说明上帝插手于人事,"以驳斥认为世间无上帝之辈"。[16]自然史在这两棵树的位置恰恰相反。培根认为它是"后天失调"的一根分支,有待培育,特别是在工艺的领域。[17]那些艺术却占了百科全书之树大片的区域,并且构成《百科全书》本身篇幅最多而且创意最丰富的一部分。狄德罗和达朗伯没有在这世界上寻觅上帝之手,而是世人自己动手打造自己的幸福。

当然,培根也主张研究日常工作的世界,但是他没有把那个世界和天意断然割裂。反观百科全书学派,他们把日常世界的进展完全归因于世人本身的智能。因此他们以新的观点区分公民史与文学史:"人的历史无非是以他的行动或他的知识为目的,结果就 199
是分出公民史与文学史。换句话说,人的历史分成两部分,隔离了大国族与大天才,隔离了国王与文人,隔离了征服者与哲学家。"[18]这一条公式让哲人扮演起一个堂皇的角色。从文艺复兴的哲学家到启蒙运动的哲学家,历史走出一条灿烂的轨迹,正是达朗伯在《序论》中勾勒出来的一幅素描。然而,对培根而言,文学史("只是

学识的故事”,与之成对比的是“诗学”或想象的艺术)[19]并没有显示理性往前推进的行程。它微不足道,难有立足之地:“这个世界的历史在我看来简直就像是被挖出眼睛的波利菲莫斯(Polyphemus)*的雕像,欠缺的部分偏偏最能彰显人的精神与生命。”[20]狄德罗和达朗伯使用策略性的误解,从同一个隐喻得出不同的结论:“科学是反省与人的自然之光的成果。因此,培根大法官在他那令人景仰的著作《科学的荣耀与进展》(*De dignitate et augmento scientiarum*)中说没有学者的历史的世界史是眼睛被挖掉了的波利菲莫斯雕像,称得上有理可寻。”[21]培根看到漆黑一片的地方,他们却看到一片光明,因而他们被推崇为启蒙运动的精神食粮供应者。

艺术源自想象,误贴上诗的标签实在是大错特错。在我们讨论的这两棵知识树上,艺术看起来没什么差别,除了一个例外:《百科全书》通过培根没有提到的造型艺术追踪分支的形态。最大的差别出现在源自理性的科学,也就是哲学,那是知识树三大分支当中的第三分支。在针对耶稣会教士贝尔捷(Guillaume-François Berthier)的攻击而为百科全书之树展开辩护时,狄德罗坚持“哲学分支”的原创性,说那是“我们的体系中最茂盛又最重要的,在培根大法官〔的知识树〕中几乎完全找不到”。[22]《序论》的结尾论及培根的知识树也表达了相同的看法,另又故作玄虚加上一句话:“就这一点要来评断我们,那是哲学家的事,也就是说,是一小撮人的事。”[23]对于和狄德罗同道的哲学家而言,重点所在其实显而易见,因为在《百科全书》的知识树中,哲学与其说是树上的分枝,不如说

* 波利菲莫斯:希腊神话中的独眼巨人。——译者

是主干恰当。从这主干伸展而出,在相当遥远的枝丫处,长出“天启神学”,混在一丛妾身不明的学科中,包括“迷信”“占卜”“妖术” 200
“善灵与恶灵的科学”。百科全书学派仅仅把东西归定位,就传递了讯息,就像他们为《百科全书》收录的文章所做的恶名昭彰的前后参照(譬如,“食人肉习俗”[ANTHROPOPHAGY]:“见‘圣餐’‘领圣餐’‘祭台’等”[24])。知识舆图的制作又开发了一片幅员广大的新领域。地貌产生意义,地形学一变而成为反讽。

狄德罗和达朗伯也可以宣称他们的知识树是学培根画出来的,借以隐藏他们的意义。一如培根,他们把哲学分成神启、自然与人类三部分;把上帝摆在这门学科的顶端,他们似乎保留了其为众科学之后的位置。然而,揆诸事实,他们彻底挖掉了培根体系的根基。培根的哲学领域只包括异教的“自然神学”,还强调其不完美。这足使无神论者狼狈不堪,因为冥想上帝的作为使人不得不承认他的存在。根据观察的现象从事归纳推理——根据构想提出论证支持有神论——永远不可能导出以基督教的上帝为依归的真知识。培根提出警告:“我们不该妄想把上帝的神迹往下拉或使之屈从于我们的理性。”此所以他把宗教和哲学加以区隔,还特别强调“宗教与哲学混为一谈所产生的极端偏见;那么一来,无疑会形成异端学说的宗教以及没有根据的哲学”[25]。

不可能有比这样的说法更偏离狄德罗和达朗伯的推理。他们把宗教附属于哲学,一举抹除宗教的基督教色彩。他们公开的说辞当然是自称正统。他们说上帝已经在“神圣的历史”中彰显他自己。因此,天启是至善的事实,这可以从记忆中披沙拣金,然后把它交给推性,就像任何其他事物一样:“这么说来,把神学从哲学分离出来(就像培根那样),将是从主干一刀砍断本质上跟它结合在一起的分支。”[26]前提听起来虔诚,结论却有异端学说的意味,因为这个结论似乎使神学受制于理性,而他们所描述的理性乃是依照洛克的方式,仿如我们把种种感觉化作更为复杂且抽象的观念就可以获致有关上帝的知识。诚然,狄德罗和达朗伯在说明他们的
201 知识树,述及“上帝的学科”时,他们提出了一个可能直接来自《人类理解论》(*An Essay Concerning Human Understanding*)的论点:

> 人类的心智天然的进展是不断提升的过程,从个体到物种,从物种到属类,从血缘最近的到关系最远的属类,每一个进程都在创造一门科学,起码是在已经存在的某个科学领域添增一根新树枝。因此会有才智不是受造物而且不可限量之类的概念,那是我们在历史上遇到的,也是神圣的历史向我们显示的。[27]

归纳法应用到这样的地步,按培根的标准来说,可就是不虔诚了。为了避免这样的结果,他分立出另一棵树,把“神启的学识”摆在顶端,和人类的学识与心智的功能毫无瓜葛。因此,培根其实拟想了两棵知识树,一棵是给天启神学的,另一棵是给自然神学的。反观百科全书学派,他们把天启神学与自然神学纳入单独的一棵树,两者一样受制于理性。

对于培根的这一切修剪、接枝、拔根的意涵,达朗伯在《序论》中交代得清清楚楚。他在论文的中腰部位详细阐述了这棵知识树,讨论了艺术与科学的系统性关联。前后包夹的两个主题是知

识在个人的心智之内的起源,以及知识在社会之内的发展。因此,《序论》可以视为一幅三联折叠的图画,中央的一幅提供知识的地形图,两侧则分别呈示认识论与历史的视野。

然而,要辨认《序论》一体三面的结构并不容易。这篇论文作为启蒙运动的主要宣言,确实当之无愧,可是不足以为条理清晰的范本。一如培根,达朗伯的出发点是要巡航知识的世界,制作一张“世界地图”;可是,在试着找出一条可以穿越所有自从培根的时代以来不断累积的新疆域的时候,他偏离了航道,闯入矛盾丛生之地,在分歧中努力寻找出路。正是他所遭遇的困难使得这一趟旅程意义重大,而且影响深远。所以,航程中的急转猛弯值得详细追踪。

达朗伯大胆突进,走上洛克式路径。他解释道,所有的知识都 202
是源自感觉与反省。观念的形成不是通过内省释放天赋的观念,而是始于感官的启动:我感受,因此我存在(I feel,therefore I am)。从自我的知识,我推进到外物的知识、快乐与痛苦的经验,以及随之而来的道德的意念。就这一点而论,达朗伯似乎把伦理学植根于某种形态的功利主义中,又从观念如何在个人中发展的考量转移到个人如何形成社会的问题上。采取这一条路径,他绕了一圈又回到起点,回到人所处的自然状态。史前社会的人过的生活宛如霍布斯所设想的野兽,仰赖的是“野蛮的不平等权利,名为最强法则”[28],而不是洛克式的自然法则。但是他们受迫害的经验唤醒了他们的道德意识,迫使他们组织社会以保护自己的合理权益。一旦参与社会生活,他们开始质疑新获得的道德的来源。它不可能来自物质世界,所以一定是来自我们内在本有的某个精

神原则，当初就是那个原则迫使我们反省正义与不义。我们体认到两个原则在运作，一个是心，另一个是身体；这一体认使我们意识到我们的不完美，那意味着有一个更重要的完美意念。因此，到最后，我们获致上帝的概念。

这是个奇怪的论证。抢先卢梭一步，跟霍布斯缠斗一番之后，达朗伯又扯上笛卡尔。他的解说模式从假设性的历史转向认识论的内省。他辩称，伦理思想的勃兴迫使人检讨他自己的思考实体或灵魂，而思考实体或灵魂因为跟他的身体毫无相似之处，他当下就辨认出来。这也就是说，他带出了笛卡尔的二元论；再下一步，他纵身一跳，推出了笛卡尔的上帝："这种〔身体与灵魂〕互为奴隶的状态跟我们毫无瓜葛。此一状态，加上我们被迫反省这两个原则的本质及其不完美，把我们提升到新的境界，去冥思一个我们所从出因而加以崇拜的全能的'智力'。"[29]

达朗伯选择洛克的路径通往笛卡尔的上帝。遵循洛克关于益
203 趋复杂的观念与益趋抽象的观念两相结合的论证之后，他走回头路，从不完美的意识直接跳到逻辑上更重要的完美意念，抵达笛卡尔那种高不可攀的抽象。笛卡尔就是从这个高高在上的本体论基础推究外延的世界，终点正是洛克的起始点。达朗伯反向而行，从洛克的起点出发；此所以他的认识论往前跑，他的形上学却往后退。扼要摘述他的论证，前提与结论兜不拢，读起来确实有如牛头不对马嘴：

> 因此显而易见，邪恶与美德的纯知识概念，法律的原则及其必要性，灵魂的精神本质，上帝的存在，以及我们

> 向他皈依的义务——简言之,我们需求最迫切又必不可少的真理——乃是我们的感觉所引发出来最初的反省观念的成果。[30]

在宗教方面,达朗伯或许谈不上正统,可是他并不傻。为什么他要把那些无法相容的命题压缩成单一的论证?他的申论使用相当随兴的风格,这意味着他不是把《序论》当作正式的哲学论文来写的。他的目的是为一部百科全书写一篇介绍文,因此急就章。此所以他说洞察灵魂的知识“自然而然”来自道德的考量,仿如人不费吹灰之力就可以从伦理学的论证转移到知识论的论证。他还追加一句:“没必要深入探究”照样能够辨认身体与灵魂之间的二元性质。[31]他朝笛卡尔所称上帝存在的证据丢出一个句子,几乎是信笔表过。笔锋这一急转弯意味着现代哲学家可以很快就收拾形上学的问题,至少没必要跟那些问题穷耗。马勒布朗什(Malebranche)等人已经把笛卡尔思想拱成新的正统。达朗伯呼应他们的论证,无异于拿到了善良天主教徒的识别证;以矛盾接合那些论证,他要了一记回头枪,也许是无心的。正如前文提过的,《序论》的结尾是《说明书》的修订版,这个版本提出了对于上帝的不同看法,仿如是《人类理解论》的注疏。《百科全书》在一个地方看来像是令人困惑的笛卡尔门生,在另一个地方却听起来像是冒险犯难的洛克信徒。读者可以自行得出结论。

但是,如果结论是达朗伯存心借不相容的见解遮掩他自己的论证,那就错了。论证通常在接缝的地方暴露无法相容的线索,不 204
是因为作者有意这么做,而是因为他无意识运用不同的语法。达

朗伯写《序论》,正逢经院哲学、笛卡尔哲学和洛克哲学的语言在哲学部门僵持不下的年代。每当放松警戒,或遇到难题需要妥协,他很容易就从一种语法滑入另一种语法。事实上,是有相当比例的滑跤适合《序论》蜿蜒迂回的特性。达朗伯有一个章节是以知识论的观点讨论知识,就在那个章节之后,他放言反对科学的方法过度条理连贯。他没有铺陈一套严谨的前提而后据以演绎;相反,他主张哲学家应该就他们所发现的自然讨论自然,把自然现象化约成基本的原则,然后有系统地重建那些原则。此一“系统精神”有赖于一个根本的假定,即基本的原则实际存在,而不是像“刻板的脑筋”那样,拿基本原则的存在作为出发点。然而,我们还是可以提出反驳,说达朗伯的根本假定——这在他申论“宇宙,对于可以用单一观点将之一网打尽的人来说,可以说只是单一的事实与一大真理”[32]时表达最为生动——事关信仰,而不是知识。他怎么知道知识归根结底是条理连贯的呢?

达朗伯并没有直接和那个问题打交道,而是全面检讨艺术与科学的所有分支,试着阐明它们的内聚力。他的论证模式从知识论转移到形态学,在讨论知识树时臻于论证的高潮。即便如此,他的论证持续在不相容的见解之间摇摆,有时候披露艺术与科学的“哲学史”[33],持续先前讨论的它们源出于自然的状态,有时候却是根据它们的“哲学次序”[34]或逻辑关联加以申论。

达朗伯从逻辑开始,因为他认为逻辑纵使在发现的次序上不是排第一,其重要性也拔了头筹。他同时表明,他打算提出一份假说性的科学发展年表,据以讨论科学。他持续这样前后矛盾的方法,
205 一路摭拾文法、雄辩、历史、年表、地理、政治与美术,直到抵达

百科全书之树。这使得他有机会巨细靡遗纵览一切,因为知识的整体尽在其中,"百科顺序"与"谱系顺序"[35]两无缺漏——换句话说,打从《序论》之初就有分道扬镳之虞的两种论证模式得以兜拢在一起。培根显示他深谙其中的窍门。他的知识树说明了,知识从心智的功能发源而出时,如何成长为一个有机的整体。可是那棵树没有明示一个周全的知识论论证。要说它暗示任何的知识论概念,那是从亚里士多德和阿奎那那里召唤出来的。达朗伯和狄德罗要把心理学这个古老的分科带入现代,所以他们以洛克式手法修剪培根的树,因而把形态学纳入知识论的规范。

这第二个妙诀使得论证不只是如虎添翼而已,因为它把任何一种不可能从感觉和反省获得的知识彻底驱逐出界。达朗伯很谨慎地在历史的标题之下,留下一些空间给"天启的事实"[36],却把启示附属在哲学之下,而哲学乃是最重要的知识分支。当然,或许有人会辩称阿奎那早就这么做过了。可是阿奎那的《神学大全》是来者不拒,举凡所有能摆进三段论法的陈述统统囊括在内,狄德罗和达朗伯的"神学大全"却是摒斥无法通过感官而据以推理的一切。和培根的树不一样的是,在他们的树上,"自然神学"(对比"宗教")和"天启神学"(对比"迷信"平衡)平起平坐。要为教会的传统教义找个容身之地,很困难。虽然记忆有可能把那些教义从历史中召唤出来,它们在哲学的领域里看来不会比斯多噶哲学或儒家学说更合理。事实上,它们已经不尽然是知识。形态学与知识论两种论证联手出击,从地图上铲除正统的宗教,将之委诸不可知。正统的宗教就这样从现代的知识世界里给除名了。

这个工作之所以能够大功告成,全赖历史的论证。达朗伯所

呈现的历史是文明的胜利,文明则是文人所为。在《序论》的最后
206 一部分,他提出一种伟人全都是哲学家的伟人历史观。[37]这一部分悲叹黑暗时代并颂扬文艺复兴之余,重点特别摆在伟人中的伟人,包括培根、笛卡尔、牛顿和洛克。

培根以哲学的祖师出现在这一张壮观的名人录中。他首开风气之先,驱散黑暗又把理性限制在适合其本分的领域,即自然现象的研究。诚然,他没能跟经院哲学彻底决裂。这一部分的工作还得留待笛卡尔:他摧毁了哲学的枷锁,那些枷锁就算不是从亚里士多德,也是从阿奎那的时代以来就一直使得哲学绊手绊脚。达朗伯欢呼的不是形上学家笛卡尔,而是怀疑者笛卡尔。他解释道,天赋观念之说代表的是退步,因为它把理性引入歧途,在感官经验以外的世界迷路了,而那些经院哲学家至少还“保留逍遥学派所独尊的真理,就是观念的源头在于感官”[38]。虽然这一番表述使得阿奎那听起来好像是洛克,却有个好处,就是铲除形上学的新正统,而且为牛顿铺设坦途,让他得以“赋给哲学可望久传不坠的形式”。[39]达朗伯笔下的牛顿是完美的现代哲学家,不只是因为他发现太阳系的根本原理,也是因为他把哲学限制在研究观察所及的现象。他和笛卡尔不一样:笛卡尔试图穷究一切,他却把知识限定在可知的范围;他是谦冲为怀的牛顿。这个牛顿是伏尔泰的《哲学书简》(*Lettres philosophiques*)里的牛顿,而不是“启示录”里的牛顿。从这一个牛顿到洛克和“灵魂的实验物理学”只是一小步。[40]洛克代表谦冲的极致,使哲学不至于脱缰,因为他明确划定可知的范畴最后的疆界。把所有的知识减缩到感觉和反省,他终于从学识的世界里彻底扫除外太空的真理。

这些伟人既已巩固知识的边疆，填补缺口的工作只得留待后继者。达朗伯检阅科学家与哲学家的领导阶层，迅速从伽利略、哈维(Harvey)、惠更斯(Huyghens)和帕斯卡(Pascal)扫描到丰特奈尔、布丰、孔狄亚克、伏尔泰、孟德斯鸠和卢梭。这场面令人过目难忘，但是要把他们合理归定位，达朗伯遇到了困难。他暗示说，在培根、笛卡尔、牛顿和洛克所征服的疆域中，每一位思想家各整合 207
一片天;因此，文艺复兴以来的历史证明了理性的行伍不断向前挺进。但是，有一些哲学家走在这四个“排头兵”的前面，另外有一些虽然走在后头，却踩出不同的步调。帕斯卡几乎不可能被视为自然宗教的党友，犹如莱布尼兹不可能被当成“刻板的脑筋”的死对头。所以，帕斯卡以在神学方面有弱点的物理学家现身，莱布尼兹则以遁入形上学的数学家现身。卢梭代表一个特别尴尬的难题，因为他的《论科学与艺术》动摇了整个百科全书大业的根基。达朗伯回避困难所在，只说卢梭参与《百科全书》的工作已经有效反驳了他贬抑艺术与科学之价值的暧昧立场。因此，虽然他们各不相同，但整个哲学界看来是朝同一个方向迈进，共同扫除眼前的迷信，以胜利的姿态手持启蒙的火炬，笔直走到目前所在的位置，也就是《百科全书》本身。

对达朗伯来说，它是个令人欢欣鼓舞的故事，虽然在现代读者看来，故事可能不怎么顺畅。《序论》充满暴戾与英雄的隐喻:挣脱铁链，撕破面纱，义理彼此交锋，要塞遭受突击。就拿笛卡尔来说:

> 笛卡尔起码敢于让有识之士明白如何摆脱经院哲学、意见、权威的颈箍——一言以蔽之，就是偏见和野蛮

> 作风的束缚……他可以说是带头谋反,协力揭竿起义,反对专制又武断的势力,并且在准备掀起一场广获回响的革命行动时,为一个比较公义也比较快乐的政府奠基,只是他没能目睹那个政府的缔建。[41]

像这样描述过去,达朗伯赋给哲人英雄的角色。迫害与鄙视两面夹击,他们独力奋战,为身后的世世代代而战,深信会在未来得到平反。达朗伯相信真的有将领在从事一场真正的战争,可是他笔下仿如除了知识别无历史,哲人则是知识史上的先知。

配合这个主题搭档出现的,是十八世纪中叶贯串启蒙运动文学的哲人文化。在《序论》问世之后一年发表的《论文人与伟人的社会》(*Essai sur la société des gens de lettres et les grands*)中,达
208 朗伯有进一步的申论。他再度称颂文人是为文明奋斗的孤独战士,并且继续发表文人为一社会团体的独立宣言。他们虽然受到屈辱与忽视,却大大有功于人类,因为他们高举启蒙的大纛,节节进展,自从文艺复兴以来就是如此,尤其是在路易十四登基之后,“哲学精神”就是在那个时候开始在上流社会定调。[42]此一历史观深深受益于伏尔泰,他在《哲学书简》(1734)就已宣扬过文人的重要,接着又在《路易十四时代》(*Le siècle de Louis XIV*;1751)把他们和历史的进步动力画上等号。伏尔泰本人为《百科全书》撰写的稿子,特别是“文人”(GENS DE LETTRES)这个条目,继续探讨同样的主题,而且论点更为清晰。历史通过艺术与科学的完美而往前推进,艺术与科学经由文人的努力而精进不已,文人则借由发挥哲人的功能而提供这整个过程所需要的动力。“看来构成文人

性格的就是这种哲学精神。”[43]“哲学家”(PHILOSOPHE)这个条目大体上也在伸张同样的论点。它是根据1743年备受好评的论文小册《哲学家》(*Le Philosophe*)修改而成,文中确立了一个理想的类型:为启蒙运动的目标而献身的文人。[44]十八世纪五十年代,不论是在小册子、剧本、报纸或论文中,哲人普遍被认为或被诋毁为朋党,是文明的世俗宣传家,有别于传统与宗教正统的拥护者。[45]他们当中有许多人为《百科全书》撰稿——数量多到“《百科全书》撰稿人”和“哲人”实际上成了同义词,而且在“文人”这个通用的措辞所涵盖的语意范围之内,这两个名词挤掉了学者、博学之士、有识之士等竞争对手。[46]此一意义上的改变应该归因于达朗伯,他在《序论》结尾的地方,把他的哲人同道抬举为文人的最高成就,说他们是牛顿和洛克的后裔。《百科全书》的标题页宣称该书是“文人社会”的成果,它的朋友和敌人则有志一同把它和“哲学”画上等号。[47]它似乎就是“文明＝文人＝哲人”这个等式的化身,而且把所有往前推进的历史潮流一股脑儿注入启蒙运动的一方。

因此,《序论》的历史论证使得在知识论和形态学的论证中所
进行的工作得以大功告成。它在哲人和文人之间画等号,又把文 209
人描述成历史的动力,因而赋给哲人合法的地位。正如该文开头的部分陈明培根之树的分枝之外别无知识可言,该文最后的部分说明哲人圈子之外别无合法的文人。第二个部分修剪知识树以便适合感觉论者的知识论,前半部则排除没有经验主义根基的一切知识。就这样,不吻合经验主义的知识——亦即教会所教导的教义——被逐出边界,哲人则以边界的守卫在第三部分现身。

虽然有前后不搭调与不连贯的地方,《序论》的各个组成部分毕竟是有个策略贯串首尾。该文成功罢黜古老的众科学之后,拔擢哲学以取代她的地位。因此,这一部现代的“神学大全”绝不是没有色彩的资讯汇编,而是一手打造知识的新面貌,把知识的主导权从教士转移到献身于启蒙运动的知识分子手中。这一番战略运用,随着十九世纪期间教育的世俗化与现代学术的出现,终于获得全面的胜利。扭转乾坤的一场关键战役就发生在十八世纪的五十年代,当时百科全书学派体认到知识就是力量,起而重新规划知识世界的地图,由此展开征伐大业。

附录:三棵知识树

以下三张人类一切知识的体系图表,取自狄德罗和达朗伯的《百科全书》,根据格伦德齐耶(Stephen J. Grendzier)编辑并翻译的《百科全书选辑》(*The Encyclopedia*: *Selections*. New York: Harper Torchbook,1967);钱伯斯的《百科辞典》(*Cyclopaedia*);以及培根的《学识的进展》(*The Advancement of Learning*)。前面两张以形态学图表法呈现知识树。培根本人是以纲要的形态披露的,此处的图表是根据他的纲要制作而成。

第六章　读者对卢梭的反应：捏造浪漫情

母子天伦乐，莫罗·勒·热纳（Moreau Le Jeune）绘

215 哲人借着勾勒地图开始征服世界的时候,他们知道成功与否取决于他们是否有能力把他们的世界观铭刻在读者的心中。这样的工作是怎么展开的呢?阅读在十八世纪到底是什么样的面貌?一直到现在,阅读还有太多不为人知的地方,虽然我们天天在阅读。这个经验太熟悉了,熟悉到好像没有什么是不可理解的。可是,如果我们真的能够理解,如果我们能够了解我们如何从白纸上的黑字解出意义,我们就能够开始探入深一层的奥秘,看看人们如
216 何在这个文化象征充斥其间的世界为自己找到定位。即使做得到这一点,我们也不能自以为知道别个时代与地点的人如何阅读,因为阅读的历史或人类学迫使我们去面对外来心灵的异己性。[1]举例而言,我们不妨考虑一下阅读在巴厘岛(Bali)的葬礼中的地位。

巴厘岛人在为尸体下葬做准备时,总彼此读故事,读他们最熟悉的选集里头的寻常故事。一天二十四个小时读不停,持续两或三天,为的不是分神抚悲,而是驱煞辟邪。厉鬼趁断气的瞬间、抵抗力最弱的时候侵附灵魂,故事却有镇服厉鬼防护灵魂的功效。就像中国的百宝箱或英国的树围篱,巴厘岛人说的故事一个套一个,你一旦听进一个,自然进入另外一个,情节峰回路转,环环相扣,直到最后抵达叙事空间的核心,对应于家中天井摆放尸体的所在。厉鬼不会转弯,因此无法穿透这一片空间。它们面对“读者”所建造的叙事迷宫徒呼负负,阅读就这样形成一种围绕巴厘岛仪式的防御工事。阅读创造出一堵“字语墙”,其作用有如车流阵或彼此干扰的无线电广播。这不是娱乐、训诲或教化,也不是为了消磨时间,而是以覆瓦状的叙事结构和音效不良的声响保护灵魂。[2]

阅读在西方世界或许从来不曾有过这样的情调。《圣经》对我

们的用途——发誓、行坚振礼以及其他仪式——在巴厘岛人看来是多此一举。但是巴厘岛的这个例子说明了一个重点：意图捕捉过去的阅读经验时，最离谱的莫过于假定人们阅读总是按照我们今天的路数。如果写得出一部阅读的历史，书中将可见到人理解这世界的方式无奇不有。就像木工或刺绣，阅读不仅仅是技巧而已；它是在沟通体系之内积极进行意义的整合。要了解十八世纪的法国人怎么阅读书籍，不啻是要了解他们怎么思考——这里指的是能够通过印刷符号参与思想传播的那些人。

这个工作好像是天方夜谭，因为我们不可能像现代心理学家 217
询问当今的读者那样，把头凑到十八世纪读者的身边向他们请教。我们只能在图书馆和档案堆中翻寻他们的经验遗迹。即使这样，我们也难能期望超越少数伟人回顾少数名著的证词，诸如卢梭回忆早年阅读普鲁塔克与斯丹达尔（Stendhal）回忆自己阅读卢梭的经验。可是，有一份文件——在法国与瑞士，或就我所知的任何其他地方，是这一类档案中绝无仅有的一份——带来了希望，使我们有门径可以寻线追踪法国大革命之前的二十年间，在巴黎以外的法国地区过着寻常生活的普通资产阶级的阅读经验。

首先我得声明，无从断定这份文件是否足以代表旧制度之下的法国人。它来自纳沙泰尔印刷公司的档案，那是大革命之前专门出版法文书籍的一家瑞士出版商。文件的当事人是让·朗松（Jean Ranson），来自拉罗谢尔（La Rochelle）的一个商人。[3] 他从1774年开始和纳沙泰尔印刷公司书信往来，当时二十七岁。他在父亲去世后，接掌家庭的丝业生意，与母亲一起住在拉罗谢尔新教社区的心脏地带。朗松一家很有钱，虽然没有像从事大西洋贸易的家庭那么富裕。让·朗松本人从他父亲那里继承了二万银元的遗产。他在1777年结婚时,妻子又带来一万银元的嫁妆。妻子去世后,他在1788年再婚,又增加同等数额的收益(八千银元,外加本金二千银元的年息)。到那时候为止,朗松的财产,嫁妆不包括在内,已有六万六千银元——相当大的一笔数目,尤其是考虑到美洲战争造成地方经济全面凋敝,益觉可观。[4]生意越来越成功,朗松在家乡和教会的地位跟着水涨船高。他有官职,是当地铸币厂的行政主管。他也负责管理他父亲在1765年创办的一家新教慈善机构。大革命期间,他以济贫所所长的身份督导救济工作,又在恐怖政治结束后担任市政与狱政的顾问。

218 朗松于1777年的结婚契约清楚显示,他在拉罗谢尔的商界寡头集团中占据核心的地位。这份契约总共由七十六个见证人签署,男人当中除了三个例外,全都自称是“批发商”。他们包括一位前任市长、商会的现任会长、两名卸任的商会会长,以及当地商业家族的名人:拉博托(Raboteaus)、塞涅特(Seignettes)、贝兰(Belin)、雅尔纳克(Jarnacs)、罗贝尔(Roberts)以及朗松家族。朗松的男性亲戚出现在契约上的,全都是“批发商”,他的新娘马德莱娜·拉博托(Madeleine Raboteau)的男性亲戚也一样——说来不会让人惊讶,因为这一对配偶的父母是表亲。

纳沙泰尔公司所保留的朗松信函证实了我们从拉罗谢尔的文件中所得到的印象。书信透露他是个认真、负责、勤奋、热心公益、富裕的人,正是地方资产阶级的写像。最重要的,他信奉新教。和法国境内以新教徒自居的大多数人一样,他的父母在公开的场合宣称信奉天主教,以便子女取得公民地位,因为政府虽然自从

1755 年就默许新教徒在拉罗谢尔自行举行仪式，可是法律上并不承认新教徒的存在。朗松夫妇也希望他们的儿子接受真正的加尔文教派的教育。他们因此送他到纳沙泰尔读中学，追随当地以学问知名、几年后在 1769 年创办纳沙泰尔印刷公司的奥斯特沃(Frédéric-Samuel Ostervald)。这个法国学生和他的瑞士老师发展出密切的关系。因此，朗松回到拉罗谢尔之后，借书信与老师保持联络；到了奥斯特沃转行经营出版事业，朗松自然向他买书。他买了许多书，因为他手不释卷，而纳沙泰尔印刷公司除了印刷，也经营书籍批发，几乎能够供应他想要的一切。和纳沙泰尔印刷公司通信的主要是书商，三句话不离本行，朗松却不一样，他寄出订购单的时候，也在信中聊到自己的文学兴趣和家庭生活。就这样，他的档案——纳沙泰尔印刷公司总共五万五千份文件中的四十七封信——因为洋溢着非属商业的气息而在该公司的商业通讯中显得醒目。这份档案提供了一个罕见的视角，让我们看到法国省区的一个安静的角落，有个读者在日常生活中谈论他的阅读经验。

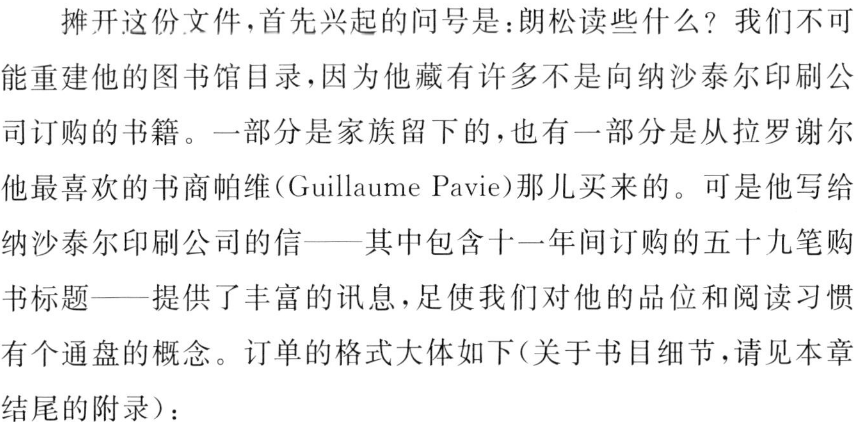

摊开这份文件，首先兴起的问号是：朗松读些什么？我们不可能重建他的图书馆目录，因为他藏有许多不是向纳沙泰尔印刷公 219
司订购的书籍。一部分是家族留下的，也有一部分是从拉罗谢尔他最喜欢的书商帕维(Guillaume Pavie)那儿买来的。可是他写给纳沙泰尔印刷公司的信——其中包含十一年间订购的五十九笔购书标题——提供了丰富的讯息，足使我们对他的品位和阅读习惯有个通盘的概念。订单的格式大体如下(关于书目细节，请见本章结尾的附录)：

一、宗教(十二种)

经文,信仰的作品

《圣经注疏》(*La Sainte Bible*)

《大卫诗篇》(*Psaumes de David*)

《奥斯特沃教理读本摘要》(*Abrégé du catéchisme d'Ostervald*)

《祈祷文汇编注释本》(*Recueil de prières*),罗克

《灵粮》(*Nourriture de l'âme*),奥斯特沃

《福音的义理》(*Morale évangélique*),贝特朗

《基督徒灵修录》(*Dévotions chrétiennes*)

讲道文

《福音年》(*Année évangélique*),迪朗

《讲道文集:自然宗教的义理》(*Sermons sur les dogmes*),沙耶

《讲道文集:比较〈圣经〉的不同文本》(*Sermons*),贝特朗

《讲道文集》(*Sermons*),佩德里奥

《圣经疏义讲道文集》(*Sermons*),罗米伊

二、历史,旅游,地理(四种)

《欧洲人在南亚与东南亚殖民史》(*Histoire philosphique*),雷纳尔

《西西里与马耳他游记》(*Voyage en Sicile et à Malte*),布莱登

《瑞士游记》(*Voyage dans la Suisse*),辛纳

《纳沙泰尔山系速写》(*Description des montagnes de Neuchâtel*),奥斯特沃

三、纯文学(十四种)

作品

莫里哀

拉阿尔普(La Harpe)

克雷比永

皮龙

卢梭(1775)

卢梭(1782)

《卢梭遗作》(*Oeuvres posthumes de Rousseau*)

小说

《威尔传》(*Histoire de François Wills*),普拉特

《堕落的农民》(*Le Paysan perverti*),雷蒂夫

《阿黛乐与泰奥多尔》(*Adèle et Théodore*),让莉丝夫人 220

《堂·吉诃德》,塞万提斯

其他

《社会剧场》(*Thèâtre de société*),让莉丝夫人

《2440年》(*L'An* 2440),梅思耶

《我的睡帽》(*Mon bonnet de nuit*),梅思耶

四、医学(两种)

《牙齿保健》(*Soins pour la conservation des dents*),布尔代

《虚怀若谷降怒火》(*Avis contenant une remèdy contre la rage*)

五、儿童读物,教育学(十八种)

娱乐

《教育剧场》(*Théâtre d'éducation*),让莉丝夫人

《新编道德故事集》(*Nouveaux Contes moraux*),勒普兰丝夫人

《儿童杂志:少女艾美莉和她母亲的对话》(*Magasin des enfants*),勒普兰丝夫人

《孩子的朋友》(*L'Ami des enfants*),贝尔坎

《拉封丹寓言集》(*Fables de La Fontaine*)

《幼儿励志故事》(*Les Hochets moraux*),蒙热

《儿童读诗乐》(*Les Jeux d'enfants*),弗特里

《儿童读本:寓德于乐短篇故事精选》(*Lectures pour les enfants*)

《艾美莉开讲:寓教于乐母女情》(*Conversations d'Emilie*),埃皮奈夫人

《适合儿童的励志娱乐、戏剧与故事》(*Entretiens, drames et contes moraux*),拉菲特夫人

教导

《历史故事德行篇》(*Annales de la vertu*),让莉丝夫人

《地理基础课本》,奥斯特沃

《阅读的要诀》(*Les Vrais Principes de la lecture*),维亚尔

《简明世界史》(*Abrégé de l'histoire universelle*),拉克罗兹

教学法,道德教育

《父亲留给女儿的遗产》(*Legs d'un père à ses filles*),格雷戈里

《物理教育通论》(*Dissertation sur l'éducation physique*),巴列克斯

《儿童道德教育》(*Education morale*),孔帕雷

《父亲如何教导孩子》(*Instructions d'un père à ses enfants*),特朗布莱

六、其他(九种)

《百科全书》,狄德罗与达朗伯

《以乡野哲学家为师》(*Le Socrate rustique*),伊尔茨

《跛脚信差》(*Le Messager boiteux*)

《文人秘闻》,巴绍蒙

《卢梭在世的最后几天》(*Relation des derniers jourss de J.-J. Rousseau*),勒贝格

《论政治经济学》(*Discours sur l'économie politique*),卢梭

《阿雷写信向伏尔泰开火》(*Lettres de Haller contre Voltaire*)

《巴黎风情画》(*Tableau de Paris*),梅思耶

《法国列王写像》(*Portraits des rois de France*),梅思耶

221 上述书目对应于十八世纪图书馆的分类目录,不过当时的文学所供应的标准菜色有许多被排除在外。除了两本通俗的医学书籍,朗松没有订购任何一本古典、法律或自然科学方面的著作。他是有可能从其他的来源取得那些题材的书,虽然他也可以从纳沙泰尔公司买到。无论如何,他的兴趣主要限定在下面几个主题:

儿童文学与教育学。这方面的书是朗松档案的大惊奇。就历史学家研究过的十八世纪的图书馆(得承认为数有限)来说,这类书籍占的比重并不大,[5]却代表了朗松向纳沙泰尔公司订购书目的大约三分之一。它们的重要性可以从朗松关心自己的孩子方面得到合理的解释,不过,我们将会看到,事情并不是那么简单。

宗教。朗松的书信说明了他是个虔诚的新教徒,他的书则透露他的虔诚逐步转为虔敬主义。他对神学没兴趣,他要的是 *Holy Scripture*——这是新问世的《圣经》新教版本,即《诗篇》(*Psalms*)单行本——和讲道文,后者尤其重要。他在信中不断要求“好的新讲道文”。[6]他偏爱瑞士和荷兰牧师带有道德意味的传道文,这些文章有时候引人想起卢梭的萨瓦代牧(Savoyard vicar)。

历史、游记和一般的非小说作品。朗松的宗教原则并没有阻止他订购《百科全书》和雷纳尔神父所撰直言无隐、百科全书式的《欧洲人在南亚与东南亚的殖民史》。游记和历史是十八世纪图书馆最受欢迎的类别,这类书籍提供了一片银幕,启蒙运动的作者经常把他们对当代社会的批评投射在那上面。朗松甚至买了两本臧否时事毫不避嫌的禁书:梅思耶的《巴黎风情画》(*Tableau de Paris*)和巴绍蒙(Bachaumont)的《文人秘闻》(*Mémoires secrets pour servir à l'histoire de la république des lettres*)。但是,他避开了纳沙泰尔目录中比较麻辣也比较激进的作品,而偏重于感伤气息与道德意味兼而有之的作品,也就是进入浪漫时期之前越来越流行的那种读物。

纯文学。这方面的书在朗松订购的虚构文学中最突出。虽然买了一些十七世纪的经典(莫里哀、塞万提斯),但他比较中意的还 222
是当代作家,像让莉丝夫人、梅思耶、雷蒂夫。但是,在他的书架上占据最多空间,而且他在书信中讨论最多的是让-雅克·卢梭,朗松笔下的"老朋友让-雅克"("*l'Ami* Jean-Jaques"),虽然他一辈子没见过他的面,而且只能在印刷扉页上认识。朗松狼吞虎咽他所能找到的卢梭作品。他订购了两个版本的卢梭全集,和一套十二册的遗作。第一个版本是纳沙泰尔的福什(Samuel Fauche)于1775年出版的,那是卢梭在世时朗松所能买到的最好版本,不过那只是十一册的八开本。第二个版本是日内瓦印刷公司(Société typographique de Genève)于1782年推出的,多达三十一册,收录卢梭大量不曾发表的作品。朗松指定要已穿线而尚未装订的,"以便尽早享受这部作品的乐趣,免于等候装订,因为装订工人总是慢吞吞"。他盼望作者的消息和盼望他的作品一样如饥似渴。在1775年给奥斯特沃的信中,他写道:"谢谢你好心告诉我有关老朋友让-雅克的事。每一次你寄来他的不论是什么消息,都带给我莫大的欢喜。"[8] 朗松是不折不扣的卢梭读者。可是,他是怎么阅读的?

从读些什么到怎么阅读是极其困难的一大步。要跨出这一步,不妨直接跳到第二个问题:他拿起一本书的时候,是怎么看它的?就物质实体而论,书在十八世纪跟当今有很大的差别,读者的

认知自然大不相同。

朗松的认知可以从他写给纳沙泰尔印刷公司的信中揣摩出来，因为他经常讨论到书的物质层面。举例而言，在推出《圣经》的一个新版本之前，奥斯特沃请教什么样的版式会在拉罗谢尔比较受欢迎，朗松问过朋友之后，回信说："我问过的人都喜欢对开本。这样呈现在这部圣书所设定的读者大众眼前，看起来比较有气派，也比较壮观。"[9] 讨论到重印《基础地理课本》(*Cours de géographie*
223 *élémentaire*)的计划，朗松显示他非常讲究印刷的细节："我希望看到比第三版更漂亮的铅字和更好的纸张，该版在那些方面比在伯恩印的第二版较为逊色。"[10] 他尤其在乎书的原料。他在订购单上重复："就所能找到最漂亮的纸。"[11] 他还强调纸张、印刷和装订彼此谐调搭配的重要性。纳沙泰尔公司从拉罗谢尔一家破产的书商那里取得一些书作赔偿，请他代为察看，他报告说："用这么差的纸，印得这么烂，散页卖十五苏(Sous)*，你怎么会为了这样的书花上三银元十五苏的装订费？我或许找得到愿意使用粗羊皮(basan，相对便宜的封面质材)装订这些书的人，其他的我就不敢抱什么希望了。"[12]

这样的看法在十八世纪很普遍。纳沙泰尔印刷公司常接到抱怨的信，顾客嫌印刷草率，书商则担心版面或纸质会影响销路。例如，该公司提供《自然的体系》(*Système de la nautre*)给朗松在拉罗谢尔的书商帕维之后，接到一封回函，指出书的制作材质及其知性内容同等重要：

* 苏：二十苏合一银元。——译者

> 我知道有四个版本的《自然的体系》。第一个来自荷兰，极其精美的一个版本。第二个和第三个也在伯仲之间。第四个，我随函附上样张，你看了就知道有多差劲，印刷错误一大堆，纸质叫人摸了就不舒服。即使只要三十苏我也不想买。如果你出的和第四个版本一样，那就不必费事寄给我。你很容易拿它们跟样本做比较。不过，既然你说你们的书是根据一个非常漂亮的版本，我想应该就是前面三个版本之一。如果是这样，你可以寄十本过来，散页或线装都可以。[13]

这种对于印刷术的考究，在为大批读者量产的今天是消失了。在十八世纪，书籍是手工制作。每一张纸都是经过繁复的程序个别制成，同一本书的每一张纸都不一样。每一个字母、每一个单词和每一行都是艺术成品，都有机会让技工表达个性。书籍本身就 224
是个体，每一本都拥有自己的个性。旧制度的读者看待它们非常用心，关注印刷品的材质一如关心其内容。他会凭质感估量纸张的重量、透明度和弹性（这些都是当时用来描述纸张美感的字眼，而纸质在十九世纪以前至少代表书籍制作成本的半数）。除了研究字形的设计和行距的安排，他还会查看表里印刷面是否对整齐，并且评估版面的配置，甚至连油墨是否均匀也逃不过他的眼睛。他“体验”一本书就像我们品味一杯酒；他“观察”纸张的整体印象，而不只是浏览白纸黑字的意义。直到他完全“占有”一本书，领会出它的质感，他才会坐下来阅读。

有了这样的了解，我们就可以回到当初的问题：朗松是怎么阅读的? 答案看来似乎还是那么遥远,但是我们可以换个途径往下追踪,深入了解十八世纪的学校所教导的以及十八世纪的教科书所描写的阅读。说来幸运,朗松在信上提到他最喜欢的教科书。他订购了几本,是家人和朋友要用的。这本教科书的标题(译成英文)透露了,该书不只是传达某种世界观,而且教导掌握印刷文字的方式:《阅读、拼字与法语发音的正确原则,随后有一篇讨论标点符号、文法基本原理与法国诗体论的论文,接着是类别不一的文章选读以深入浅出的方式介绍我们所有的一切知识学科》,尼古拉-安东尼·维亚尔(Nicolas-Antoine Viard)著。

维亚尔的教科书影响法国读者达数世代之久。法国国家图书馆藏有该书在十八世纪的五个版本以及1800—1830年间的十九个版本。朗松本人求学时,似乎不可能读过这本教科书,因为传世的本子中最早的是1763年版,当时他十五岁。但是他的信函指出,他在纳沙泰尔读书时用过它——也许是帮助复习文法之用,他
225 也有意用它来教自己的孩子如何阅读。然而,其中有一点他无法认同,就是极端正统的天主教观点,这在某些选读的文章中相当明显。[14]奥斯特沃必定为纳沙泰尔的学生删除了那一类的段落,因为在订购这本书的时候,朗松指明他要“几本维亚尔写的《阅读的原则》,你做的那些改变深获我心。”[15]有一封信,他特别强调他订购的是“以新教徒的观点修正过的《阅读的原则》”。[16]我找不到信奉新教的维亚尔,但是暂且不论书中作为阅读练习之用的宗教文本,服膺古典的维亚尔似乎大可拿来当作研究十八世纪阅读的起点。

维亚尔从音的最小单位开始。他说明那些音素如何跟字母、音节与单词连结在一起,从简单的到复杂的,循序渐进,避开任何

的不规则现象。这一来，声音与印刷符号的关联牢牢固定在学生的心中。他坚持阅读必须通过口语来学习，写字是以后的事。“这整个运用的过程，重点在于把声音简单化，以及不做拼字的练习。只有这样才能够使得声音的结合对学生有意义。”[17]维亚尔会要求学生背诵课文，但是从所有的练习和初阶课文看来，他最关心的是让学生思考：“重复朗读容易发挥记忆的效果；所以，让孩子朗读一个小段落之后，就可以开始问他问题，帮助他了解。”[18]对维亚尔而言，阅读不是被动的。他并不是把阅读当作机械式的解译符码的过程，而是视其为主动的智力建构。

尽管如此，任何人想要从维亚尔那儿寻找了解书本的当代策略，注定会失望。关于文本的诠释，亦即解读的方法，他什么也没说。他一心一意只想到从字母的组合萃取意义所面临的难题，因此专注于像这样的练习：[19]

Les bons livres s'impriment
soigneusement.
Les mauvais livres se suppriment
promptement.

这样的练习是为了帮助学生克服声音与字母组合不一致的问题，在这个例子中是接尾词 *ment*。这两个句子译成中文是“好书印刷细心，坏书印刷急就”。虽然这对于了解该练习的重点并无助益。

对维亚尔而言，了解也就是掌握单词。读者如果能够直接抓 226

牢最简单的元素,自然能够明白整篇文章的意义,因为意义不是存在于文法或结构当中,而是存在于语意单元里头。维亚尔因此停留在单词的层次,仿如只要了解单词就自然而然了解了文本。

他确实提供了文本,可是谈不上说明他的要点,因为意识形态的伏流充斥其间。因其如此,“圣母经”(“La Salutation Angélique”)和“悔罪”(“La Confession des péchés”)在他阅读练习中完全找不到模棱两可的音节,倒是反宗教改革的教义俯拾可得。其他的选文,如“纹章”(“Blason”)、“系谱”(“Généalogie”)、“政治”(“Politique”)、“世界”(“Le monde”),读起来简直就是在社会与政治问题方面为现状辩护。维亚尔寄望老师跟学生一起讨论,从而引出这些主题的要义:“目标是让孩子对于艺术、科学、宗教、战争、贸易,以及为人必须具备清晰且正确观念的所有其他事物有个基本的认识。老师应该停下来,就这些主题跟孩子逐一思考,要他在老师的注视下反刍思索,这一点很重要。每一个孩子都该像种子那样发芽,只要细心栽培就能够使他的心智富足又肥沃。”[20] 文本的保守性是错不了的,但是其中的隐喻可能取自卢梭的《爱弥儿》。维亚尔和卢梭一样,认定老师要有耐心,要和蔼。孩子不应该一味接受灌输没用的知识,而是应该学习发展天赋才能。最重要的是,他们应该学会为善。阅读毕竟是精神上的训练,训练的目的不在于文学,而是为了人生。

这么看来,维亚尔的初阶读本虽然合乎正统,却颇有可能吸引卢梭的读者。不过,它并没有透露多少实际的阅读过程。事实上,它使我们知道,法国儿童在十八世纪学习念单词,跟今天的情形没有太大的差别。卢梭本人对这一套教学法实无耐心可言。在《爱弥儿》中,他坚决主张儿童别太早学习阅读,一切求其顺性适才,犯不着揠苗助长:“任何一种方法都行得通。”[21]然而在卢梭的作品中,阅读是无所不在的主题。阅读的问题始终萦回在他的脑海里。如果能够了解他对阅读的理解,我们或许有办法跨越维亚尔留白的地方,进而找到针对十八世纪的阅读问题展开攻坚行动的第三个角度。

卢梭在《忏悔录》开头的几页论及他自己的阅读入门经验: 227

> 我不知道我是怎么学会阅读的;我只记得我最初读的,以及我受到的影响:我的自我意识就是从那时候开始不断发展。我母亲留下一些小说(她在让-雅克出生后几天去世)。家父和我起先在晚餐后一起读,原本只是用一些有趣的书让我练习阅读。可是我们很快就读出兴趣,欲罢不能,整个晚上轮流读。非得要读完一册,我们才会停下来。有时候,父亲听到破晓时燕子的叫声,会不好意思地说:“我们上床去吧;比起你来,我更像个小孩。”[22]

读完家里的小说藏书之后,他们接着读波舒哀、莫里哀、拉布吕耶尔(La Bruyère)、奥维德(Ovid)和普鲁塔克,都是从让-雅克的母亲的亲戚那里借来的——他父亲是钟表匠,他母亲的娘家文化气息比较浓厚。父亲在店铺工作时,儿子就在旁边读给他听,边读边讨论。让-雅克的想象力着了火似的一发不可收拾,朗读普鲁塔克的作品尤其如此。他化身为他读的那一本名人列传的传主,在他住的日内瓦公寓演出古代的戏剧,仿如他就在雅典与罗马体验他们的人生。事后回想,他似乎认为这个经验烙下他终生抹除不去的印记。一方面,他从没学会辨别文学和现实之分,脑海里充满“怪异又浪漫的念头,经验和回忆都无法治疗”;另一方面,他发展出令人惊讶的独立精神:“从这样专注的阅读,以及随之而来的父亲与我之间的讨论中,我发展出自由与共和的精神,自视甚高而且不屈不挠的个性使得我绝不可能屈居人下,那是我一生的苦难。”[23]

卢梭的小说名著《新爱洛漪丝》(*La Nouvelle Héloïse*)里头的人物就是一头栽进阅读,不理会人间是非。那是一部书信体小说,情节的展开是通过书信的往来。生活与阅读纠缠在一起,谈恋爱和写情书也同样难分难解。诚然,情侣彼此切磋阅读之道,正如他们彼此切磋恋爱之道。圣波勒(Saint-Preux)教导朱莉(Julie)“读书不必求多,但是要多方思索阅读的内容,我们彼此广泛讨论也可
228 以,这样才能彻底消化”[24]。他也同时从她那儿学习阅读。一如爱弥儿的家庭教师,他设计一套“方法”,特别适合他的学生的独立精神:“……你读起书来,投入的比得到的要来得多,你积极主动的心智创造了另一本书,有的时候甚至比你所读的书更好。这一来,我们可以交换心得。我会告诉你别人对于某个主题有什么看法,你也要把你自己的想法告诉我;教学相长,我的收获不会比你少。”[25]卢梭早年正是这样从他父亲那里学会阅读,后来跟瓦朗夫人(Mme de Warens)一道阅读也是一样:“有时我在她身边读。我乐在其中,阅读的技巧大有精进……我们一起读拉布吕耶尔,那比拉罗什富科(La Rochefoucauld)带给她更大的乐趣。一旦从文本看出弦外之音,她有时候会陷入沉思不知所以;不过,偶尔亲一下她

的嘴或手,我的耐心油然而生,也就不计较她读书时断时续。”[26]对于在想象的世界比在日常生活中生活得更起劲的人来说,阅读、生活与恋爱是分不开的。

因此,“方法”的大敌其实有一个就在于他自己,是他从他父亲那里学来的。其中包括彻底“消化”书籍,程度之彻底竟至于书籍被人生给兼并了。但是,卢梭不仅止于描写他本人以及他笔下的人物所经历的阅读,他还指引他的读者如何阅读。他告诉他们如何接触他写的书。他引导他们进入文本,以他的修辞为他们指示方向,让他们扮演某种角色。卢梭甚至有意教导他的读者如何阅读,并且通过阅读试着去接触他们的内在生活。这个策略得要跟大家习以为常的文学一刀两断。卢梭不是像伏尔泰那样躲在叙事的幕后牵线操纵笔下的人物,而是挺身跳进自己的书中,并且期望他的读者紧相追随。由于他的这一策略,作家与读者的关系起了变化,读者与文本的关系起了变化。如果对于这样的变化有足够的认识,我们应该能够描绘出卢梭心目中的理想读者,然后把那个理想拿来跟朗松这个现实世界的个体读者做一比较。

不妨来考虑两份关键文本,也就是《新爱洛漪丝》的两篇序文,
卢梭花了相当的篇幅讨论阅读本身以及读他的小说的方式。这两 229
篇序——其中一篇是简短的介绍,另一篇是对话体裁,卢梭现身说法对一位怀疑派批评家为自己的作品辩护——乃是跟预期中任何一个卢梭的读者都可能会有的反对意见正面交锋:让-雅克什么事不好做,干吗作践自己,非要出版小说不可?这个问题在今天看来似乎荒谬,在视小说为有害风化的时代里却是无法回避的成见,对于描写爱情又以年轻的女士为读者的小说尤其如此。卢梭已经因

为宣称所有的艺术与科学一律没有道德方面的作用而赢得臭名。如今他甚至厚颜无耻,把自己的姓名展示在最腐败的文学类别的标题页——那不只是一部小说,而且是涉及一个家庭教师引诱他的女学生,后来甚至跟那个学生和她的丈夫住在一个屋檐下,共度"三人行"的生活。

卢梭在第一篇序文里开门见山就叫阵:"剧场是大都市所不可或缺的,情形有如小说之于堕落的人。"[27]这个论点呼应他的《论剧场致达朗伯书简》(*Lettre à d'Alembert sur les spectacles*),书中谴责剧场、小说以及所有的现代文学,包括百科全书学派的作品,因为它们危害像日内瓦这样健全的共和国的公民美德;但是他承认,它们在腐败的专制国家如法国是可以有一些用途的。《新爱洛漪丝》和《论剧场致达朗伯书简》都是在1757—1758年面临大危机时写的,结果导致他跟达朗伯甚至与百科全书学派一伙人的决裂。这两本书表达共同的主题,即当代文化的腐败本质,而这个主题可以追溯到使卢梭一举成名的著作,也就是《论科学与艺术》(1750年)。那个主题对他整个人生意义重大,也是进入现代爱洛漪丝的故事所必须面对的。* 这一部小说名作自始至终标举反对小说的大纛。既然这样,他干吗还写呢?

对于这个问题,卢梭在序文里的答复虽很简单,却是故布疑阵:"这部小说并不是小说。"[28]那是一部书信选集,卢梭以编者的

* 标题所称的"新爱洛漪丝"即是朱莉。历史上的爱洛漪丝是法国十二世纪时候的人,她和她的老师相恋,招致长辈的反对,甚至以暴力干预。这一对师生恋虽然无法成其美事,却书信往还直到老师去世。——译者

角色将之公之于世，正如标题页印出的副标题和“编者”的名字所
清楚交代的：“住在阿尔卑斯山脚一个小镇中一对情侣的书信。
J.-J.卢梭编纂出版。”但是，没有人会相信这个借口，卢梭本人更
不在话下，毕竟他对自己的作品引以为傲，忍不住要多说几句话：
“虽然我只挂上编者的头衔，我可是亲自动笔的，而且我不隐瞒这
事实。整个事情是不是都是我做的，里头的书信是不是全都是虚 230
构的？上流社会的各位读者，这跟你们有什么相干呢？对各位来
说，这肯定是虚构的。”[29]在这“花招”的背后，卢梭策略性地把问题
从他扮演的角色转为寄望于读者的角色。这部书诉求的对象似乎
是社会-文化精英（*le monde*，这个措辞对于卢梭和其他的文人有
特殊的意义）；可是对于那些能够以天真的眼光读它的人来说，它
看来就是实情。卢梭把这实情摆在什么地方呢？答案：尽可能远
离沙龙社会的地方，就像他自己说的：“这部书不是为了在社会流
通，它只适合非常少数的读者……宗教老顽固、自由思想分子和哲
人是不会高兴的。”[30]理想的读者必定要能够摆脱文学的成规与社
会的偏见。只有做到这一点，才有办法按照卢梭预定的途径进入
故事：“任何一个决心读这些信的人，必定要有心理准备，耐心看待
信中不正确的用语、夸大其词的文体，还有以铺张的语词表达寻常
水准的观念。他得要事先告诉自己，写这些信的不是法国人，不是
世故人士，也不是什么院士或哲人，而是外地人，是外国人，是穷乡
僻壤的年轻人，简直就是孩子，他们在满怀浪漫的想象中把脑海里
天真的狂乱当作人生哲学。”[31]

这样的区别是对社会与政治左右开弓，因为卢梭看出文学是旧制度特有的权力体系的一个要素。他反对那个制度，反对那个

制度所有的一切,包括纯文学和上流社会;这一来,他划清界限,跟哲人一伙决裂了。在他眼中,狄德罗、达朗伯以及百科全书学派的其他人全都属于剧院和沙龙那个时髦的世界。哲学本身已经变成时尚,是巴黎花花世界的花中花,又从巴黎往外地散播,如今已危及身体政治最健康的部位。达朗伯在《百科全书》中介绍日内瓦的文章是这个过程的缩影。文中挖苦反对伏尔泰要在他们的城市创办剧院的那些人,说他们是有道德洁癖的老古板,这显示文化的癌细胞已经侵袭到美德最后的堡垒,即加尔文的共和国——也是卢梭的共和国。这篇文章严重伤害“让-雅克·卢梭,日内瓦公民”[32]的心,不只是因为他以日内瓦为祖国,也是因为威胁到日内瓦的疾
231 病已开始蹂躏他本人。难道他不是已经开始堕落,一步一步远离原先的纯真?难道他不曾尝试奋力挤进“社会-文化精英”之中?难道他不曾使用音乐、剧场、文学和哲学作为进身阶?他已经体验过他自己发明的公式:文化=腐败。怪不得他会发明另一种文化形态,一种反文学的文学,以便可以直接向非属世故的民众寻求支持,为美德辩护。卢梭在《新爱洛漪丝》里找到了预言之声,但是他只说给有耳朵的人听——其实就是有眼睛可以阅读的人。

因此,《新爱洛漪丝》需要一种新的阅读方式,读者在精神上越是远离巴黎的上流社会,这个方法就越成功。“在道德方面,我相信阅读对于社会人士(*gens du monde*)不会有什么用处……人越是远离商业、大城市、拥挤的社交聚会,〔以阅读促进道德教化的〕障碍就越少。在某些方面,书本是可以有一些用处的。一个人离群索居的时候,他不会为了夸耀自己的阅读而过目匆匆;越是细嚼慢咽,越有机会深思反刍。读书越是不受外来因素的影响,内在的

影响也就越深刻。”[33]这是卢梭对狄德罗的答复，后者使用非常难听的字眼，说“为人邪恶才会离群索居”，两人从此失和。[34]卢梭的修辞为作家与读者这两个孤独的生命体打通了一条交流的衢道。卢梭将成为让-雅克，日内瓦公民兼美德的先知。读者将会是远离巴黎都会区的年轻人、乡间的绅士、几乎惨遭文雅的社会习俗窒息而死的妇女、不见容于优雅社交圈的技工——这没什么关系，只要他或她能够热爱美德，并且了解“心的语言”。

因此，卢梭并不要求读者化身为瑞士的农民，而是要求读者拒绝文学与社会的主流价值。任何一个因为这些情书值得一读而去阅读它们的人，得要把自己的心思摆在“阿尔卑斯山脚”，在那个地方，文学的珍馐毫无意义。写这些信不是要在巴黎“取宠”——取宠是在十七世纪被理想化了的一种风雅——而是让情感尽情发泄。

> 各位读这些书信，如果把它们看作是一个作者为了哗众取宠或沾沾自喜而写的作品，难免感到恶心。奉劝各位就事论事，根据它们的类别下判断。两个或三个年轻人，单纯却敏感，彼此谈论自己心里感到有趣的事。他们从来没想过要在彼此的眼前装出美好的形象。他们彼此有深刻的认识，也彼此相爱，情浓意蜜到虚荣（*amour-propre*，这是卢梭的另一个关键词眼）在他们的交往中没有容身之地。他们都是小孩子，难道他们应该像成人那样思考？他们是外国人，难道他们应该笔下没有错误？他们远离人群，难道他们应该熟悉社会交际？……对于

232

> 这一类的事情,他们一无所知。他们知道怎么相爱;他们开口闭口离不开彼此间的浓情蜜意。[35]

朱莉和圣波勒写的信欠缺的是优雅,因为他们发乎真诚。那些信跟文学不相干,因为信中写的是真相。就跟音乐一样,它们在两个灵魂之间传达纯粹的感情:“它们不再是书信;它们是赞美诗。”[36]卢梭提供给读者通往这种真相的门径,可是门径只为有缘人而开,就是读信时会设身处地,因此在精神上尽脱巴黎气息,成为离群索居的外国小孩。要做到这一点,读者得抛卸成人世界的文化垃圾,从头学习阅读,就像让-雅克小时候同他父亲一起阅读那样,他父亲晓得如何成为“比你更像个小孩”。因此,卢梭式阅读会爆破布瓦洛(Boileau)在古典时期臻于高峰时所奠定的常规。它会掀起一场革命,彻底改变读者与文本之间的关系,进而开辟通往浪漫主义的道路。它还同时会使得似乎盛行于十六与十七世纪的一种阅读方法起死回生,那个方法就是:阅读乃是为了直接吸收“上帝之道”。卢梭要求读者把他当成神启真理的先知来阅读,而朗松正是以这种方式了解卢梭的。这么看来,宗教文学在朗松的订购书单中占有重要的地位,这和他的卢梭信念并不冲突,反倒有相辅相成的意味。使得卢梭式阅读有别于其宗教前辈——不论是加尔文教派、詹森教派或圣职派——的是,前者呼吁读书当读最可疑的文学体裁,即小说,并且把小说当作《圣经》来读。利用这样的矛盾,卢梭或有可能使得“社会”脱胎换骨。

但是,正如《新爱洛漪丝》的序文极力要表达的,这新的阅读方
233 法引发另一个矛盾。卢梭一口咬定这些书信的真实性,可是这些

信是他自己写的,用尽了他个人所能运用的一切修辞手法。他把他的文本当作两个灵魂之间直接的交流——“因此这是心对心在说话”[37]——然而实际的交流却发生在读者与卢梭本人之间。这样的暧昧不免损及他所要建立的作家与读者之间的关系。一方面,它使得卢梭看来只是个编者,这一来,卢梭的立场恐怕难能取信于人;另一方面,它把读者留在界外窥人隐私,这一来,读者其实无异于观淫癖者。诚然,像这一类的暧昧,以及重剂量的观淫癖,存在于所有书信体小说中。此一文类在法国早就有了,如今由于英国的理查森(Richardson)带出的风潮而死灰复燃。但是卢梭不可能隐身在文类成规的幕后,因为他存心使他的文本成为非文学而且“真实”。他不可能否认自己是这些书信的作者而不违抵触真相,也不可能承认细心雕琢的技巧而不破坏它们的效果。

这个问题在现代读者看来好像是故弄玄虚,却令卢梭那个时代的人深感困扰。许多《新爱洛漪丝》的读者相信而且想要相信这些书信的真实性。卢梭预想到他们的需求,所以安排一个发问的人,亦即第二篇前言或“对话体序文”中那位世故的文人“N”,还让他一再回到同样的问题:“这些通信是真的,还是虚构?”[38]“N”不可能不追根究底;他解释说,他为这件事感到“苦恼”。[39]让他倾吐心中的疑问,卢梭借机把问题端上台面,和读者做个了断,同时也坦然面对书信文类先天的矛盾。他虽然不可能解决这个矛盾,却好像有意将之并入获致更高级的真理的试图。他要求读者暂时搁置心中的疑惑,抛开旧的阅读方法,这样才能够进入书信的世界,仿如那些书信真的是阿尔卑斯山脚下赤子之心的宣泄口。这种阅读需要信心的大跃进——对作者的信心,他不管怎么说必定体会过笔下人物的情苦,而且把他们锤炼成一个超越文学的真理。

因此,归根究底说来,卢梭的小说之所以感人,乃是因为他的234 人格感人。他开创一个新的概念,使作者成为浴火重生的普罗米修斯,此一概念将会在十九世纪开花结果。所以,他在《新爱洛漪丝》中不是躲在幕后,而是跨大步走上前台。他把一切事情都扯上他本人,即他笔下的“我”。拒绝否认这些书信可能是他写的之后,他告诉“N”他负责编辑:

> R〔卢梭〕:一个正直的人会在对大众说话时躲起来吗?他敢出版他将来不敢承认的东西吗?我是这本书的编者,我会以编者的名义印出我自己的名字。
>
> N:你会印出你自己的名字?你?
>
> R:我,我本人。
>
> N:什么!你会把自己的名字印出来?
>
> R:是的,先生。
>
> N:你的本名?完整拼出“让-雅克·卢梭”?
>
> R:一字不漏拼出“让-雅克·卢梭”。[40]

卢梭接着解释,他不只是要承担文责,而且“我不要被认为比真正的我更好”。[41]这正是他在《忏悔录》里采取的同一个立场。他坦陈自己在道德方面的缺失,借以强调他的真诚,同时创造一个理想的让·雅克,可以从心底直接对文本所设定的理想读者侃侃而谈。作者与读者双赢,联手戳破文学沟通的诡计。此一后设文学冲动(metaliterary impulse)后来在《忏悔录》中表达得最为彻底,目前只是驱使卢梭推出他的让-雅克在《新爱洛漪丝》里公然亮相,这在作者十分难得为小说署名的时代是很不寻常的姿态。但是卢梭无意成为小说家。他要的是穿越文学进入人生,不只是他自己的人生,也包括他的读者的人生。

因此,卢梭主义的冲击多半是卢梭自己造成的。他诉说他的读者最私密的经验,而且鼓励他们看透隐身在文本背后的那个卢梭。说来不足为奇,他们当中有许多人试着接触他本人——人数之多竟至于他得要在圣皮耶岛(Ile Saint-Pierre)他隐居的地方设暗门躲避不速之客。卢梭铲除了横梗在作家和读者之间的障碍。他创造了他在《爱弥儿》中所鼓吹的那种艺术:“对不在场的那些人
倾诉,同时也倾听他们的倾诉的艺术,向远方的人传达我们的感 235
受、意愿、欲望的艺术,没有任何的中介。”[42]他开发那种艺术,可是他的读者——我是指现实世界的读者,而不只是他在文本所拟想的那些读者——怎么回应他呢?这个问题把我们带回到让·朗松。

从动笔写信之初,朗松就清楚表露“老朋友让-雅克”令他着迷,程度不下于卢梭的作品。奥斯特沃充分满足了他在那方面的兴趣,因为这个瑞士出版商有时候到巴黎出差旅行,顺便搜集文坛闲语之后,总会转告他远在拉罗谢尔的年轻友人。不幸的是,奥斯特沃写的信失传,不过他的信中可能提到他和卢梭见面的情形,因为朗松不断要求多听一些他的“老朋友”的消息,一旦所求不遂还会发牢骚:“什么!你和老朋友让-雅克碰面了,而你居然没有原原本本告诉我!我希望你只是想留待下一封信再告诉我。”[43]朗松盼望收到卢梭的作品,心情同样迫不及待。一如他挑剔印刷的品质,

他特别关注文本是否可靠的问题。“有件事使我犹豫要不要多买一些,”他向奥斯特沃解释,“就是那个顶不快乐的人不承认两三年前出售的所有版本;他只认可第一版,那是他亲自促成的,绝版已数年之久。”[44] 1777 年春,奥斯特沃又要去一趟巴黎,朗松写信给他:“毫无疑问,你会见到老朋友让-雅克。请当面问他,我们是不是能够有他的作品的好版本。我要特别请求你,在你回家以前一定要让我知道他的近况。”[45] 那个人和他的作品,两者总是同时出现在朗松的信上。

朗松提到卢梭时,还会拿来跟自己的生活经验相提并论。1777 年 6 月,即将跨入三十岁的那一年,他写道:“我相信,先生,你听到我即将结束单身生涯的消息会感到高兴。我挑上了一位拉博托小姐(Miss Raboteau),她是我的表妹,就是去年嫁给南特的罗特先生(M. Rother of Nantes)那个年轻姑娘的妹妹。她的父家和雅尔纳克(Jarnac)有亲戚关系,等级跟我相同。这个可人儿性
236 格爽朗,进退应对都很得体,我满怀期望这桩婚事最……(信纸在这个地方破了一个洞)。”接着,笔锋一转,他直接提到他最喜欢的话题:“虽然我一再恳求你,先生,告诉我老朋友让-雅克的消息,我对他深感兴趣,你竟然那么狠心,一句也没有提到他。难道你在巴黎没有机会见到他的面,没有跟他交谈两三句话?我希望你尽可能立刻告诉我,你一定要办到,如果你不想忍受我的唠叨。”[46]

朗松把他的婚姻和他的“老朋友”相提并论,实非偶然。他在下一封信说明道:

> 你对于我的新家业的祝福,我致上最诚挚的谢意。

> 你在信上提到我妻子的事，她跟我一样感动。遵照你说的和我自己也说过的方式履行我对亲爱的配偶所应尽的本分，我希望对我来说不会有什么困难。虽然我确实看到漂亮的异性曾经动过心，如今既已在没有女人的情况下活到年近三十，我肯定这一辈子有这么一个也就够了。老友让-雅克写过关于夫妻相处以及为人父母所应尽的本分，他说的每件事对我都有相当深刻的影响；我坦白告诉你，在我拥有这些家业的日子里，那将会是我信守不渝的规则。[47]

几个月以后的一封信中，朗松用含蓄的笔法提到卢梭。这一次轮到他道贺："我诚心向你恭喜，恭喜你和贝特朗先生及夫人（奥斯特沃先生的女婿和女儿）。你的孙女诞生了，真令人高兴。不用说也知道，这母亲会亲自哺乳，就像以往她养育其他的孩子一样。"[48] 1777 年年底，朗松得知他自己也快要当父亲了。他开始为新的责任做准备，是通过阅读："如果可能的话，请设法帮我买到一篇精彩的论文，是日内瓦的巴雷赛先生（M. Ballexerd）所出版，专论儿童体能教育。我即将为人父，脑海里想的都是如何尽到自己的本分。"[49] 我们从传统的世界里跨进了司波克医生（Doctor Spock）的世界里，前者是根据家庭文化教养儿童，后者则是依照印刷文字的指导。朗松特别要寻求指引的对象是卢梭这个母乳哺育
和母爱的先知。1778 年 5 月，他写了一封欣喜溢于言表的信："妻 237
子产下一名女婴，我成了父亲。女儿可爱到极点，由她母亲亲自哺乳，非常非常顺利。"[50]

没多久,他得知他的精神导师去世了。

> 这么说来,我失去了衷心敬佩的让-雅克。无缘亲炙他的音容,这是我心中永远的痛。我仰慕他,最主要是因为读了他的书。哪一天我旅行经过埃米诺维勒(Ermenonville),一定到他坟前瞻仰,说不定洒下几滴眼泪。请你告诉我,你对于这个名人有什么看法,他的命运总是能牵动我最敏感的神经,伏尔泰却经常引我反感……他在几年前说过,他的作品新版本没有一个是正确的,误植连篇,删删改改罄竹难书,甚至连雷依(Rey)的版本也不例外,被他骂惨了。我希望他有留下手稿,这一来就有可能看得到免于那一切错误的版本。如果你有这方面的消息,或任何跟卢梭有关的事,请你记得跟我分享。这样的话,你就是带给我最大的乐趣了。

紧接着,他若无其事谈到家庭消息:"妻子和我都很感动,你对于小女说了那么多贴心话。孩子的妈还是亲自哺乳,无比顺利,丝毫没有不称心的地方。"[51]

朗松持续在一封接一封的信上讨论卢梭。他要知道关于"老友"生前死后的点点滴滴。他狼吞虎咽他能够得手的每一件轶事,比较《欧洲通讯》(*Courier de l'Europe*)、《文学年刊》、《法国信使》、兰盖的《年鉴》(*Annales* of Linguet)以及许多其他期刊的说法。他的书房墙上挂了一个卢梭在埃米诺维勒墓地的雕版。他搜集据传出自卢梭手笔而在他死后开始流传的颂词、小册,乃至于未出版之手稿的纸片,特别是书商帕维的书店所经手的一切。有人说让-雅克是遭人下毒而死。但是,说他死于胃病,就像《欧洲通讯》说的,不是更合理吗?或者,起因是《忏悔录》的手稿失踪,他悲痛难抑?据说负责出版审查的官员得到一份复本,因此传唤让-雅克,要他提出解释,既然已经答应不发表,为什么还会有复本在外流传。泰雷兹·勒瓦瑟尔(Thérèse Levasseur)必定是私底下在卖。239
卢梭不再抄写乐谱之后,他们需钱孔急。可是为什么没有人出面接济他们?让-雅克不是在1777年2月发表一封公开信,要把手稿奉送给愿意对他伸出援手的任何一个赞助人吗?泰雷兹从马克·雷依(Marc Michel Rey)得到的津贴——朗松对于卢梭家庭生活的细节了如指掌——不足以维持他们生活所需。既然丈夫已过世,泰雷兹说不定会请求雷依出版他的手稿。根据帕维的说法,巴黎有些书商出价十五个金路易*搜购《忏悔录》的手抄本。

那些《忏悔录》必定是宝贝!朗松心焦意切要一睹为快,卢梭其他的每一件事对他也是同样意义重大。他要知道他那良师益友灵魂中的每一桩秘密、过去生活上的每一个细节、他笔下的每一样成果,乃至于他在他的乐谱上写下的札记,最后一样特别是朗松从纳沙泰尔印刷公司指定要购买的。拉罗谢尔和纳沙泰尔两地往还的信函,再三提到出版卢梭作品的计划,因为纳沙泰尔印刷公司和日内瓦印刷公司的业务竞争非常激烈,更何况还有一堆出版商想要插手吉拉尔丹侯爵(marquis de Girardin)和迪佩鲁(Alexandre Du Peyrou)所保管的原稿。大家抢着出版卢梭全集定本的争夺战

* 金路易:有路易十三头像的旧金币,一个金路易值二十个金币。——译者

坐落于埃米诺维勒的卢梭墓

蔚成旧制度出版史上最后的一场混战。但是,对朗松而言,不论是日内瓦人拔得头筹,或是他在纳沙泰尔的友人抢得先机,那根本就无关紧要,只要有个完整又精确的版本尽快问世就是了。他朝思暮想的就是拥有卢梭全集,以便吸收到他的内在世界,并且表现在他的日常生活。

因此,与卢梭有关的事持续出现在他的书信里,简直是为他的家庭生活报道添加注释。1778 年 9 月,他长篇讨论卢梭之死及其遗作之后,有感而发,想起自己的新生婴儿:

> 我从女儿在我身上激发出来的亲情看到,孩子的快乐对父亲会有多大的影响。我多么希望我多知道一些,

> 这样我就可以教导我自己的孩子;老师教学不论怎么费
> 心费力,也不可能像父亲那样无私的奉献。但是,如果我 240
> 能够教给他们好的德行,即使他们仅仅在那方面回报我
> 的心血,其他的对我来说都不重要了。我说的是我自己
> 的孩子,而我现在只有一个五个月大的女儿。[52]

1780年2月,他添了一个儿子,12月又添一个。朗松夫妇为第一个取名为让·以撒(Jean Isaac),以纪念孩子的外祖父。第二个取名为爱弥儿。取这样的名字意义重大,代表与家庭传统的决裂,因为朗松家族与拉博托家族向来是用家族里头现成的名字,为数相当有限——几个"让",几个"皮耶",几个"保罗"*,而不像一般的新教家庭偏好从为数众多的《旧约》名字因袭而来,譬如亚伯拉罕、以撒、依里(Elie)、本杰明(Benjamin)、撒姆尔(Samuel)、约阿基姆(Joachim)。[53]小爱弥儿会是个活生生的证据,证明他父母对于卢梭的教育理念与人性观的信心。

家中添个小孩,朗松就写信通知孩了出生了,同时也谈到哺育又讨论卢梭。这是一个挥之不去的话题,他自己心知肚明:"请你原谅我对让-雅克谈论不休,话匣子一打开就没完没了,不过我很高兴他在我身上激发出这一股狂热,这完全是因为他热爱美德引起来的。我总是告诉自己,看在热爱美德的份儿上,你应该会原谅我,也应该会不时写信告诉我有关这一位美德之友的事情。"[54]后

* 前面两个名字依次根据英文音译的"约翰"与"彼得",两者和"保罗"都取自《新约》。——译者

来，说到他女儿："看着这个小家伙长大，真是叫人高兴！如果她这样持续长大，如果让她接受良好的教育，我能够全力栽培她发挥善良的天性，此乐曷极！你也是为人父者，先生，所以你会原谅我这样喋喋不休。这些琐碎的事，没有孩子的人是不会有兴趣的。"[55]

朗松即将当父亲，此一事实说明了他寄给纳沙泰尔印刷公司的购书单上，何以教学法与儿童文学〔方面的书目〕占有那么大的比重。那些书本代表父母对于儿童的新态度，以及父母督导儿童教育的新欲望。[56]一个世纪以前，查理·佩罗写出他的鹅妈妈故事，为沙龙社交圈世故的读者提供消遣读物。朗松最喜欢的作者，特别是让莉丝夫人和勒普兰丝夫人，是为儿童本身写的，而且不只是提供消遣，同时也是用来培养道德情操。新的儿童书籍强调道德主题，这从标题就一目了然：《道德游戏：幼儿故事集》(*Moral*

241 *Playthings, or tales for infants*)，《读给孩子听：寓教于乐短篇故

事选》(*Reading for children, or a selection of short tales equally suited to amuse them and to make them love virtue*)。新的亲子教育入门书也看得到那样的特色，像《道德教育：如何约束孩子的心猿意马以造就快乐有用的成人》(*Moral education, or a reply to the question: how should one govern the mind and heart of a child in order to make him develop into a happy and useful adult?*)。这些书籍都是以儿童天性善良这个卢梭观点为前提，进而开发一套卢梭思想充塞其间的教学法。除此之外，朗松至少拥有两本《爱弥儿》。更值得注意的，不是他读了这一篇或那一篇以儿童为探讨对象的论著，而是饥不择食似的无所不读。他借着阅读从准父亲的身份跨过为人父的门坎，并且仰赖书本要把后代一

个个教育成“爱弥儿”(Emiles)或“艾美莉”(Emilies)。

这种行为传达出一种对于印刷文字的新态度。朗松喜欢阅读,不是为了享受文学,而是为了适应人生,特别是家庭生活,这正是卢梭心意所在。从他的书信来看,朗松夫妇的表现乃是让-雅克写《新爱洛漪丝》所拟想的读者的完美形象。他在第二篇序文里写道:“我喜欢想象一对夫妇比肩阅读这个集子,从中找到蓬勃的朝气,彼此扶持,共度日常生活。说不定就这样找到使日常生活更有意义的新方法。他们在回味一家其乐融融的情景时,怎么可能不想要起而效尤这样甜蜜蜜的榜样?”[57]遵照卢梭的提议阅读卢梭,朗松正是以这样的方法打造他的家庭生活。他在1780年9月写给奥斯特沃的信上说:“我妻子向你致意。蒙上帝保佑,她还是那么健康快乐,她的宝贝也一样,他喝母奶情形非常良好。他的姊姊,三十个月大,现在看得出天生的资质了。大善人让-雅克!我承担得起这样的亲情义务,都是您的功劳。”[58]

这份档案中其余的信件也有同样的笔调——诚挚、亲密、热情洋溢、道德挂帅——也就是卢梭为各地的读者所设定的情调,虽然他们个别的情况差异甚大。或许不会有比这更寻常的了,但是朗松的信函有其意义,意义就在于它们的寻常。这些书信使我们明白,卢梭思想如何渗透到一个不起眼的资产阶级的日常世界,以及卢梭思想如何帮助他了解他的生命中最重要的东西,也就是爱、婚
姻与亲职——这些乃是渺小人生的重大事件,也是法国各地的人 242
生所赖以构成的原料。[59]

朗松的阅读方式,在今天看来是不可思议的。《新爱洛漪丝》难以卒读——就算不是每一个人,至少是现代社会中形形色色为

数众多的“寻常”读者,也不可能忍受逐页翻遍六册书,一路谈情说爱又文思泉涌,居然没有暴力、性动作或任何这一类的插曲可资调剂。温情淹没了十八世纪的卢梭读者——数以千计,不是只有朗松一人而已。研究他们的反应之后,我们将更能清楚观照他的情形,进而广开视野,对于隔离旧制度读者与当今读者的鸿沟可以有个更全面的看法。

虽然旧制度下的书籍销售统计资料少得可怜,有一项倒是清楚:《新爱洛漪丝》或许居十八世纪畅销书之首。根据梅思耶所说,该书供不应求,竟然严重到书商出租是以每天甚至每小时计费,单册六十分钟的租金为十二苏。1800 年之前问世的版本至少有七十个——很可能是出版史上前所未见的热门书。诚然,最世故的文人,一味讲究精确的顽固派如伏尔泰和格林,认为文体浮夸而题材无味。可是社会上所有阶层的普通读者趋之若鹜。他们哭泣,他们屏息,他们咆哮,他们探测到自己的人生底层,决心要活得比以前更好,然后更痛快掏心哭一场——也掏心写信给卢梭,他则收集一大捆他们的铭感证言,留供后人检验。[60]

翻阅卢梭的《新爱洛漪丝》邮件,听到各地不绝于耳的啜泣足使人惊心:“眼泪”、“叹息”和“苦恼”是从年轻的出版商庞库克(C.-J. Panckoucke)传来的;“怡情悦性的眼泪”和“狂喜”是日内瓦的布伊松(J.-L. Buisson)告诉我们的;“眼泪”和“内心痛痛快快发泄一场”是卢瓦梭(A.-J. Loyseau de Mauléon)写的;“如此怡情悦性的眼泪”是巴黎的布尔蕾特说的,她只要一想到小说中的人物就哭得更厉害;J.-J.-P. 弗罗马热(J.-J.-P. Fromaget)留出“甜蜜的眼泪”,泪水多到“每翻一页,我的灵魂就融化一次”。卡阿涅神父

(abbé Cahagne)朗读给朋友听,同一个段落至少读了十次,没有一次不是同声一哭:“一定有个人不能呼吸,一定有个人要丢下书本,一定有个人要哭出来,一定有个人要写信告诉你有个人激动得痛哭流涕,上气不接下气。”这部小说逼得巴斯蒂德(J.-F. Bastide)病倒在床,几乎把他逼疯,至少他是这么相信;它对罗甘(Daniel Roguin)却产生恰恰相反的效果,因为他哭得稀里哗啦,重感冒竟然不治而愈。拉萨拉男爵(baron de La Sarraz)宣称,读这一部书只有一个方法,就是把门上锁,躲在屋子里读,以便自由自在地哭。卡普龙尼尔(J.-V. Capperonnier de Gauffecourt)每一次只读少数几页,因为他身子不好,受不了激动。可是他的朋友佩内蒂神父(abbé Jacques Pernetti),庆幸自己身体够壮,一口气看完全套六册,一颗心怦怦响个不停。波利尼亚克侯爵夫人(marquise de Polignac)一直看到第六册朱莉去世的时候,心才怦怦响,可是不响则已,一响就碎了:“我不敢告诉你这部书对我起了什么样的作用。不,我已经哭过了。一阵剧痛震撼我整个身子。我的心碎了。奄奄一息的朱莉不再是默默无闻的人。我相信我是她的姊姊,她的朋友,她的克莱尔(Claire,朱莉的表妹,也是心腹)。我心痛如绞,要是我没有把书本搁下来的话,我一定会难过得像照料那个善良女人度过最后一段时光的那些人。”至于社会层级比较低的,拉塔耶(Charlotte de La Taille)为朱莉之死哭得死去活来,足足八天才又恢复常态。退役军官弗朗索瓦(Louis François)察觉到女主角不久于人世,再也读不下去,虽然他已经边哭边读完前面的几册:

你逼我为她发狂。想想看,〔如果我再读下去,〕她的

> 死亡必定会拧出我大把的眼泪。你能相信吗?我花了三天的时间,硬是不敢读最后一封信,是德沃尔马尔先生(M. de Wolmar)写给圣波勒的。我知道信里头的每一个细节会怎样紧紧抓住我的心。可是我受不了朱莉去世或临死这样的念头。尽管如此,我终究得要克服自己的心障。我从没流过这样怡情悦性的眼泪。这一读对我造成如此强烈的效应,我相信在那最神圣的时刻我可以死而无憾。

同样的反应广见于欧洲大陆所有的社会阶层与各个角落的读者。正如瑞士一位向来冷静的书评人写的:“读完这部书,必定死而无憾……或许该说是一定要活下去,为的是能够一读再读。”[61]

文学史上第一波感情流行病不是《新爱洛漪丝》引发的。理查
244 森先前已在英格兰掀起啜泣潮,莱辛(Lessing)在德国也不遑多让。卢梭跟他们不一样的是,他激发读者群兴起一股强烈的欲望,想要接触扉页背后的生活,包括他笔下人物的生活以及他本人的生活。因此,波利尼亚克夫人向知己坦承她为卢梭书中的情侣掏心痛哭之后,对另一个朋友解释说,她无法抑制想要见卢梭一面的需求:

> 你是知道的,如果他只是以哲学家、有脑筋的立场出现在我面前,我根本就不会有想要认识他的念头。可是朱莉的情人,以她值得被爱的方式爱她的那个男人,哦!那可不一样。我的第一个冲动就是叫人备马,我要去蒙

> 莫朗西(Montmorency)见他，不计任何代价，我要让他知道他的柔情蜜意使得他成为我心目中一等一的男人，说服他让我看一眼朱莉的画像，吻它，跪在它前面，好好对那个即使德操有亏仍不失为集美德之大成的圣女顶礼膜拜一番。[62]

正如卢梭在两篇序文所预见的，他的读者要相信朱莉、圣波勒、克莱尔，乃至于其他的人物，都是确有其人。他们把他当成朱莉的情人，最起码也是认为他必定体验过书中人物炽烈的感情，否则不可能描写如此感人。所以他们要写信给他，亲自把信送到他手上，向他保证他们在现实人生体验过那样的感情，纵使程度难以相提并论，因此他们感同身受——总之一句话，他们了解他所描写的。

因此，卢梭所接到的读者来函自然成了他的书信体小说的延伸。他的读者写信给他，等于是向他保证他们接收而且了解他所传递的讯息，向他保证那些讯息从他的灵魂穿透印刷的扉页传到了他们的灵魂。弗朗索瓦写道："在我看来，除非充塞对方的精神，人的思想是不可能交流的。……我的生活谈不上像朱莉那样贞洁，可是圣波勒的灵魂已经附在我身上了。而朱莉竟然在坟里！从那以后，我看到的自然只是一片可怕的空虚。那么，我说你在世
界上无与伦比，难道不对吗？除了伟大的卢梭，还有谁能够这样使 245
读者毫无招架之力？还有谁能够舞文弄墨虎虎生风，把他的灵魂贯注到读者的灵魂里？"连相对冷静的读者也克服不了同样的冲动，如新教牧师穆尔图(Paul-Claude Moultou)：

> 不,先生,我再也无法保持沉默。你彻底摆平了我的灵魂。我的灵魂快撑破了,非得要你来分担它的苦恼不可……哦,朱莉!哦,圣波勒!哦,克莱尔!哦,爱德华(Edouard)!你们的灵魂住在哪个星球,我怎样才能跟你们结合?先生,他们都是你那一颗心的后代;光靠你的脑筋是不可能把他们创造成那个样子的。敞开你那颗心吧,好让我推敲这些人物的活榜样,好让我明白是什么样的人具有如此的美德,能够让我哭出这样美妙的眼泪。[63]

我们当然必须考虑过度敏感的时代风尚,可是那些读者的信件当中,多的是让人觉得发乎赤诚。有个迪维尔热夫人(Mme Du Verger)从省区某个偏僻的地方写信,因为她忍不住要知道卢梭笔下的人物到底是不是真实的:

> 许多人读了之后,跟我讨论你的书,他们一口咬定是你捏造的。我无法相信。如果真是那样的话,怎么可能误读会产生像我读这本书所感受到的七情六欲?我求求你,先生,告诉我:真的有朱莉这个人吗?圣波勒还活在世间吗?他到底住在哪个国家?克莱尔,可爱的克莱尔,她是不是追随她亲爱的朋友进坟墓去了?德沃尔马尔先生,爱德华少爷,所有这些人,他们只是想象的,就像有些人要我相信的吗?如果是那样的话,那么我们居住的是个什么样的星球,美德竟然只是个观念!快乐的人呀,或许只有你一个人明白而且身体力行。

最重要的是，她要跟卢梭本人接触："要不是我已经从你的书中明白你的思考方式，我是不会如此自由自在跟你说话的。此外，我迫不及待要说，如果你决心要发动攻势的话，征服我不见得锦上添花。"[64]

写信挑逗，这在卢梭的女性仰慕者中间并不稀奇。还有什么人会比朱莉的情人——至少是朱莉的创造者——更了解爱？拉图尔（Marie-Anne Alissan de La Tour）把自己设想成朱莉，她的朋友贝娜多妮（Marie-Madeleine Bernardoni）则扮演克莱尔的角色，两 246
人联手对卢梭发动书信攻势，手法绝妙，竟然没多久就引来他扮演起圣波勒，和她们鱼雁往返垂数年之久。[65]后来卢梭在《忏悔录》中扬扬得意提到，他的小说虽然代表对这个世界的排斥，却势如破竹横扫上流社会的淑女："文人的看法相当分歧，可是社会上却人同此心。女人尤其沉迷于这部书和它的作者，竟至于她们当中即使是最高阶层的，很少不是我招之即来的，如果我存心发动攻势的话。"他提到一名贵妇的事，她在晚餐后换衣服准备参加一场舞会时开始读这本书。读到午夜，她叫仆人备马。两点钟的时候，仆人提醒她马车在门口等着，可是她还在读。到了四点钟，她还是欲罢不能。她的表停了，因此摇铃唤来仆人问时间，这才决定让马回厩，卸妆，跟圣波勒、朱莉和让-雅克心荡神驰共享余宵。[66]

《新爱洛漪丝》当然是爱情故事，可是卢梭的读者坦陈，当他们试着要解释这部小说在他们心中激起的情感时，他们认为那种爱情完全合乎节操。曾经担任税务官的 J.-J.-P. 弗罗马热写道："我恨不得紧紧把你抱在手臂里……先生，我一定要向你致谢，感谢你带给我的这一切欢乐，感谢圣波勒、朱莉和德唐热夫人（Mme

D'Etange)使我流下甜蜜的泪水。我恨不得成为你创造的每一个人物。不论读到哪一页,我的灵魂都在融化:哦,节操果然美好!"[67]他的读者当中有许多人,为了要跟卢梭写信联络,觉得有必要向他告白,就像他们认为他是在向他们告白——在《忏悔录》全面敞开灵魂的视窗之前,先通过《新爱洛漪丝》的书信间接告白。他们要告诉他,他们如何认同他笔下的人物,也要让他知道他们曾经如何爱过、错过、受过苦,然后决心在罪恶横流而素乏宽容的世界里洗心革面。他们知道他的小说是真的,因为他们已经在自己的生命中读过那些讯息了。

有个海外的匿名读者解释道,他不得不把他的朱莉留在法国。
247 边哭边读《新爱洛漪丝》的时候,他看到自己的生命在眼前展开,兴起一股强烈的冲动"要伸出手臂拥抱你,向你致上千谢万谢,为了你从我眼中绞出的那些美味可口的眼泪"。一名少妇则写道,她能够认同卢梭的人物,这一点跟她读过的其他小说不一样,因为他们没有特定的社会立场的包袱,只是呈现一般的思考与感受,每一个人都可以应用在自己的人生,也因而比以往更善良。一个严肃不苟的日内瓦人,向来反对小说,如今却欲罢不能,原则再也守不住了:"我承认我在读那些信的时候,信中传达的那些情感使我感同身受,我不断地变成朱莉、沃尔弥、邦斯顿(Bomston),经常成为克莱尔,但是难得成为圣波勒,仅有的例外是在第一部分。"庞库克一放下书本,立刻就提笔,按捺不住一股冲动要说尽一切——即使他没有多少话可以说(他对出版界的认识才刚开始,还没梦想到伏尔泰的作品的市场):

> 先生，你神圣的作品是无物不摧的一团烈火。他们穿透我的灵魂，使我的心转为坚强，使我的心智得到启迪。有很长的一段时间，我的理性误入歧途，以为青春就是放荡不羁，耽溺于那种幻觉因而找不到真理。我寻求快乐，快乐却使我感到困惑……我研究过一些现代作家，益加确定我的想法，如今我在骨子里已经是个无赖，不管做什么事都不会脸红。我需要一位神，而且是法力无边的神，把我推离悬崖边，而你，先生，你就是造就那一番奇迹的神。读你的《新爱洛漪丝》完成了你其他作品的未竟之业。我为它流了多少泪！多少的叹息和苦恼！我一再看到我自己犯下的罪。自从我读了你的福音书，我油然兴起热爱美德的情操，而我的心，原来我以为已经死了，如今心跳竟然比以前更有力。情感死灰复燃，重占上风：爱、怜悯、美德、甜蜜的友谊已经彻底征服我的灵魂。[68]

读者一次又一次重拾同样的主题。让-雅克使得他们更深入
一层看到人生的意义。他们或许像朱莉和圣波勒那样犯过错，不
过他们打心坎里一向是喜爱美德，现在他们乐意献身给美德—— 248
不是美德的抽象观念，而是纯朴的变体，是他们会在家常生活中身
体力行的那种美德。鲁斯洛（M. Rousselot）、朗芳（B.-L. de Lenfant
de la Patrière）、拉利夫（A.-L. Lalive de Jully），都读了，都哭了，决
心好好把握人生。勒贝可（F.-C. Constant de Rebecque）把丈夫当
作圣波勒，自己则是朱莉，因而学会爱她的丈夫。勒宽特（J.-L. Le
Cointe）看到他整个家庭沐浴在清新的光辉中："我把自己诚心奉

献给年轻的妻子,我和妻子都因为你而了解到共同生活不只是亲情的结合,更是最温馨的爱意。我现在二十八岁,是四个孩子的父亲,我愿意遵照你的教诲把他们教育成人——不是你周遭到处看到的那种人,而是你在你自己身上看到的那种人。”[69]

把这些奔放的热情当作追星族盲目崇拜的信函并不妥当,虽然作家接到素昧平生的仰慕者来信在当时是个意义重大的新观念——那是卢梭有功与焉的作家文化的一部分。那些信在今天看来似显天真又滥情,却证明了卢梭的修辞美学在两百年前的效果。他的“读者迷”以他所要求的方式读他,也像序文所呼吁的那样把自己化身成书中的角色。卢瓦梭写道:“说真的,先生,我不认为你能在世间找到比我更配得上你的读者。你的书中没有哪一段描写,没有哪一种心境,没有哪一段回忆,没有哪一个原则,不是在回响我不幸的命运。”在形容他们如何按捺下批评的本能,认同书中的人物,并且任凭感情之流冲刷他们时,读者不论有意或无意,有的改写、有的摘引卢梭在序文中给出的指示。有个仰慕者解释说,朱莉的爱情故事使他大为感动,因此他知道那一定是真实的;这世界上只有没心肝的老世故会说那是“虚构出来的”。另外一个读者几乎原原本本转述序文的道德论点,结论道:“自从我读了你的小说以来,我觉得自己变善良了——我希望我读的不是小说。”还有一个读者说得更明白:“你的书在我身上产生你在序文里所预见的那种效果。”[70]

《新爱洛漪丝》在1761年释放的这一波泪水洪流,不应该看成
249 只是浪漫主义正式揭开序幕之前的另一波滥情风潮。它是对新修辞情势的一种反应。读者与作者通过印刷扉页彼此神交,各自拟

想文本视野的理想形态。让-雅克对那些能够正确阅读他的人敞开他本人的灵魂,他的读者则感觉到他们自己的灵魂获得升华,超越寻常存在的不完美。跟“老朋友让-雅克”打交道之后,他们觉得有能力重掌人生,不论是以配偶、父母或公民的身份,这也正是数年之后朗松开始读卢梭时所要做的。

因此,朗松并不是什么异数。他在1774—1785年间写给奥斯特沃的信显示同样的反应,也就是我们在卢梭于1761年所接到的读者来函中所见,可以说是水平扩散的那种反应。这两个层面相辅相成,而且意味着卢梭式阅读是大革命以前法国的一个重要现象。有多重要?我们不可能精确衡量,但是我们可以拿来和阅读史这个新浮出地表的领域的一项主要假说——其实是唯一的概括性结论——做个对比。这个假说是:在十八世纪尾声将届的时候,欧洲发生了一场“阅读革命”。

恩格辛(Rolf Engelsing)与其他德国学者所提出的这个观念,把阅读的发展分为两个阶段。[71]从文艺复兴到大约1750年,欧洲人讲究“精读”。他们能够读到的书有限——《圣经》、宗教信仰的相关书籍、畅销读物或历书——书到手则是一读再读,反刍再三或与人分享,后一种情形是通过朗读,不外乎在家庭中或在社交聚会(法国的“炉边夜谈”或德国的“室内吐丝”[Spinnstube])。到了十八世纪后半叶,受过教育的人开始“博读”,他们浏览许多印刷品,特别是小说和报刊,那是都会中心四处林立的阅读俱乐部(德国人称之为“交际会”,法国人称之为“文学馆”)最受欢迎的类别。阅读项目不重复,纯粹是消遣,读完一样紧接着读另一样。

精读与博读的差别可以用来对比五个世纪以前的读者和当今

的读者不同的阅读习惯,可是用来标识十八世纪的一个转折点,有
250 帮助吗?答案:没有帮助,如果朗松的个案有代表性的话。诚然,朗松阅读大量的小说和报刊,有时候跟朋友一起读,那种方式类似德国“交际会”的社交联谊。怪不得他在1774年给奥斯特沃的一封信上写道:“诺尔丹(Nordingh),他跟我一起读多种期刊,要求你别再寄你的给他,因为我接到的本子可以跟他分享。”[72]但是这种阅读并不排斥精读;七年之后,朗松写道,他删减报刊的订阅条目,为的是少量更能精读:“我得说报刊怎么读也读不完,占去了应该扎扎实实用来读书的时间;所以我不增加订购的数量,反倒要尽量减少。”[73]朗松对当代小说的兴趣并不表示他忽略古典作品,也不表示他读法国文学名家只求快速或只看一次。他说他喜欢梅思耶和《巴黎风情画》,“可是我不能原谅他对拉辛的看法。拉辛是天纵英才的诗人,每一次重读都会发现迷人之处。”[74]不容易找到像朗松那样精读的人,而且读得越多也越精。要说这个事例说明了什么,那无非是反“阅读革命”之道而行。

朗松的阅读方法并没有违背时代的趋势,这可以从相当于维亚尔在法国的一本德文书《阅读的艺术》(*Die Kunst Bücher zu Lesen*)中看出端倪。该书是伯格(Johann Adam Bergk)写的阅读手册,应该就是“阅读革命”的具体表现——如果真有那样的一本代表性著作的话。伯格不是像维亚尔那样专注于发音的问题,而是提出完整的“阅读的艺术”。他开宗明义就提出具体的接触书籍之道。站立时或餐后都不该读书。应该先用冷水洗脸,然后带着书到户外,这样才能在自然的怀抱里阅读——而且要朗读,因为声调有助于观念的掌握。不过,最重要的是,应该要培养恰当的心

境。应该全心投入捕捉文本的意义,并且将之应用于生活上,而不只是被动地回应文本。“我们必须把我们读到的一切联系到我们的‘我’,从我们个人的观点细加思索,千万不能忽视读书的要义在于使我们更自由而且更独立,而且应该能帮助我们为自己的心情(heart)与心智(mind)的表达找到一个宣泄的渠道。”[75]伯格把这样 251
的阅读观归功于让-雅克·卢梭。他在书中最重要的一章介绍卢梭,并且在标题页摘引《新爱洛漪丝》里头对朗松之类的读者具有特殊意义的一段文字:“读书不必求多,但是要多方思索阅读的内容,我们彼此广泛讨论也可以,这样才能彻底消化。”[76]这样的观念相当吻合维亚尔所强调的阅读乃是在精神上为生活做准备。事实上,不论是教科书所阐述的、卢梭所呼吁的或是朗松所经历的,阅读的本质都是一样的;但是这种阅读并不是恩格辛的革命所宣称的“博读”。

总而言之,在我看来并没有那样的一场“革命”发生。不过,读者对于文本的反应方式确实在十八世纪发生了一些变化。多少读者?多少文本?这一类量化的问题是不会有答案的。我们只能断言在旧制度濒临尾声时,社会大众阅读的品质有了变化,范围广而且数量多。虽然这个变化是许多作家促成的,我认为卢梭主义的兴起是主因。卢梭教导他的读者彻底“消化”书本,务使文学融入人生。服膺卢梭主义的读者埋首于印刷品,在印刷天地里恋爱、结婚,接着养育小孩。他们当然不是对书籍反应热烈的第一批读者。卢梭自己的阅读显示他深受加尔文教派传统那种狂热的、个人的宗教情操的影响。他的读者群很可能把宗教阅读的旧风格应用在新的材料上,特别是小说,而宗教读物和小说在以往是无法并存

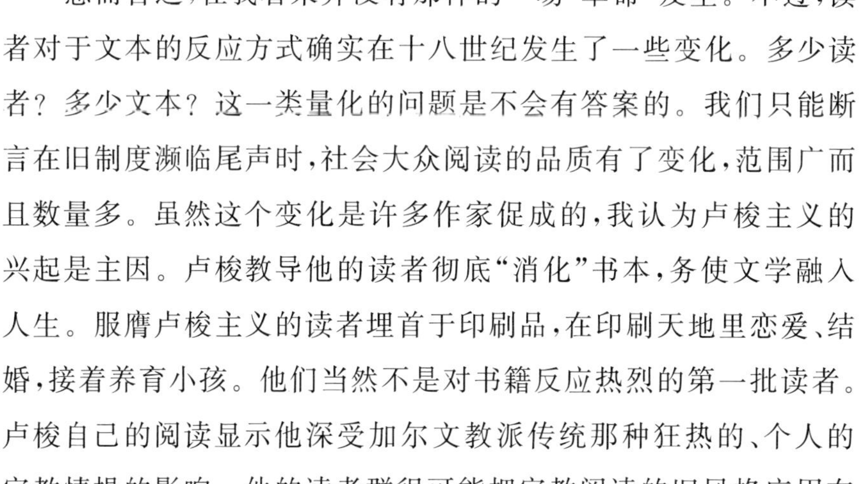

的。这里头也许有当今的读者回应尼采或加缪甚至于通俗心理学所表现的那种灵光。但是,在别个时代寻求与卢梭主义式相类似的阅读,这无异于模糊其特殊之处并且淡化其意义所在。朗松和他的当代人属于一个特异的读者类别,那个类别在十八世纪崛起,然后在包法利夫人(Madame Bovary)的时代开始没落。法国未经大革命洗礼而服膺卢梭主义的读者,怀着澎湃的热情一头栽进文本,那种情景我们难以想象,陌生之感不下于北欧海盗疯狂掠夺战利品……或巴厘岛人恐惧厉鬼。

252 如果非要把那种阅读摆进一个概括的模式不可,我会把它安置在十七世纪末阅读以求取宠(*plaire*)和十九世纪末阅读以求于消遣(*distraire*)之间。不过这样的说法还是简化过了头。在那个轮廓之内,为了上天堂、为了了解自然之道、为了修身养性,乃至于为了修理收音机而阅读的人,都没有容身之处。阅读的形态不计其数,绝不是循着单一干道发展。但是,阅读的卢梭主义变体应该视为一个显著的历史现象,而且不应该跟目前的阅读混为一谈,因为旧制度的读者住在一个当今几乎想也想不到的心灵世界。

几乎想不到却非想不可,而且还得要以人们理解世界的方式去捕捉差异所在,此一需求把我们带回朗松。我必须在这最后的关头承认,我发觉他确实是个范例,不是因为他吻合任何一个统计学上的模式,而是因为他恰恰就是卢梭的书写所致意的“异己”。他既是文本所预想的理想读者,又是购买那些书籍的实际读者,是二合一的化身。他把那两个角色结为一体的方式展现了卢梭式修辞的效应。把个人对这个世界的愿景烙印在朗松的日常生活中,卢梭让我们看到他何以能够四处感动人生。至于朗松,他遵照卢梭的指示吸收文本,印证了读者与印刷文字之间的新关系。作家与读者共同了解到沟通的模式发生变化,那种沟通超越文学的领域,并且在革命的信徒与浪漫主义的信徒身上留下印记,垂数世代之久。

附录:朗松的购书单(1775—1785)

下面的书单包含1775—1785年间,朗松向纳沙泰尔印刷公司订购的全部书籍。由于朗松只列出标题的简称,这张清单的每一个标题,连同其他的书目资料(包括超过单册的作品版式),乃是根据来源不一的十八世纪书目资料补全的。不可能精确知道朗松接到的书是哪个版本,因此列出的出版年只是尽可能接近朗松订购时间的对应版本。为了查明可以买得到的版本,我主要仰赖纳沙 253
泰尔印刷公司定期寄到拉罗谢尔的目录。该公司经营印刷业务之余,也从事大规模书籍批发——单单是1785年的目录就包含八百个标题——库存没有的还可以向瑞士其他出版商调货。因此任何流通中的书籍,朗松都可以从他在纳沙泰尔的供应书商那里买得到。可是,别忘了他另有其他购书的渠道,特别是当地的书商帕维。因此,这张书单显然是偏重于瑞士出版商,只能对于朗松正在阅读的书籍提供一个大体的指引,而不该视为他的藏书目录。

标题的原始拼字仍保留原样,标题页所列明的出版地亦同。其中有三本书,我无法确认对象。

一、宗教(十二种)

经文,信仰的作品

《圣经注疏》(*La Sainte Bible, qui contient le vieux & le nouveau Testament, revue & corrigée sur le texte hébreu & grec, par les pasteurs & professeurs de l'église de Genève, avec les arguments & les réflexions sur les chapitres de l'Ecriture-sainte, & des notes, par J. F. Ostervald*. Neuchâtel, 1779),对开本共2册。

《大卫诗篇》(*Les psaumes de David, mis en vers françois, avec les cantiques pour les principales solemnités*, Vévey, 1778)。

《奥斯特沃教理读本摘要》(*Abrégé de l'histoire-sainte & du catéchisme d'Ostervald*. Neuchätel, 1784)。

《祈祷文汇编注释本》(*Recueil de prières, précédé d'un traité de la prière, avec l'explication et la paraphrase de l'Oraison dominicale*. Celle, 1762),J.-E. 罗克著。

《灵粮》(*La nourriture de l'ame, on recueil de prières pour tous les jours de la semaine, pour les principales fêtes de l'année & sur différens sujets intéressans*. Neuchâtel, 1785),奥斯特沃著。

《福音的义理》(*Morale évangélique, ou discours sur le sermon de N. S. J. C. sur la montagne*. Neuchâtel, 1776),八开本共7册,J.-E. 贝特朗著。

讲道文

《福音年》(*Année évangélique, ou sermons pour tous les dimanches & fêtes de l'année*. Lausanne, 1780),八开本共 7 册,J.-E. 迪朗著。

《讲道文集:自然宗教的义理》(*Sermons sur les dogmes fondamentaux de la religion naturelle*. Neuchâtel, 1783),H.-D. 沙耶著。

《讲道文集:比较圣经的不同文本》(*Sermons sur différens textes de l'Ecriture-sainte*. Neuchâtel, 1779),八开本共 2 册,J.-E. 贝特朗著。

《佩德罗讲道文集》(*Sermons de Jean Perdriau*),出版资料不详。

《圣经疏义讲道文集》(*Sermons sur divers textes de l'Ecriture-* 254
sainte. Genève, 1780),八开本共 2 册, J. E. 罗米伊著。

二、历史,旅游,地理(四种)

《欧洲人在南亚与东南亚殖民史》(*Histoire philosophique et politique des éstablissemens et du commerce des Européens dans les deux Indes*. Genève, 1780),四开本共 4 册,雷纳尔著。

《西西里与马耳他游记》(*Voyage en Sicile et à Malte, traduit de l'anglois de M. Brydone, par M. Démeunier*. Londres, 1776),八开本共 2 册,帕特里克 · 布莱登著。

《瑞士游记》(*Voyage historique & littéraire dans la Suisse occidentale*. Neuchâtel, 1781),八开本共 2 册,J.-R. 辛

纳著。

《纳沙泰尔山系速写》(*Description des montagnes & des vallées qui font partie de la principauté de Neuchâtel & Valengin*. Neuchâtel,1766),奥斯特沃著。

《世界史地基本教材》(*Abrégé élémentaire de l'histoire universelle et Cours de géographie élémentaire*):见下列儿童读物。

三、纯文学(十四种)

作品

《莫里哀作品集》(*Oeuvres de Molière*. Rouen,1779),十二开本共 8 册。

《拉阿尔普作品集》(*Oeuvres de M. La Harpe*. Paris,1778),八开本共 6 册。

《克雷比永作品集》(*Oeuvres de Crébillon père*. Paris,1774),十二开本共 3 册。

《皮龙作品全集》(*Oeuvres complètes d'Alexis Piron*. Neuchâtel,1777),八开本共 7 册。

《卢梭作品集》(*Oeuvres de J.-J. Rousseau*. Neuchâtel,1775),八开本共 11 册。

《卢梭作品集》(*Oeuvres de J.-J. Rousseau*. Genève,1782),十二开本共 31 册。

《卢梭遗作》(*Oeuvres posthumes de J.-J. Rousseau, ou recueil de pièces manuscrites pour servir de supplément aux éditions publiées pendant sa vie*. Neuchâtel et Genève,

1782—1783)，八开本共 12 册。

小说

《威尔传》(*Histoire de François Wills ou le triomphe de la bienfaisance*. Neuchâtel, 1774)，S. J. 普拉特著。

《堕落的农民》(*Le Paysan perverti, ou les dangers de la ville, histoire récente mise au jour d'après les véritables lettres des personnages*. La Haye, 1776)，十二开本共 4 册，雷蒂夫著。

《阿黛乐与泰奥多尔》(*Adèle et Théodore ou lettres sur l'éducation, contenant tous les principes relatifs aux trois différens plans d'éducation de princes, des jeunes personnes, & des hommes*. Paris, 1782)，让莉丝伯爵夫人著。

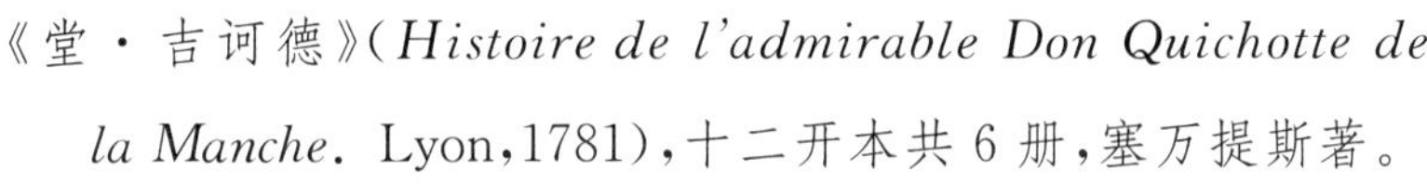

《堂·吉诃德》(*Histoire de l'admirable Don Quichotte de la Manche*. Lyon, 1781)，十二开本共 6 册，塞万提斯著。

其他

《社会剧场》(*Thèâtre de sociètè*. Neuchâtel, 1781)，八开本共 2 册，让莉丝夫人著。

《2440 年》(*L'an deux mille quatre cent quarante, rêve s'il en fut jamais*. Londres, 1775)，梅思耶著。

《我的睡帽》(*Mon bonnet de nuit*. Neuchâtel, 1784)，八开本共 2 册，梅思耶著。

四、医学(两种) 255

《牙齿保健》(*Soins faciles pour la propreté de la bouche &*

pour la conservation des dents, *par M. Bourdet*, *dentiste*, *suivi de l'art de soigner les pieds*. Lausanne, 1782),贝尔纳·布尔代著。

《虚怀若谷降怒火》(*Avis*, *contenant la manière de préparer une remède contre la rage*, *publié à Berlin par ordre du Roi de Prusse*),出版资料不详。

五、儿童读物,教育学(十八种)

娱乐

《教育剧场》(*Théâtre d'éducation*, *à l'usage des jeunes personnes*. Paris, 1785),让莉丝夫人著。

《新编道德故事集》(*Nouveaux Contes moraux*. Lyon, 1776),十二开本共2册,勒普兰丝夫人著。

《孩子的朋友》(*L'Ami des enfants*. Lausanne, 1783),十二开本共5册,阿尔诺·贝尔坎著。

《拉封丹寓言集》(*Fables de La Fontaine*. Paris, 1779),拉封丹著。

《幼儿励志故事》(*Les Hochets moraux*, *ou contes pour la première enfance*. Paris, 1784),十二开本共2册,蒙热著。

《儿童读诗乐》(*Les Jeux d'enfants*, *poème tiré du hollandois*. Neuchâtel, 1781), A.-A.-J. 弗特里著。

《儿童读本:寓德于乐短篇故事精选》(*Lectures pour les enfants*, *ou choix de petits contes également propres à les amuser & à leur faire aimer la vertu*. Genève,

1780)，编者不详。

《儿童杂志：少女艾美莉和她母亲的对话》(*Magasin des enfants, par Mad. le Prince de Beaumont, suivi des conversations entre la jeune Emilie & sa mère*. Neuchâtel, 1780)，十二开本共2册，勒普兰丝夫人著。

《艾美莉开讲：寓教于乐母女情》(*Conversations d'Emilie, ou entretiens instructifs & amusans d'une mère avec sa fille*. Lausanne, 1784)，十二开本共2册，埃皮奈夫人著。

《适合儿童的励志娱乐、戏剧与故事》(*Entretiens, drames et contes moraux à l'usage des enfans*. La Haye, 1778)，拉菲特夫人著。

教导

《历史故事德行篇：少女读本》(*Annales de la vertu, ou cours d'histoire à l'usage des jeunes personnes*. Paris, 1781)，八开本共2册，让莉丝夫人编。

《地理基础课本》(*Cours de géographie élémentaire, par demandes & réponses*. Neuchâtel, 1783)，奥斯特沃著。

《阅读的原则》(*Les Vrais Principes de la lecture, de l'orthographe et de la prononciation françoise, suivis d'un petit traité de la ponctuation, des premiers élémens de la grammaire et de la prosodie françoise et de différentes pièces de lecture propres à donner des notions simples & faciles sur toutes les parties de *nos connoissances*. Paris,1763),维亚尔著。

《简明世界史:少年读本》(*Abrégé élémentaire de l'histoire universelle destiné à l'usage de la jeunesse*. s. l., 1771),拉克罗兹和 J.-H.-S. 福姆合著。

教学法,道德教育

《父亲留给女儿的遗产》(*Legs d'un père à ses filles*. Lausanne,1775),约翰·格雷戈里著。

256 《儿童物理教育通论》(*Dissertation sur l'éducation physique des enfants*. Paris,1762),J. 巴列克斯著。

《道德教育》(*Education morale, ou réponse à cette question, comment doit-on gouvener l'esprit et le coeur d'un enfant, pour le faire parvenir un jour à l'état d'homme heureux et utile*. 1770),J.-A. 孔帕雷著。

《父亲如何教导孩子美德与幸福的原则》(*Instructions d'un père à ses enfants sur le principe de la vertu & du bonheur*. Genève,1783),亚伯拉罕·特朗布莱著。

六、其他(九种)

《百科全书》(*Encyclopédie, ou dictionnaire raisonné des sciences, des arts & des métiers*. Genève et Neuchâtel, 1778—1779)四开本,文本 36 册,图版 3 册,狄德罗与达朗伯合编。

《以乡野哲学家为师》(*Le socrate rustique, ou description de la conduite économique et morale d'un paysan philosophe*. Lausanne,1777),汉斯·卡斯帕·伊尔茨著。

《跛脚信差》(*Le Messager boiteux*. Berne,1777)。

《1762年以来的法国文人秘闻》(*Mémoires secrets pour servir à l'histoire de la république des lettres en France depuis 1762 jusqu' à nos jours*. Londres,1777—1783),十二开本共21册,据传为巴绍蒙(Louis Petit de Bachaumont)与其他人合著。

《卢梭在世的最后几天》(*Relation ou notice des derniers jours de M. J.-J. Rousseau, circonstances de sa mort et quels sont les ouvrages posthumes qu'on peut attendre de lui*. Londres,1778),普雷勒(A.-G. Lc Bègue de Presles)和J.-H.马热(J.-H. Magellan)合著。

《论政治经济学》(*Discours sur l'économie politique*. Genvèa,1785),卢梭著。

《写信向伏尔泰开火》(*Lettres de feu M. de Haller contre M. de Voltaire*. Berne,1778)阿尔布雷·冯·阿莱(Albrecht von Haller)著。

《巴黎风情画》(*Tableau de Paris*. Neuchâtel,1783),八开本共8册,梅思耶著。

《法国列王写像》(*Portraits des rois de France*. Neuchâtel,1784),八开本共4册,梅思耶著。

257 结　语

经过这趟快速试车穿越十八世纪文化，我们是否能够得出关于心态史的什么结论？这个类别仍然身份未明，虽然法国人在研究的方法上已试着提出种种绪论与论述。他们的规划陈述当中，最富启迪之功的当推皮埃尔·肖尼（Pierre Chaunu）写的一篇论文“统计史的新领域：第三层面的定量”（“Un Nouveau Champ pour l'histoire sérielle：Le Quantitatif au troisième niveau”）。肖尼清晰梳理近来法国的历史编纂学（historiography）几乎随处可见的一整套假定，一方面使得马克思主义学派和修正主义学派结合在一起，二方面使得一流的博士论文在结构上定于一尊，三方面标志了《年鉴：经济、社会、文明》（*Annales：Économies，sociétés，civilisation*）此一在法国最有影响力的期刊的名称。质言之，法国的历史编纂学有三大假定：一、过去可以区分为三个层面；二、前面两个层面（一个是经济与人口，另一个是社会结构）不知怎的衍生出第三个层面（文化）；三、第三个层面的现象也可以使用较深的层面所用的同一方式来了解（借由统计分析、结构与场合的作用以及对于长期的变化而非事件的考虑）。通常被大而化之地称作“年鉴学派”的这个历史撰述的传统，大大促进了我们对于过去的了解——贡献
258 之大，我认为超过自从二十世纪开始以来的任何一个史学趋势。

但是它的三大假定使我疑虑重重，第三个假定尤其是我要质疑的对象。[1]

法国人试图以计算来衡量心态——计算安魂弥撒的数量、炼狱的图画、书籍的标题、学术机构的演说、财产清单上的家具、警方记录的罪行、遗嘱里呼告圣母玛利亚的次数，乃至于在教堂里献给守护圣徒的蜡烛的磅数。这些数字可以有迷人之处，经由米歇尔·沃韦勒或达尼埃尔·罗什之辈的大师妙手编列的数字尤其如此。但是，那些数字只不过是历史学家本人制作出来的表征，诠释的结果可能因人而异，而且差异甚大。同样根据为祭奠受苦的亡魂而举行的仪式所制作的曲线图，沃韦勒看到脱离基督教的人数往下降，阿里耶斯（Philippe Ariès）却看到精神生活转为内向且益形强烈的趋势。那些统计曲线，对于持世俗观点的左派（沃韦勒、罗什、罗歇·沙尔捷[Roger Chartier]）来说，通常意味着世界观的资产阶级化，对于倾向宗教的右派（阿里耶斯、肖尼、普隆热龙[Bernard Plongeron]）来说，却显示亲情与慈爱的新类型。两派人士都同意的，似乎只有拉布鲁斯的名言："一切来自曲线。"按肖尼的说法，拉布鲁斯的作品代表现代法国历史编纂学在"方法论述"方面的极致，可是他的作品曲解了文化现象。有别于经济学的物价级数、人口学的动态统计以及[更棘手的]社会史的职业类别，文化客体并不是历史学家制造出来的，而是他所研究的人们制造的。它们自行传递意义。它们需要的是有人加以解读，而不是计算。心态史虽然在十五年前有过一飞冲天的态势，如今在法国似乎是动力难以为继。果真如此的话，原因或许在于过度仰赖文化的数值，同时低估社会交流的象征要素。[2]

法国的公式,连同其中对于马克思主义与结构主义的隐约指涉,从来不曾对法国境内被贴上“盎格鲁-撒克逊”标签的族群投注多少关注。但是,在我们自己的传统中,文化史也有难题。我们的书有多少是以描述研究主题的社会背景开始,又以充实我们对文
259 化的认识结束的?此一趋势贯串美国一代史学名家兰格(Willaim Langer)所主编的《现代欧洲的崛起》(*The Rise of Modern Europe*)这一套丛书,尤其是兰格本人撰写的那一册。视其为一种说明的模式,那对我们有意义,之所以有意义是因为有这样的一个假定:只要我们能够正确掌握社会背景,文化的内容自然而然浮现出来。我们建构我们的工作所采用的方式暗示了文化系统源自社会体系。也许是这样,可是个中道理呢?这个问题无从回避,却难得被搬上台面。我们如果避而不谈,难保不沦为功能主义(functionalism)的天真派。基斯·托马斯(Keith Thomas)以权威的笔调写出《宗教与法术的没落》(*Religion and the Decline of Magic*),开头的一章论十六与十七世纪艰困又无常的生活状况,当时巫术大行其道,结尾的一章论十八世纪已有改善的生活状况,当时巫术销声匿迹。他似乎是在暗示社会状况决定通俗信仰。可是,一旦面对如此醒目而且欲盖弥彰的主张,他退缩了——不失为明智之举,因为那会把他束缚在简单的“刺激-反应”这样的一个心态形成观,而且这一来甚至会使得年表也失去意义。1650—1750年间,英国乡村的生活并没有大幅度的改善。诚然,正如劳伦斯·斯通(Lawrence Stone)研究英国家庭生活所发现的,心态经常在相对稳定的期间发生变化,也经常在动荡不安的时代维持相对的稳定。阿里耶斯发现在法国也有同样的趋势,沃韦勒在他那大部

头的《信仰巴洛克与抛弃基督教》(*Piété baroque et déchristianisation*)的结尾，甚至坦陈没有能力把宗教心态和社会变迁联系起来。[3]

我提到这些历史学家，不是为了要对他们放冷枪，而是因为他们在专业领域望重一方；可是，每当他们试着结合社会史与文化史，总是一头撞上性质相同的难题。改弦更张，结合人类学或许有望为文化史引上新出路。这个提议说来并不新奇。基斯·托马斯老早就提过了；在他之前，埃旺-普里沙尔(E. E. Evans-Pritchard)曾经驱策人类学家转向历史。有若干历史学家的人类学著作以及人类学家的史学著作已经说明了，这两个学科注定要合流。[4]

可是，怎么合流？彻底的“人类学的史学”仍然路况不明，而且 260
我怀疑历史学家从毗邻的学科零星拾掇，甚至借来一整套的方法论，就能找出一条通路。人类学家没有一体通用的方法，没有无所不包的理论。即使仅仅是询问文化的定义，他们很可能就要爆发氏族大战。但是，虽然各有各的见解，他们却有共同的方向。纵使在不同的部落走不同的道路，他们一贯试着从当地人的观点看事情，试着了解当地人寄意所在，也试着寻求意义的社会方向。他们的工作乃是基于这样的假定：象征是共享的，就像我们呼吸的空气，或是，借用他们偏爱的隐喻，就像我们说的语言。

冒着为我的当地语料供应人强作解人的危险，我认为这么说是公允的：人类学家对语言的执着含有对于表意与风格以及语汇与句法的关注，而且这一层关注同时适用于社会与个人。我们每一个人都是用自己的方式说话，可是我们共享同样的文法——通常我们甚至没有意识到这一点。每一个人都察觉得出文法上的失误或用语方面的偏差,连文盲也不例外——除非所谓的"错误"属于通俗的方言,因为有些事情是通常认为的错误,有些则是不能说出口。我们可以从一种语言转到另一种语言,可是在这么做的时候,我们也接受新的限制,并且犯新的错误。我们也采取不一样的语调,享受语感的我有所不知(the *je ne sais quoi* of *Sprachgefühl*)。这一类措辞是译笔的禁区,这意味着在多种文化中流连于语调和风格的习癖并不过分——我指的是在比较诸如"bloody-minded"("血腥的心意",蓄意刁难)和 *grogneur*("喃喃抱怨",脾气乖张)这样的措辞时所意识到的那种感觉,或是跨语言借用如 *le fair-play anglais*(英式公平的竞争)和"French finesse"(法式妙招),或是跨文化侮辱如"French leave"("法式离别")* 和 *capote anglaise*("英国妇女的斗篷",保险套;英文的同义词是"French letter")。人类学家不无可能过度讲究文化即语言(culture-as-language)的概念,但是我们不能否认那样的概念使历史学家如虎添翼。文化如果是因因相袭成自然,那就是无法走回头路。因此,文化如果有足够的文本流传下来,我们就能够从档案堆中挖掘出来。我们再也犯不着牵强附会探究文献如何"反映"其社会环境,因为那些文献全都嵌在既是社会的,同时也是文化的象征世界中。

261 可是,我们怎么可能重组两个世纪以前解体了的象征世界?此一工作正是本书寄意所在。成果如何,读者只能自行判断。不

---

* 指不告而别,特指在部队开小差。法文表达同样的意思则说 *filer à l'anglaise*(以英国妇女的方式跑开)。——译者

过，因为我口无遮拦批评过别人，我应该招认自己在方法论上的一些缺失。我尤其担心的有两件事：我无法解决证据和代表性这两方面的难题。本书开头的部分，特别是第一章，证据（evidence）（比起“proof”，我比较喜欢“evidence”这字眼）的配置不精确，令人沮丧。民间故事可以是名正言顺的一门科学，可是应用于当下效果最佳，因为我们可以耳闻、记录、拍摄并亲访说故事的人。至于过去说故事的情景，我们顶多只能得出一个梗概。我们甚至不知道故事到底是什么时候、在什么地方说的，文本到底如何。证据如此模糊，竟至于有人索性放弃这一番志业。但是我认为，和致力于未尽妥善的诠释比起来，排斥民间故事之为用是更大的错。笔录差不多就是旧制度的口述传统所遗留的全部，虽然不完美，却是我们想要接触过去农民的心智世界时所能自行运用的最丰富的资源。甘冒激起兰克式（Rankean）反弹的风险，我甚至要辩称这种文化史不应该拿国际关系史或政治史所要求的同样证据标准来衡量。世界观不可能用“证明”（“proof”）交代清楚。世界观必定是轮廓模糊，如果把它当成国会记录的扉页加以捕捉，准失手无疑。

在避免误用实证主义之危险的同时，我们不该陷入相反的错误，以为在人类学的历史这个领域无事不可行。我们有可能误解文化，就像我们有可能说错话。世界观并非毫无证据，所以我们应该有能力走出一条通往证据之路，不是凭直觉凌空跳进虚无缥缈的意见风，而是钻研文献资料。试以历史的民间故事来说，我们可以研究某一传统里头某个故事的所有版本，然后有系统地比较其他传统的故事。我们或许无法超越文化风格的一般考量——而且我担心我的概括性论述可能显得过度的印象主义，但是我们应该接触其他文化的异己性质。

262 我自己关于接触之道的建议是,探索文本中的幽暗处。正如我在阐述圣塞佛伦街的屠猫狂欢所尝试说明的,探索途中最让人寄予厚望的时刻可能最令人感到困惑。碰上在我们看来似乎是不可思议的什么事的时候,我们或许就是撞上了进入陌生心灵的有效切入点。一旦穿透当地人的观点,我们应该能够在他的象征世界里遨游。捕捉到像一场杀猫仪式中某些不怎么有趣的笑点即是迈向"捕捉"文化的第一步。

然而,那一个过程引出了第二个难题:选取这类材料难道不嫌武断,又据以推出概括的结论难道没有流弊?我如何能够知道我敲响的是回荡整个文化的感性和弦,而不是个人偏爱的特殊旋律——比如一个生性特别残忍的印刷工或聒噪不休的蒙彼利埃人的胡言乱语?我必须承认,这一类的异议令我不安。我的第一个念头是以否认先发制人,堵住悠悠之口:我没有扬言要展现典型的农民、技工、资产阶级、官僚、哲人或浪漫作家。六个篇章意在互相联系,而不是像有系统的专论那样环环相扣的章节。我是把它们当作随笔来写的——探测观念并试验文化诠释的不同方向。我尝试用非正式的方式写作,也试着揭露我在理论方面的假定,即使这么做不无可能招来师心自用的批评,也得冒着滥用我一向避免的单数第一人称观点的风险。

说了那么多,我坦承我看不出区别惯用语和独特性的方式。我只能证明来回穿梭于文本与文义格局之间的重要性。这或许谈不上是什么方法论,却有便利之处。它不至于抹煞历史中独树一帜的要素,却能兼顾经验的共同基础。反其道而行,也就是先奠定惯用语法，然后解释个别的措辞，看来是行不通的。我们不曾见识过纯粹的惯用语。我们诠释文本。可是其他文化通用的文法必定嵌在他们遗留下来的文献档案中，我们一定有能力使之重见天日。也许别人会在我失败的地方考掘有成。

但是，我怀疑我们当中有谁能够获致最后的答案。问题不断 263
在改变，而且历史不曾停过脚步。“底线”或一言而决不是我们分内的事；但是，如果真有那么一回事，那将会是属于马克·布洛赫(Marc Bloch)，他知道历史学家不计险阻深入过去的地带时，他们冀望接触已消逝的人类。不论他们有什么专业锦囊，他们必须循迹追踪，并且仰赖他们的嗅觉：“好的历史学家就像传说中的食人魔。在什么地方闻到人体的气味，他就知道在那个地方他会找到他的猎物。”[5]

265

注　释

第一章

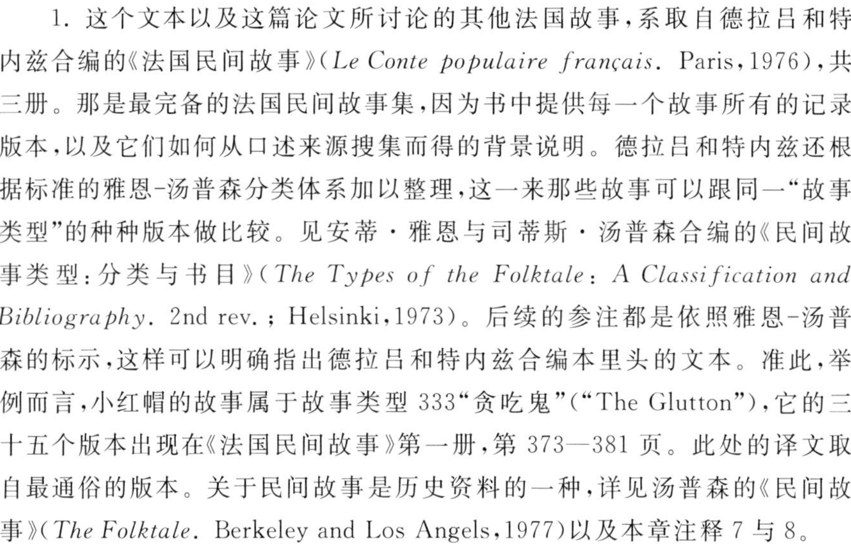

1. 这个文本以及这篇论文所讨论的其他法国故事，系取自德拉吕和特内兹合编的《法国民间故事》（*Le Conte populaire français*. Paris，1976），共三册。那是最完备的法国民间故事集，因为书中提供每一个故事所有的记录版本，以及它们如何从口述来源搜集而得的背景说明。德拉吕和特内兹还根据标准的雅恩-汤普森分类体系加以整理，这一来那些故事可以跟同一“故事类型”的种种版本做比较。见安蒂·雅恩与司蒂斯·汤普森合编的《民间故事类型：分类与书目》（*The Types of the Folktale: A Classification and Bibliography*. 2nd rev.；Helsinki，1973）。后续的参注都是依照雅恩-汤普森的标示，这样可以明确指出德拉吕和特内兹合编本里头的文本。准此，举例而言，小红帽的故事属于故事类型 333“贪吃鬼”（“The Glutton”），它的三十五个版本出现在《法国民间故事》第一册，第 373—381 页。此处的译文取自最通俗的版本。关于民间故事是历史资料的一种，详见汤普森的《民间故事》（*The Folktale*. Berkeley and Los Angels，1977）以及本章注释 7 与 8。

2. Erich Fromm, *The Forgotten Language: An Introduction to the Understanding of Dreams, Fairy Tales and Myths* (New York，1951) pp. 235—241. 引文见第 240 页。

3. 讨论“小红帽”的来源与承传，见 Johannes Bolte 和 George Polivka，*Anmerkungen zu den Kinder -und Hausmärchen der Brüder Grimm*，5 vols (Leipzig，1913—1932)，I，234—237 and IV，432—434；比较近期的著作，见 Wilhelm Schoof，*Zur Entstehungsgeschichte der Grimmschen Märchen* (Hamburg，1959)，pp. 59—61 and 74—77。我对于这些证据的看法和下列

两篇论著的诠释不谋而合：H. V. Velten，“The influence of Charles Perrault's *Contes de ma mère l'Oie*，” *The Germanic Review* V (1930)，4—18；Paul Delarue，“Les Contes merveilleux de Perrault et la tradition pupolaire，” *Bulletin folklorique d'Ile-de-France*，new series，(July-Oct.，1951)，221—228 and 251—260。格林兄弟也出版了童话故事的第二版，其中最后一篇是类似
英文读者所熟悉的“三只小猪”(“The Three Little Pigs”，故事类型 124)那样 266
的故事。他们从多罗泰雅·韦特(Dorothea Wild)听来那个故事，而她后来嫁给了弟弟威廉·格林(Wilhelm Grimm)。她又是辗转从她家里的仆人“老玛丽”(“die alte Marie”)处听来的，这女仆后来被确认为玛丽·穆勒(Marie Müller)，她是在美国革命战争中被杀死的一个铁匠的遗孀，见 Schoof，*Zur Entstehungsgeschichte*，pp. 59—61。虽然格林兄弟卖力要精确抄录他们听来的故事，他们却在修订新版时大幅度改写了文本。他们对于“小红帽”的改写，见 Bolte and Polívka，*Anmerkungen*，IV，455。

4. Bruno Bettelheim，*The Uses of Enchantment*：*The Meaning and Importance of Fairy Tales* (New York，1977)，pp. 166—183.

5. 贝特尔海姆(Bruno Bettelheim)对于民间故事的诠释，可以归纳成四个主张，无一站得住脚：故事通常是以儿童为对象(ibid.，p. 15)；故事必定有快乐的结局(ibid.，p. 37)；故事没有时间(ibid.，p. 97)；就现代美国人所熟悉的版本而论，故事可适用于任何一个社会(ibid.，p. 5)。我批评心理分析家对于民间故事的解读，并非暗示故事里头没有潜意识或非理性的成分。我的意思是，我无法苟同的是在运用弗洛伊德式观念时，无视于时代背景又大而化之的做法。其他的实例，如“青蛙王子”(“The Frog King”)是阳物幻想(phallic fantasy)，“阿拉丁神灯”(“Aladdin”)是手淫幻想，“杰克与豌豆”(“Jack and the Beanstalk”)是恋母(oedipal)幻想(虽然难以厘清被阉割的到底是父亲还是儿子)，还有其他无法一一列举的故事，见 Ernest Jones，“Psychoanalysis and Folklore”与 William H. Desmonde，“Jake and the Beanstalk” in *The Study of Folklore*，ed. Alan Dundes (Englewood Cliffs，1965)，pp. 88—102 and 107—109 与 Sigmund Freud and D. E. Oppenheim，*Dreams in Folklore* (New York，1958)。

6. 结合对于语言学、叙事模式与文化背景的敏感度的论著之例，见

Melville Herskovits and Frances Herskovits, *Dahomean Narrative: a Cross-cultural Analysis* (Evanston, Ill., 1958); Linda Dégh, *Folktales and Society: Story-telling in a Hungarian Peasant Community* (Bloomington, Ind., 1969); *The Social Use of Metaphor: Essays on the Anthropology of Rhetoric*, ed. J. David Sapir and J. Christopher Crocker (Philadelphia, 1977); 以及 Keith H. Basso, *Portraits of "the Whiteman": Linguistic Play and Cultural Symbols among the Western Apache* (New York, 1979)。探讨已消逝的口述传统中的叙事,有一篇示范级的论文,见 Dell H. Hymes, "The 'Wife' Who 'Goes Out' Like a Man: Reinterpretation of a Clackamas Chinook Myth," 录于 *Structural Analysis of Oral Tradition*, ed. Pierre Maranda and Elli Köngäs Maranda (Philadelphia, 1971)。

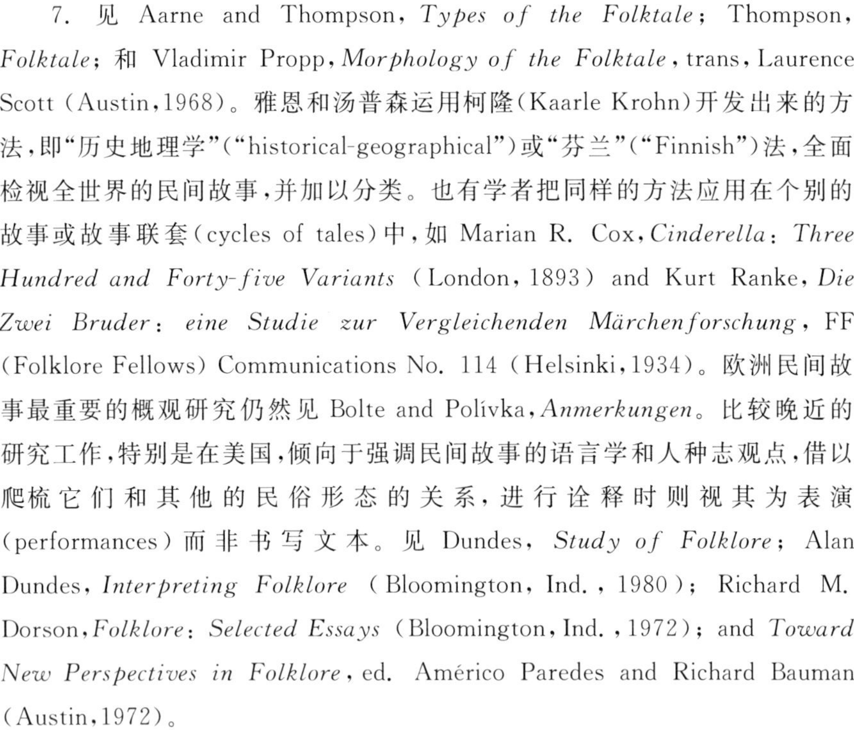

7. 见 Aarne and Thompson, *Types of the Folktale*; Thompson, *Folktale*; 和 Vladimir Propp, *Morphology of the Folktale*, trans, Laurence Scott (Austin, 1968)。雅恩和汤普森运用柯隆(Kaarle Krohn)开发出来的方法,即"历史地理学"("historical-geographical")或"芬兰"("Finnish")法,全面检视全世界的民间故事,并加以分类。也有学者把同样的方法应用在个别的故事或故事联套(cycles of tales)中,如 Marian R. Cox, *Cinderella: Three Hundred and Forty-five Variants* (London, 1893) and Kurt Ranke, *Die Zwei Bruder: eine Studie zur Vergleichenden Märchenforschung*, FF (Folklore Fellows) Communications No. 114 (Helsinki, 1934)。欧洲民间故事最重要的概观研究仍然见 Bolte and Polívka, *Anmerkungen*。比较晚近的研究工作,特别是在美国,倾向于强调民间故事的语言学和人种志观点,借以爬梳它们和其他的民俗形态的关系,进行诠释时则视其为表演(performances)而非书写文本。见 Dundes, *Study of Folklore*; Alan Dundes, *Interpreting Folklore* (Bloomington, Ind., 1980); Richard M. Dorson, *Folklore: Selected Essays* (Bloomington, Ind., 1972); and *Toward New Perspectives in Folklore*, ed. Américo Paredes and Richard Bauman (Austin, 1972)。

8. 资料来源见德拉鲁为《法国民间故事》所撰序论,第一册,第7—99页。这一篇序论是法国民俗研究概观最足称道的介绍文章,而且还包括完整的书

目。除了德拉鲁和特内兹的合编本,法国民间故事最重要的辑本是 Emmanuel Cosquin, *Contes populaires de Lorraine* (Paris, 1886), 2 vols.; Paul Sébillot, *Contes populaires de la Haute Bretagne* (Paris, 1880—1882), 3 vols.;和 J. E. Bladé, *Contes populaires de la Gascogne* (Paris, 1886), 267
3 vols. 故事的文本与研究也已出现在法国的民俗期刊上,特别是 *Arts et traditions populaires*, *Mélusine*, 和 *Bulletin folklorique d'Ile-de-France*。这些资料来源我都利用到了,不过我主要还是仰赖德拉鲁和特内兹的《法国民间故事》。

9. Delarue, "Les contes merveilleux de Perrault."

10. 在说英语的人类学家当中,威廉·托马斯(William Thomas)于1846年创用"folklore"这个术语,比爱德华·泰勒(Edward Tylor)引介"culture"这个意义类似的术语早了二十年。见 Thomas, "Folklore"和 William R. Bascom, "Folklore and Anthropology" in Dundes, *Study of Folklore*, pp. 4—6 and 25—33。*

11. Noël du Fail, *Propos rustiques de Maistre Leon Ladulfi Champenois*, chap. 5 in *Conteurs français du XVIe siècle*, ed. Pierre Jourda (Paris, 1956), pp. 620—621.

12. 法国的民俗学可以按列维-施特劳斯和弗拉迪米·普洛普各自使用的方法区别出结构主义或形式主义两种分析学派。我试过用这两种方法分析若干故事,觉得不妥,因此改采用比较自由的结构研究,也就是本篇论文最后一部分所用的方法。把结构主义分析应用于记录下来之后只能通过书写文本而为人所知的故事之例,见 Hymes, "The 'Wife' Who 'Goes Out' Like a Man"。

13. Albert B. Lord, *The Singer of Tales* (Cambridge, Mass., 1960).

14. Propp, *Morphology of the Folktale*.

15. 洛维的意见系引自 Richard Dorson, "The Debate over the Trustworthiness

---

* "folklore"可以有狭义的民间传说(以包含神话在内的民间故事[folktale]为主)、广义的民俗(另外包括谜语、童谣以及残存的古代信仰、习俗、传统)以及民俗学三重意义,因此译文随文义不同而有不同的译法。——译者

of Oral Traditional History" in Dorson, *Folklore: Selected Essays*, p. 202。

16. 关于口述叙事中史实性与连续性的其他论题，见 Dorson, "The Debate over the Trustworthiness of Oral Traditional History"; Robert Lowie, "Some Cases of Repeated Reproduction" in Dundes, *Study of Folklore*, pp. 259—264; Jan Vansina, *Oral Tradition: A Study in Historical Methodology* (Chicago, 1965); Herbert T. Hoover, "Oral History in the United States," in *The Past Before Us: Contemporary Historical Writing in the United States*, ed. Michael Kammen (Ithaca and London, 1980), pp. 391—407。

17. Frank Hamilton Cushing, *Zuni Folk Tales* (New York and London, 1901), pp. 411—422. 虽然库欣是精通祖尼语并记录祖尼故事的第一批研究人员之一，但读他的翻译，对于译笔的精确度却得要有所保留，因为其中掺杂了维多利亚时代的宗教信念。见 Dennis Tedlock, "On the Translation of Style in Oral Narrative," in *Toward New Perspectives in Folklore*, ed. Américo Paredes and Richard Bauman, pp. 115—118。

18. Jack Goody, *The Domestication of the Savage Mind* (Cambridge, 1977). 又见古迪出版的研究成果《传统社会的遗产》(*Literacy in Traditional Societies*. Cambridge, 1968)。虽然宣称不是要标举"大分割"("great divide")的历史观，古迪却把所有已经学会书写的社会和还没学会书写的社会区分开来。大多数民俗学家和人类学家反对这样的非此即彼、之前与之后的二分法，并且将高度的稳定性归因于口述传统，即使在识字率普及之后也一样。例如，见 Thompson, *The Folktale*, p. 437; Francis Lee Utley, "Folk Literature: An Operation Definition," in Dundes, *Study of Folklore*, p. 15; and Alan Dundes, "The Transmission of Folklore," ibid., p. 217。

19. Raymond D. Jameson, *Three Lectures on Chinese Folklore* (Peking, 1932).

20. "老兽"(*vieille bête*)之称出现在佩罗的版本里，这个版本把农民版中的对话改写得相当世故。见德拉鲁与特内兹的《法国民间故事》第一册第306—324页。

21. "莽约翰"("Jean de l'Ours")，故事类型 301B。

22. 见“帕尔奇遇记”(“Le Conte de Parle”),故事类型 328;以及“美女厄拉莉”(“La Belle Eulalie”),故事类型 313。

23. “皮山皮秀”(“Pitchin-Pitchot”),故事类型 327C。

24. 视旧制度为文艺复兴与大革命之间存在于法国的社会秩序的其他概论著作,见 Pierre Goubert, *L'Ancien Régime* (Paris, 1969 and 1973), 2 vols. and Roland Mousnier, *Les Institutions de la France sous la monarchie absolue, 1598—1789* (Paris, 1974)。这几本著作包含有充分的书目,足以为这一段期间关于法国社会史的大量文献提供指引。

25. Le Roy Ladurie, “L'Histoire immobile,” *Annales: Economies, sociétés, civilisations*, XXIX (1974), 673—692. 又见费尔南·布罗代尔在《地 268
中海和菲利普二世时代的地中海世界》(*La Méditerranée et le monde méditerranéen à l'époque de Philipp* Ⅱ)一书的序文对于“几乎静止的历史”(“une histoire quasi immobile”)的说法,重刊于布罗代尔的《论历史》(*Ecrits sur l'histoire*, Paris, 1969)第 11 页。现代法国之初呈“静止”状态,这个观念在相当的程度上得自于二十世纪四十与五十年代让·默夫雷(Jean Meuvret),对于马尔萨斯的社会史观所作的阐述。特别值得参考的是他写的一篇影响深远的论文“Les Crises de subsistances et la démographie dela France d 'Ancien Régime,” 发表于 *Population*, II (1947), pp. 643—647。历史人口学家已经开始放弃这样的观念了。例如,见 Jacques Dupâquier, “Revolution française et revolution démographique” in *Vom Ancien Régime zur Französischen Revolution: Forschungen and Perspektiven*, ed. Ernst Hinrichs, Eberhard Schmitt, and Rudolf Vierhaus (Göttingen, 1978), pp. 230—260。

26. 讨论农民与城乡赤贫的大量文献之例,见 Pierre Goubert, *Beauvais et le Beauvaisis de 1600 à 1730*: Contribution à l'histoire sociale de la France du XVIIe siècle (Paris, 1960)和 Olwen H. Hufton, *The Poor of Eighteenth-Century France*, 1750—1789 (Oxford, 1974)。

27. 综览人口史的论著,见 Dupâquier,“Révolution française et révolution démographique”; Pierre Guillaume and Jean-Pierre Poussou, *Démographie historique* (Paris 1970); 和 Pierre Goubert,“Le Poids du monde rural” in

Histoire économique et sociale de la France, ed. Ernest Labrousse and Fernand Braudel (Paris,1970),pp. 3—158。

28. 德拉鲁、特内兹合编《法国民间故事》第二册,第 143 页。

29. 同上书,第二册,第 145 页。

30. 同上书,第一册,第 279 页。

31. 同上书,第一册,第 289 页。

32. 同上书,第一册,第 353、357、358 和 360 页。

33. 同上书,第二册,第 398 页。

34. 同上书,第二册,第 394 页。

35. 同上书,第二册,第 269 页。

36. 同上书,第一册,第 275 页。

37. 同上书,第二册,第 480、53、182 页和第一册,第 270 页。

38. 这两个框架当然无法含括所有的农民故事。不过法国农民的故事可以根据其他的二元性质加以组织,包括城市-乡村、南方-北方、陆地-海洋、现在-过去。乡村与马路的对立似乎特别适合旧制度之下农民所说的故事。

39. 德拉鲁、特内兹合编《法国民间故事》第二册,第 216 页。

40. "Jean de Bordeaux," 故事类型 506A; "L'Amour des trois oranges," 故事类型 408; "Coubasset," 故事类型 425A.

41. 德拉鲁、特内兹合编《法国民间故事》第二册,第 569 页。

42. "三个巧儿子"("Les Trois Fils adroits",故事类型 654;参见格林编码 124"三兄弟")的开头是这样的:"一个穷人有三个儿子。他们都长大了,他告诉他们,说他没有工作给他们做,所以他们得要离家,去学个手艺养活自己。"(ibid. ,II,562)

43. 见"Maille-chêne",故事类型 650; "Le Vieux Militaire",故事类型 475; "Le Rusé voleur",故事类型 653;以及"La Mort dans une bouteille",故事类型 331。

44. 引文出自德拉鲁、特内兹合编《法国民间故事》第二册,第 415 页。

45. 这正是少数试图兜拢民间传说与社会史的议论语焉未详之处。例如,见 Lutz Röhrich,*Märchen und Wirklichkeit*: *Eine Volkskundiche Untersuchung*

(Wiesbaden,1956); Charles Phythian-Adams,*Local History and Folklore*: *A New Framework* (London,1957); Eugen Weber,"The Reality of Folktales," *Jorunal of the History of Ideas*,XLII (1981),98—113; and Peter Taylor and Hermann Rebel,"Hessian Peasant Women,Their Families,and the Draft: A Social-Historical Interpretation of Four Tales from the Grimm Collection," *Journal of Family History*,VI (1981),pp. 347—378。

46. 欧皮夫妇(Iona Opie and Peter Opie)在《牛津童谣辞典》(*The Oxford Dictionary of Nursery Rhymes*. London,1975)中探究了英国童谣的起源与史实性。该书全面检视英国的童谣文本,是权威之作,也提供了下文讨论的基础。

47. 英国图书馆收藏的《小拇指精选歌本》是孤本,少了第一册。续编的 269
《小拇指的小故事选粹》(*The Famous Tommy Thumb's Little Story Book*),卷首就是小拇指的故事,最后的部分则是童谣选。其他选辑通常没有指名小拇指,有的只是间接提到,如"I had a little husband"和"Dance, thumbkin, dance"。鹅妈妈的名字则借由《鹅妈妈摇篮曲》(*Mother Goose's Melody*, *or Sonnets for the Craddle*)而和歌谣分不开,该书是在1760年代首度出版,随后多次重印。见欧皮夫妇,《牛津童谣辞典》,第32—35页。

48. Katharine M. Briggs, *A Dictionary of British Folk-Tales in the English Language*,4 vols. (London,1970—1971),I,531. 这个版本可以和德拉鲁-特内兹的法国民间故事辑本相提并论,是下文讨论主要的资料来源。此外,我也相当仰赖博尔特(Bolte)和波利夫卡(Polívka)的 *Anmerkungen*。

49. Briggs,*Dictionary of British Folk-Tales*,I,331.

50. 引文出自德拉鲁和特内兹合编的《法国民间故事》第一册第330—334页,使用这个版本为的是说明使得法国故事别具一格的那种对话。不用说也知道,我们无从精确得知十八世纪说故事的人到底使用什么字眼。

51. 这个故事的英国版本,见 Briggs,*Dictionary of British Folk-Tales*, I,331—393;法国版本,见德拉鲁与特内兹合编《法国民间故事》第一册第110—112页。意大利民间故事没有可以相提并论的辑本,虽然意大利的某些地区有相当不错的作品,如 Giuseppe Pitrè, *Novelle popolare toscane* (Florence,1885)。最知名的意大利选集是伊塔洛·卡尔维诺(Italo Calvino)

的《意大利童话》(*Fiabe italiane*. Turin,1956),有乔治·马丁(George Martin)的英译本《意大利民间故事》(*Italian Folktales*. New York,1980)。卡尔维诺对于民间传说的学术研究成果有所不知,这不足以为过,可是他有时候基于文学的目的而润饰故事。不过,他在注释指出润饰的地方,必须承认的是,格林兄弟对手头的文本也是不断动手脚。只要可能,我就回顾贾姆巴蒂斯塔·巴西莱(Giambattista Basile)所辑弥足可贵的十七世纪故事集。我不懂巴西莱那种华丽的那不勒斯方言,必须仰赖贝奈戴托·克罗齐(Benedetto Croce)翻译的 *Il pentamerone ossia la fiaba delle fiabe*,2 vols.(Bari,1925)和 N. M. 彭泽(N. M. Penzer)翻译的 *The Pentamerone of Giambattista Basile*,2 vols.(London,1932)。彭泽虽然是译自克罗齐的意大利文,却包含相当出色的"民间传说补遗"。那一部分的故事文本系来自卡尔维诺《意大利民间故事》,第 284—288 页。

52. 格林童话的编码是依照标准次序排列的,因此在任何一个版本里都可以找得到。引述故事变体和背景资料,我用的是博尔特和波利夫卡合著的 *Anmerkungen*,可是为了方便起见,我会注明最容易取得的英文译本,也就是玛格丽特·亨利(Margaret Hunt)和詹姆斯·斯特恩(James Stern)合译的《格林童话全集》(*The Complete Grimms' Fairy Tales*. New York,1972)。这个故事类型的意大利版本,见卡尔维诺《意大利民间故事》,第 3—4 页。

53. 卡尔维诺:《意大利民间故事》,第 75—76 页。

54. 同上书,第 26—30 页。

55. 亨利、斯特恩合著《格林童话全集》,第 217 页。

56. 布里格斯:《英国民间故事辞典》第 1 册,第 446—447 页。

57. 亨利、斯特恩合译《格林童话全集》,第 209 页。

58. 德拉鲁、特内兹合编《法国民间故事》第二册,第 456 页。

59. 例如,见故事类型 555"蚕豆茎"("La Tige de fève")和格林编码 19"渔夫和妻子"("De Fischer un sine Fru")。

60. 德拉鲁、特内兹合编《法国民间故事》第一册,第 181 页。

61. 这个故事在法国有三十九个记录版本,其中二十个版本提到在荆棘丛跳舞,有十三个版本说大坏蛋是教士,只有一个说他是犹太人,这唯一的故事来自洛林(Lorraine)。

62. “Il faut hurler avec les loups,” A. J. Panckoucke, *Dictionnaire des proverbs françois, et des façons de parler comiques, burlesques et familières* (Paris, 1749), p. 194.

63. 见 Paul Radin, *The Trickster: A Study in American Indian Mythology* (New York, 1956) 和 Lawrence Levine, *Black Culture and Black Consciousness: Afro-American Folk Thought from Slavery to Freedom* 270
(New York, 1977)。

64. 德拉鲁、特内兹合编《法国民间故事》第一册，第 374 页。

65. See Jan De Vries, *Die Märchen von klugen Rätsellösern und das kluge Mädchen* (Helsinki, 1928) 和 Albert Wesselski, *Der Knabenkönig und das kluge Mädchen* (Prague, 1929).

66. 德拉鲁、特内兹合编《法国民间故事》第一册，第 110 页。以暗示类如阶级战争的方式呈现农民智取领主的例子，见“勒内和他的领主”(“Rene et son seigneur”)，录于 Cosquin, *Contes populaires de Lorraine*, Ⅰ, 108—111。这个故事没有魔巫的气氛，也没有作假的手法。领主并没有假扮成巨人；主角是个农夫，他骗了领主之后又杀死他，只是狡猾使用诈欺的手法。

67. 德拉鲁、特内兹合编《法国民间故事》第一册，第 331 页。

68. 同上书，第一册，第 346 页。

69. 为了说明法国谚语超过两个世纪仍维持独特的一贯之道，以下的谚语选自 1749 年的 *Dictionnaire des proverbes fançois*，以及 1968 年 *Nouveau Petit Larousse* 的“Proverbe”条目。当然是有许多谚语可以上溯到中古时代，文艺复兴以来也有许多行家的辑本。见 Natalie Z. Davis, “Proverbial Wisdom and Pupolar Errors” in *Davis, Society and Culture in Early Modern France* (Stanford, 1975)。

70. 见 Marc Soriano, *Les Contes de Perrault: Culture savante et traditions populaires* (Paris, 1968) and Soriano, *Le Dossier Perrault* (Paris, 1972)。

71. 诠释现代法国早期文化的社会基础及其承传所面临的问题，在近年来蓬勃发展的大众文化史研究中引起相当广泛的争论。彼得·伯克在他那相当精彩的著作《现代欧洲早期的大众文化》(*Popular Culture in Early Modern Europe*. London and New York, 1978)中详细检视了现代欧洲早期的大众文学,罗贝尔·米尚布勒德(Muchembled)的《路易十五到十七年间现代法国的大众文化与精英文化》(*Culture populaire et culture des élites dans la France moderne*,*XV*[e]-*XVII*[e] *siècles*. Paris,1968)则综论路易十五到十七年间现代法国的大众文化与精英文化,我个人的观点比较接近前者的主张。

72. 此一文化风格的观念源自文化人类学所特具的诠释观点。例如,见 Edward Sapir,"Culture,Genuine and Spurious," in Sapir,*Culture*,*Language and Personality* (Berkeley,1964)。

第二章

1. Nicolas Contat,*Anecdotes typographiques où l'on voit la description des coutumes*,*moeurs et usages singuliers des compagnons imprimeurs*, ed. Giles Barber (Oxford,1980).原始手稿注明为 1762 年。孔塔的生平及其成书的背景,在巴尔贝的序文中均有详细的介绍。屠猫狂欢之事见第 48—56 页。

2. Contat,*Anecdotes typographiques*,p. 53.

3. Ibid. ,pp. 52 and 53.

4. 例如,见 Albert Soboul,La France à la veille de la Révolution (Paris,1966),p. 140; Edward Shorter,"The History of Work in the West: An Overview" in *Work and Community in the West*,ed. Edward Shorter (New York,1973)。

5. 以下的讨论系取自 Henri-Jean Martin,Livre,*pouvoirs et société à Paris au VXII*[e] *siècle* (*1598—1701*) (Geneve,1969); Paul Chauvet, *Les Ouvriers du livre en France*,*des origines à la Révolution de 1789* (Paris,1959)。统计数字则根据 Martin (II,699—700)和 Chauvet (pp. 126 and 154)所报道旧制度当局的调查。

6. 对于这份材料更详细的讨论,见 Robert Darton,"Work and Culture in an Eighteenth-Century Printing Shop",那是在美国国会图书馆发表的一篇演说,将由美国国会图书馆出版。

7. Contat,*Anecdotes typographiques*, pp. 68—73.

8. Christ to STN,Jan. 8,1773,papers of the Société typographique de

Neuchâtel, Bibliothèque de la Ville de Neuchâtel, Switzerland. 下文引用这一份档案，一律简称 STN。

9. STN to Joseph Duplain, July 2, 1777. 271

10. STN to Louis Vernange, June 26, 1777.

11. Joseph Duplain to STN, Dec. 10, 1778.

12. Contat, *Anectotes typographiques*, pp. 30—31.

13. Ibid., p. 52.

14. 新近全面检讨民俗与法国历史为数可观的论著及参考书目，见 Nicole Belmont, *Mythes et croyances dans l'ancienne France* (Paris, 1973)。下面的讨论，主要依据 Eugène Rolland, *Faune populaire de la France* (Paris, 1881), Ⅳ，以及 Paul Sébillot, *Le Folk-lore de France* (Paris, 1904—1907), 4 vols.，尤其Ⅲ，72—155 和Ⅳ，90—98 所搜集的资料；但也部分参考 Arnold Van Gennep, *Manuel de folklore français contemporain* (Paris, 1937—1958), 9 vols.。

15. 在德国和瑞士，"猫式音乐"(*Katzenmusik*)有时候包括戏仿审判和行刑。此一名称的字源并不清楚。见 E. Hoffmann-Krayer and Hans Bächtold-Stäubli, *Handwörterbuch des deutschen Aberglaubens* (Berlin and Leipzig, 1931—1932), IV, 1125—32 和 Paul Grebe et al., *Duden Etymologie: Herkunftswörterbuch der deutschen Sprache* (Mannheim, 1963), p. 317。

16. 圣夏蒙焚猫之事，承蒙科罗拉多学院(Colorado College)的埃利诺·阿康波(Elinor Accampo)来信告知，特此致谢。梅斯的仪式记载于 A. Benoist, "Traditions et anciennes coutumes du pays messin," *Revue des traditions populaires*, XV (1900), 14。

17. Contat, *Anecdotes typographiques*, pp. 30 and 66—67; Chauvet, *Les Ouvriers du livre*, pp. 7—12.

18. Contat, *Anecdotes typographiques*, pp. 65—67.

19. Ibid. pp. 37—41，引文见 pp. 39—40。

20. 这个文类的佳例《印刷所学徒的悲惨》(*La Misère des apprentis imprimeurs*, 1710)就出现在 Contat, *Anecdotes typographiques* 卷末当作附

录。另一个例子,见 A. C. Cailleau, *Les Misères de ce monde, ou complaints facétieuses sur les apprentissages des différents arts et métiers de la ville et faubourgs de Paris* (Paris, 1783)。

21. 对于这个过程的研究,有一部经典著作:Arnold Van Gennep, *Les Rites de passage* (Paris, 1908)。继起的人种志研究又展新境,尤其是 Victor Turner, *The Forest of Symbols: Aspects of Ndembu Ritual* (Ithaca, N. Y., 1967)和 *The Ritual Process* (Chicago, 1969)。热罗姆的经验相当吻合范热内-蒂尔内(Van Gennep-Turner)模型,只有少数地方例外。他没有被视为圣体,也不具有危险,虽然印刷工人协会可以对和他一起喝酒的职工施以罚款。他的生活圈子没有和成人社会隔离,虽然他离开家庭,在师傅住宅一侧的房间暂时栖身。他没有面临神秘"圣物"(*sacra*)的威胁,虽然他在经历以一场会餐压轴的许多苦头之后,得要学会特定行业专有的用语并认同其特有的精神。约瑟夫·莫克森(Joseph Moxon)、托马斯·金特(Thomas Gent)和本杰明·富兰克林均提到过英格兰类似的习俗。在德国,启蒙礼仪(*initiation rite*)更来得繁复许多,而且结构上类似非洲、新几内亚和北美洲等地部落的仪式。学徒戴上污秽的头巾,顶着一对山羊角,挂着一条狐狸尾巴,表明他回复动物的状态。如今是个半人半兽的"有角物"或"复合动物"(a *Cornut* or *Mittelding*),他经历仪式性的折磨,包括锉磨指尖。在最后的仪式中,店主打掉帽子,在他脸上赏一个巴掌。他就这样重生——有时候取个新名字,甚至受洗,成为羽翼丰满的职工〔也就是"出师"了〕。以上所说起码是德国的印刷工人手册所描述的情形,特别是 Christian Gottlob Täubel, *Praktisches Handbuch der Buchdruckerkunst für Anfänger* (Leipzig, 1791); Wilhelm Gottlieb Kircher, *Anweisung in der Buchdruckerkunst so viel davon das Drucken betrifft* (Brunswick, 1793); and Johann Christoph Hildebrand, *Handbuch für Buchdrucker-Lehrlinge* (Eisenach, 1835)。此一仪式和 *Depositio Cornuti typographici* 这一出古老的通俗剧有关,该剧由雅各布·雷丹热(Jacob Redinger)付印,刊于他的 *Neu aufgesetztes Format Büchlein* (Frankfurt-am-Main, 1679)。

22. Contat, *Anecdotes typographiques*, pp. 65—66.

23. 这份文本没写出热罗姆的姓,却强调改名之事和获得"先生"

(“Monsieur”)之称:“只有在学徒期满才被称作‘先生’;这样的身份只属于职 272
工,学徒是没有的。”(p. 41)在STN的薪资账册,职工即使以绰号称呼,也总是冠上“先生”,如“好帮手先生”(“Monsieur Bonnemain”)。

24. 马内《奥林匹亚》画中的黑猫代表一个常见的母题,即裸女的“跟班”。专论波德莱尔笔下的猫,见 Roman Jakobson and Claude Lévi-Strauss, “*La Chats de Charles Baudelaire*,” *L'Homme*, 11 (1962), 5—21; and Michel Riffaterre, “Describing Poetic Structures: Two Approaches to Baudelaire's *Les Chats*,” in *Structuralism*, cd. Jacques Ehrmann (New Haven, 1966)。

25. Mary Douglas, *Purity and Danger: An Analysis of Concepts of Pollution and Taboo* (London, 1966); and E. R. Leach, “Anthropological Aspects of Language: Animal Categories and Verbal Abuse,” in *New Directions in the Study of Language*, ed. E. H. Lenneberg (Cambridge, Mass., 1964).

26. 塞万提斯和左拉双双取材于传统的猫文化。在《堂·吉诃德》第二部分第四十六章,一个袋子里装满了猫,喵喵的叫声打断了男主角对阿尔提西多拉(Altisidora)唱情歌。他认定是魔鬼在作怪,挥剑要伏魔,却斗不过其中跟他单挑的一个。在《萌芽》第五部分第六章,象征往相反的方向发挥。一群工人追逐他们的阶级敌人迈格拉(Maigrat),仿如他是飞越屋顶仓皇逃命的猫。他从屋顶上摔下来之后,他们在“抓猫! 抓猫!”的叫嚷声中把他去势,“像〔对待〕一只公猫”。至于以杀猫讽刺法国拘泥条文而不知变通的形式主义,见拉伯雷的《巨人传》第五卷第十五章,约翰教士屠杀茸茸法律猫(the Furry Lawcats)的计划。

27. Mikhail Bakhtin, *Rabelais and His World*, trans. Helene Iswolsky (Cambridge. Mass., 1968). 孔塔在世时,猫文化最重要的文学版本是 François Augustin Paradis de Moncrif, *Les Chats* (Rotterdam, 1728)。该书虽然是写给世故的读者看的戏仿专论,却大量引用通俗迷信和谚语,其中有许多在一个半世纪以后出现于民俗学家的辑本。

28. C. S. L. Davies, *Peace, Print and Protestantism* (St. Albans, Herts, 1977). 其余的引用资料,见本章注14的资料来源。谚语和俚语的许多辞典当中,特别要提出来的是 André-Joseph Panckoucke, *Dictionnaire des*

proverbes françois et des façons de parler comiques, burlesques, et familières (Paris, 1748) 和 Gaston Esnault, *Dictionnaire historique des argots français* (Paris, 1965)。

29. Rolland, *Faune populaire*, p. 118. 又见本章注 14 引用的资料来源。

30. Emile Chautard, *La Vie étrange de l'argot* (Paris, 1931), pp. 367—368. 以下的谚语取自 *Panckoucke, Dictionnaire des proverbes françois*; Esnault, *Dictionnaire historique des argots français*; 和 *Dictionnaire de l'Académie française* (Paris, 1762)。最后一本书包含文雅的猫文化，数量之多令人咋舌。不文雅的文化多的是以儿童的游戏或歌谣的形态流传，其中有一些上溯到六世纪，见 Claude Gaignebet, *Le Folklore obscène des enfants* (Paris, 1980), p. 260。

31. Sébilloc, *Le Folk-lore de France*, III, pp. 93—94.

32. Panckoucke, *Dictionnaire des proverbes françois*, p. 66.

33. 这一句和下一句引文均出自孔塔记述屠猫狂欢之事，见 *Anecdotes typographiques*, pp. 48—56。

34. 根据 Giles Barber (ibid., pp. 7 and 60)，孔塔与之共事的那一个雅克-樊尚于 1690 年开始他的学徒生涯；准此，他可能生于 1675 年左右。他的妻子生于 1684 年。孔塔进入这家印刷铺时，他的师傅大约六十二岁，师母约五十三岁，色眯眯的年轻教士则二十来岁。这样的组合模式在印刷业稀松平常。在那个行业，上了年纪的师傅常把事业交给妻子，师母则转而亲近更年轻的职工。以上所述正是“闹新婚”的古典搭档——“闹新婚”除了羞辱乌龟丈夫，还嘲弄新婚夫妇年龄的差距。

35. Pierre Caron, *Les Massacres de septembre* (Paris, 1935).

273

第三章

1. 这份手稿由约瑟夫·贝特尔(Joseph Berthel)出版，题作“Montpellier en 1768 d'après un manuscrit anonyme inédit”(此后提及，一律依照原作者自拟的标题简称 *Description*[《现况》])，藏于 Archives de la ville de Montpellier (Montpellier, 1909), IV。关于都市“描述”这个文类，见 Hugues Neveux, “Les Discours sur la ville” in *La Ville classique: de la Renaissance aux*

révolutions, ed. Roger Chartier, Guy Chaussinand-Nogaret, Hugues Neveux, and Emmanuel Le Roy Ladurie (Paris, 1981), 收入新近乔治・达比(Georges Duby)监修出版的《法国城市史》(*Histoire de la France urbaine*)第三册。就蒙彼利埃而论,我们的作者——说来不幸,这个称呼很别扭,我却找不出更恰当的——有两本年代较早的书可以利用:Pierre Gariet, *Ideé de la ville de Montpelier* [*sic*], *recherchée et présentée aux honestes gens* (Montpellier, 1665);以及 Charles d'Aigrefeuille, *Histoire de la ville de Montpellier depuis son origine jusqu'à notre temps* (Montpellier, 1737—1739), 2 vols.。他虽然数度引用这两本书,引文却与原文差异甚大。就整体形式来看,倒是更接近同时代的当地律师多米尼克・多纳(Dominique Donat)所撰《蒙彼利埃编年史年鉴》(*Almanach historique et chronologique de la ville de Montpellier*. Montpellier, 1759)。多纳在为该书写的"广告"上提到,随后将会推出全面描述蒙彼利埃的一本书,因此他不无可能就是《现况》的作者。可是,试图找出作者身份更确切的证据全归徒然。

2.《现况》,第 9 页。这份文本稍后的部分包含有如何改善当地制度的建议,其文体显示作者是个开明的行政人员,而不是十八世纪的旅游指南作家;所以,《现况》不太可能仅仅是一部旅游导览。

3. Charles Dickens, *Bleak House* (London, 1912), p. 1.

4. 引文同时见于 Fernand Braudel and Ernest Labrousse, *Histoire économique et sociale de la France* (Paris, 1970), II, 716; 以及 Robert Mandrou, *La France aux XVII*[e] *et XVIII*[e] *siècles* (Paris, 1970), p. 178。这个标准主题的类似版本,可以在同一年问世的第三本教科书中看到,即阿尔贝・索布尔(Albert Soboul)所撰《文化与法国大革命》(*La Civilisation et la Révoltution française*. Paris, 1970),第 17、18 章以及第 342—343 页论及"起飞"。"起飞"之说也出现在 *Pierre Chaunu*, *La Civilisation de l'Europe des Lumières* (Paris, 1971), pp. 28—29,不过说法没那么教条。追踪制式说法如何在不同的教科书之间流传,而且还跨越区隔这些作者的意识形态藩篱,将会是蛮有意思的。

5. 论"总体历史"在法国的兴起,见 Jacques Le Goff, "L'Histoire nouvelle" in Jacques Le Goff, Roger Chartier, and Jacques Revel, *La Nouvelle*

histoire (Paris,1978)。十八世纪法国经济-社会-文化之变迁的正统观点,见 Labrousse, *Histoire économique et sociale de la France* 所写结论部分,pp. 693—740;以及 Soboul, *La Civilisation et la Révolution française*, pp. 459—480。至于其他的观点,见 Roland Mousnier, *Les Institutions de la France sous la monarchic absolue* 1598—1789, 2 vols. (Paris, 1974—1980);以及 Régine Robin, *La Société française en* 1789: *Sémur en Auxois* (Paris,1970)。

6. 虽然有人试图描述十八世纪资产阶级的一般面貌,但此一主题仍有赖大力开发。埃利埃·巴伯(Elinor Barber)的《十八世纪法国的资产阶级》(*The Bourgeoisie in 18 th Century France*. Princeton,1955)流于肤浅;伯恩哈德·葛罗修森(Bernhard Groethuysen)的《法国资本主义精神的起源》(*Origines de l'esprit bourgeois en France*. Paris,1956)迄今仍然是最好的,虽然主要的关怀在于知识分子的历史。至于社会史家的专题论著,以下所列尤其值得一提:Ernest Labrousse, "Voies nouvelles vers une histoire de la bourgeoisie occidentale aux XVIIIe et XIXe siècles (1700—1850)," *X^{o} Congresso internazionale di Scienze Storiche: Roma, Relazioni* (Florence, 1955), IV, 365—396; Adeline Daumard, "Une référence pour l'étude des sociétés urbaines aux XVIIIe et XIXe siècles: Projet de code socio-professionnel," *Revue d'histoire moderne et contemporaine*, X (July-Sept., 1963), 184—210; Roland Mousnier, "Problèmes de méthode dans l'étude des
274 structures sociales des XVIe, XVIIe et XVIIIe siècles" in *Spiegel der Geschichte: Festgabe für M. Braubach* (Münster, 1964), pp. 550—564; *L'Histoire sociale: sources et méthodes: Colloque de l'Ecole Normale Supérieure de Saint-Cloud* (15—16 mai 1965), a collective work published by the Presses Universitaires de France (Paris, 1967); Adeline Daumard and François Furet, *Structures et relations sociales à Paris au XVIIIe siècle* (Paris, 1961); Daniel Roche and Michel Vovelle, "Bourgeois, rentiers, propriétaires: éléments pour la définition d'unc catégoric sociale à la fin du XVIIIe siècle," in *Actes du Quatre-yingt-Quatrième Congrès National des Sociétés Savantes* (Dijon, 1959), *Section d'Histoire Moderne et Contemporaine* (Paris, 1960), pp. 419—452; Maurice Garden, *Lyon et les Lyonnais au*

XVIIIe siècle (Paris, 1970); and Jean-Claude Perrot, *Genèse d'une ville moderne: Caen* au *XVIIIe siècle* (Paris and The Hague, 1975), 2 vols。对于贵族做出不一样的再评估，见 Guy Chaussinand-Nogaret, *La noblesse au XVIIIe siècle: De la Féodalité aux Lumières* (Paris, 1976) and Patrice Higonnet, *Class, Ideology, and the Rights of Nobles During the French Revolution* (Oxford, 1981)。

7. 普里瓦(Privat)所出版以个别城市为对象的专题论著丛书，已经含括勒芒(Le Mans)、图卢兹、布雷斯特(Brest)、里昂(Lyon)、鲁昂(Rouen)、昂热(Angers)、南特(Nantes)、马赛(Marseille)、尼斯(Nice)、土伦(Toulon)、格勒诺布尔(Grenoble)、波尔多(Bordeaux)与南锡(Nancy)；其《法国城市史》书中为此一新兴的文献研究提供了极其出色的综论。甚至连一向被视为都市工业化重镇的丽尔(Lille)，虽然是邻近乡村地区"家庭"工业与"初期工业化"的经济中心，如今看来也是古老有加。见皮埃尔·德永(Pierre Deyon)与其他人合著的 *Aux origines de la révolution industrielle, industrie rurale et fabriques*，那是 *Revue du Nord* 的专辑，1979 年 1—3 月。Michel Morineauz 发表了几篇文章辩称没有成长可言，又在 *Les Faux-Semglants d 'un démarrage économique: Agriculture et démographie en France au XVIIIe siècle* (Paris, 1971)有所申论。

8. Daniel Roche, *Le Siècle des Lumières en province: Académies et académiciens provinciaux, 1680—1789* (Paris and The Hague, 1978); Robert Darnton, *The Business of Enlightenment: A Publishing History of the Encyclopédie, 1775—1800* (Cambridge, Mass., 1979); John Lough, *Paris Theatre Audiences in the Seventeenth and Eighteenth Centuries* (London, 1957)；至于采取简化的社会学理论诠释文献的例子，见 Lucien Goldmann, "La Pensée des Lumières," *Annales: Economies, sociétés, civilisations*, XX (1967), 752—770。

9. 这些例子引自《法文与拉丁文通用大辞典》(*Dictionnaire universel françois et latin, vulgairement appelé Dictionnaire de Trévoux*. Paris, 1771), II, 11—12。不过当代用法的类似说明能够在其他十八世纪辞书的"bourgeois"条目找到，特别是下列诸书：*Dictionnaire de l'Académie*

françoise (Paris,1762); *Dictionnaire universel contenant généralement tous les mots françois,tant vieux que modernes,et les termes des sciences et des arts* (The Hague,1727), by Antoine Puretière; *Dictionnaire universel de commerce,d'histoire naturelle,et des arts et métiers* (Copenhagen,1759), by Jacques Savary des Bruslons, continued by Philemon-Louis Savary; 以及 *Encyclopédie ou dictionnaire raisonné des sciences,des arts et des métiers* (Paris,1751—1772),edited by Diderot and d'Alembert。这些辞典书特别提到一些特殊的用法:在香槟(Champagne)和勃艮第两省享有领主法院豁免权的资产阶级;拥有商船的资产阶级;以及雇用劳工的资产阶级。最后一类是《法文与拉丁文通用大辞典》定义的,正吻合孔塔笔下的印刷铺的资产阶级:"他们称雇主为资产阶级(*le bourgeois*)。〔比方说,〕'必须服务资产阶级';'共济会的会员,技工总是想法子愚弄资产阶级'。"社会区分的细微处也通过定义显示出来。《百科全书》强调"资产阶级"和"公民"的关联,使人想起卢梭。《法兰西学院辞典》(*Dictionnaire de l'Académie françoise*)则提到这个字的轻蔑用法:资产阶级也用来表示瞧不起,譬如指责别人不是绅士,或不熟悉上流社会的应对。"他只是个资产阶级。""有资产阶级的味道。"萨瓦里(Savary)把资产阶级不偏不倚摆在贵族和民众之间,不过用的是善意的语气:"资产阶级,它通常用来称呼在城市定居的公民。明确一点说,它指的既不是教士,也不是贵族。特别指的是虽然没有在法院或其他显贵的机关占据
275 最高的职位,却由于他们的财富、他们可敬的职业或他们的商业而地位远高于技工和民众。就是基于这个意义,我们想要赞美一个人时就说他是好资产阶级。"最后要说的是,这些辞书还显示这个词如何引人联想某种生活方式。"资产阶级房子是建造简朴,也谈不上气派的房子,样式却舒服而且适合居住。它一方面对比王宫或豪宅,另一方面对比农民与技工住的小木屋或茅草屋……日常对话也说资产阶级的汤,意思是好汤……资产阶级的酒〔是〕……没有掺添加物的酒,是存放在地下室的,对比酒馆供应的酒。"(《法文与拉丁文通用大辞典》)

10. 以下的讨论是根据 *Louis Thomas*, Montpellier ville marchande: Histoire économique et sociale de Montpellier des origines à 1870 (*Montpeltier*,1936); *Albert Fabi*, Histoire de Montpellier depuis son origine

jusqu'à la fin de la Révolution (*Montpellier*, 1897); *and Philippe Wolff*, *ed.*, Histoire du Languedoc (*Toulouse*, 1967),以及本章注 1 引用的资料来源。

11.《现况》,第 35 页。

12. 同上书,第 35 页。

13. 同上书,第 29 页。

14. 同上书,第 52 页。

15. 同上书,第 18 页。

16. *Louis Dumont*, Homo hierarchicus: Essai sur le système des castes (*Paris*, 1966).

17.《现况》,第 157 页。

18. 同上书,第 67 页。

19. 同上。

20. 同上。

21.《现况》,第 35、99 页。

22. 同上书,第 99 页。

23. 同上书,第 98 页。

24. 同上书,第 70 页。

25. 同上书,第 156 页。

26. 同上书,第 38 页。

27. 同上书,第 68 页。

28. 同上书,第 110 页。

29. 同上书,第 158 页。

30. 同上书,第 110 页。

31. 同上书,第 158 页。

32. 同上书,第 151 页。

33. 同上。

34.《现况》,第 154 页。

35. 同上书,第 155 页。

36. 同上书,第 154 页。

37.《现况》,第 68 页。

38. 同上书,第 54 页。

39. 同上书,第 58 页。

40. 同上书,第 57—58 页。

41. 同上书,第 69 页。

42. 同上书,第 68 页。

43. 同上书,第 150 页。

44. 同上书,第 149 页。

45. 同上书,第 54 页。

46. 详细讨论这个主题,见 *Roche*,Le Siècle des Lumières en province。

47.《现况》,第 59 页。

48. 同上书,第 27 页。

49. 同上书,第 21 页。

50. 同上书,第 150 页。

第四章

本章初稿题作《一七五〇年前后法国的警察作家》,原刊于 1980 年在堪培拉举行的《第五届大卫·史密斯纪念研讨会论文集》,后收入哈迪(*J. P. Hardy*)与埃德(*J. C. Eade*)共同主编的《十八世纪研究》(*Studies in the Eighteenth Century. Oxford*:1983)第五册第 143—155 页。

1. 这一篇研究的基础是埃默里撰写的报告手稿,原稿藏于巴黎的法国国家图书馆(*Bibliothèque Nationale*),*nouv*,*acq. fr.* 10781—10783。所有的引文均出自该数据,而且很容易找到原手稿的出处,因为那些报告是依照被调查的作者姓名的字母顺序排列的。我打算和罗伯特·沙克尔顿(*Robert Shackleton*)合作编纂,出版这些报告的完整文本,最终目标是利用它们写一本书讨论知识分子在法国的兴起。这些报告虽然未经全面的研究,不过已有少数书目研究参考过,特别是 *Franco Venturi*,*Jeunesse de Diderot 1713—1753* (Paris,1939),里头引用了狄德罗报告的大部分内容(p,379)。

2. Jacques Hébrail and Joseph de La Porte,*La France littéraire* (Paris,1756). 这两位作者在一份出版广告中说明了他们工作的性质与目标,呼吁

群策群力提供书目资讯，特别是名不见经传的作家。新的资讯以附编的形态出现在1756年的版本，补遗的部分则先后在1760、1762、1764和1784年出版。在1762年版第五页，他们估计当时法国在世的“作者”大约有1,800名。把人口的成长、作者名望的提高以及书籍出版的增长等因素列入考虑，似乎可以估算出在1750年，大概有1,500个法国人曾经出版过一本书或小册子。

3. 讨论关于世代、派系与其他年龄层这些备受争议的问题，见 Clifton Cherpack, "The Literary Periodization of Eighteenth-Century France," *Publications of the Modern Language Association of America*, LXXXIV (1969), 321—328 and Alan B. Spitzer, "The Historical Problem of Generations," *The American Historical Review*, LXXVIII (1973), 1353—1383。

4. 论圣马洛-日内瓦线即社会-文化史分界线，见 Roger Chartier, "Les Deux France: Histoire d'une géographic," *Cahiers d'histoire*, XXIV (1979), 393—415。论巴黎-省区的问题，见 Robert Escarpit, *Sociologie de la littérature* (Paris, 1968), 41—44。由于巴黎坐落在北部，住在巴黎的作家出生地分布地图难免会有重北轻南的现象。再者，要把作家籍贯当作识字率的粗略指标，如 François Furet and Jacques Ozouf, *Lire et écrire: L'Alphabétisation des François de Calvin à Jules Ferry* (Paris, 1977, 2 vols.)，未免不切实际。

5. 见 J.-F. Michaud 和 L.-G. Michaud 合编的 *Biographie universelle* (Paris, 1811—1852), XIII, 440—442 页介绍法瓦；以及比较学术性的 Georges Desnoireterres, *Epicuriens et lettrés* (Paris, 1879)；和 Auguste Font, *Favart, l'Opéra-Comique et la comédie-vaudeville aux XVIIe et XVIIIe siècles* (Paris, 1894)。

6. 在埃默里的报告完成之后才被关进巴士底监狱的，几乎占了半数。警方虽然对可疑的人物深怀戒心，倒不至于把对文人共和国的监控指向罪名的罗织，而是尽其所能全面调查。

7. 官员为了增强国力而有系统地研究国家资源，此一措施可以上溯到马基雅维利和奉“国家至上”为政府原则这个观念的发展。这个趋势，正如韦伯(Max Weber)所了解的，虽然通常被视为政治理论的一面来处理，却也属于官僚史和“合理化”(而非启蒙运动)的散播。最近检视从知识分子的历史探讨这个问题的文献，见 Michael Stolleis, "Arcana imperii und Ratio status:

Bemerkungen zur politischen Theorie des frühen 17. Jahrhunderts," *Veröjfentlichung der Joachim-Jungius-Gesellschaft der Wissenschaften*, no. 39 (Göttingen, 1980),5—34。

8. 巴斯蒂德的报告有这样的记载:"他是普罗旺斯人,有机锋却没有才华,和迪瓦朗(de Valence)夫人,就是荷兰大使瓦努(Vanoé)先生的情妇好过。"

9. 见 Robert Mandrou, *De la Culture populaire aux XVIIe et XVIIIe siècles: La Bibliothèque bleue de Troyes* (Paris,1964)。

11. 洛雷斯的诗如今不受重视实不足为奇,其特色可以从下列他的两书看出端倪:*Epître à M. le comte de Bernis* (Paris,1752) 和 *Epître à Madame marquise de Pompadour*(无出版地与出版年)。

12. 见达朗伯《论文人与伟人的社会》(*Essai sur la société des gens de lettres et des grands, sur la réputation, sur le mécènes et sur les récompenses littéraires, in d'Alembert's Mélanges de littérature, d'histoire et philosophie*) (Amsterdam,1773; 1st ed.,1752)。

13. 这个主题在下列诸书中最为醒目:达朗伯《论文人与伟人的社会》,伏尔泰 1734 年的《哲学书简》,匿名作者 1734 年的《哲学家》(*Le Philosophe*),以及《百科全书》第十三册 PHILOSOPHE 这个条目。进一步的细节,请见下一章。

14. 歌词引自 *Journal et mémoires du marquis d'Argenson*, E. J. B. Rater, ed, (Paris,1863), p. 402。除了这首歌,埃默里还提到许多类似的歌,不过他没有在报告中抄录歌词。

15. 我使用"知识分子"而没有下定义,因为我试着重新建构"作者"的当代文义格局,以期确定这个术语的畛域。然而,应该说明的是,我不认为知识分子和作者可以画等号,而我对知识分子的概念乃是来自像卡尔·马内姆(Karl Mannheim)、爱德华·希尔(Edward Shil)和皮埃尔·布尔迪厄(Pierre Bourdieu)等社会学家。特别请见布尔迪厄:《社会问题》(Bourdieu, *Questions de sociologie*. Paris,1980)。

第五章

本章原为 1981 年 5 月在沃尔·芬比特尔奥古斯都公爵图书馆(Herzog

August Bibliothek Wolfenbüttel)发表的演讲稿。

1. John Lough, *The "Encyclopedic"* (New York, 1971), p. 61.

2. Michel Foucault, *The Order of Things: An Archeology of the Human Sciences* (New York, 1973), p. xv.

3. 见 Roger Shattuck, *The Forbidden Experiment: The Story of the Wild Boy of Aveyron* (New York, 1980)。

4. 较为全面讨论此一议题，见 E. R. Leach, "Anthropological Aspects of Language: Animal Categories and Verbal Abuse" in *New Directions in the Study of Language*, ed. E. H. Lenneberg (Cambridge, Mass., 1964); Mary Douglas, *Purity and Danger: An Analysis of Concepts of Pollution and Taboo* (London, 1966); R. N. H. Bulmer, "Why Is the Cassowary Not a Bird? A Problem of Zoological Taxonomy Among the Karam of the New Guinea Highlands," *Man*, II (1967), 5—25; 以及 S. J. Tambiah, "Animals Are Good to Think and to Prohibit," *Ethnology*, VIII (1969), 423—459。

5. 论"方法"以及整理艺术与科学的早期计划，见 Walt Ong, *Ramus, Method, and the Decay of Dialogue: From the Art of Discourse to the Art of Reason* (Cambridge, Mass., 1958); Neal W. Gilbert, *Renaissance Concepts of Method* (New York, 1960); Paul Oskar Kristeller, "The Modern System of the Arts," in Kristeller, *Renaissance Thought II: Papers on Humanism and the Arts* (New York, 1965), 163—227; Frances Yates, *The Art of Memory* (London, 1966); Leroy E. Loemker, *Struggle for Synthesis: The Seventeenth Century Background of Leibniz's Synthesis of Order and Freedom* (Cambridge, Mass., 1972); 以及 Paolo Rossi, *Philosophy,* 278
Technology and the Arts in the Early Modern Era (New York, 1970)。论狄德罗的《百科全书》以前的百科全书，见 Robert Collison, *Encyclopaedias: Their History throughout the Ages* (New York, 1964); 和 Frank A. Kafker, ed., *Notable Encyclopedias of the Seventeenth and Eighteenth Centuries: Nine Predecessors of the Encyclopédie*, *Studies on Voltaire and the Eighteenth Century*, CXCIV (Oxford, 1981)。新近一本浅尝综览知识分类系统的书，见 Fritz Machlup, *Knowledge: The Branches of Learning*

(Princeton,1981)。我对于这些主题的了解,深深受益于安东尼·格拉夫顿(Anthony Grafton)在书目方面的指引和评论。

6.《百科全书》(*Encyclopédie, ou Dictionnaire raisonné des sciences, des arts et des métiers, par une société de sens de lettres*. Paris,1751—1772)第一册的《序论》第1页。下文引用《序论》都是根据第一版的《百科全书》。

7.《百科全书说明书》(*Prospectus de l'Encyclopédie*,简称《说明书》),见《狄德罗作品全集》(Denis Diderot, *Oeuvres complètes* II,281. Paris,1969)。论一部百科全书即是知识的一个圆圈或大链这样的观念,见狄德罗为《百科全书》撰写的关键条目,录于第五册的ENCYCLOPÉDIC,重刊于《狄德罗作品全集》第2册第365—463页。

8.《序论》,第xv页。

9.《说明书》,第285—286页。

10.《说明书》,第285页。

11. 钱伯斯(Ephraim Chambers):《艺术与科学百科辞典》(*Cyclopaedia: or an Universal Dictionary of Arts and Sciences*, 5th ed., London,1741),第一册,第2页。

12. 同上书,第iii页。

13.《序论》,第xxiv页。

14. 见 *Mémoires de Trévoux*, Jan. and Feb., 1751,刊出的文章,引自《狄德罗作品全集》第2册,第325—332,352—355页。

15. 弗朗西斯·培根《学识的进展》(*The Advancement of Learning*, ed. W. A. Wright. Oxford,1876),第268页。

16. 同上书,第99页。

17. 同上书,第86页。

18.《序论》,第xvii页。

19. 培根:《学识的进展》,第86页。

20. 同上书,第85页。

21.《序论》,第xlvii页。

22. *Lettre de M. Diderot au R. P. Berthier, jésuite in Diderot*,引自《狄德罗作品全集》第2册,第334页。

23.《序论》,第 li 页。

24.《百科全书》第一册,第 498 页。

25. 培根:《学识的进展》,第 109—110 页。关于上帝的事,培根承认归纳推理是利器,却认为有其危险:“思索自然或人类知识的根基,据以归纳推出涉及真理的任何陈述或信仰,依我的判断并不可靠”(第 109 页)。

26.《序论》,第 xvii 页。

27. 同上书,第 xlviii 页。洛克对于这个论点的说法,见《人类理解论》(*An Essay Concerning Human Understanding*, ed. A. S. Pringle-Pattison. Oxford,1960)第二册,第 23 章,第 154—174 页。

28.《序论》,第 iii 页。

29. 同上书,第 iv 页。

30. 同上。

31.《序论》,第 iii 页。

32. 同上书,第 ix 页。

33. 同上书,第 xiv 页。

34. 同上书,第 ix 页。

35. 同上书,第 xiv 页。

36. 同上书,第 xvii 页。

37. 又见达朗伯在《百科全书》(第三册,第 iv 页)的《告读者书》 279
(“Avertissement”):“在这部作品里头找不到……蹂躏大地的征服者,倒是不乏照亮大地的不朽天才。也没有早该从历史扫地出门的列王。王侯达官在这《百科全书》里没有立锥之地,除非是在科学方面有功德可表,因为这一套《百科全书》从头到尾都是才能所造就的,跟头衔绝无瓜葛。这是一部历史,记录的是人类的精神,不是人类的虚荣。”

38.《序论》,第 xxvi 页。

39. 同上书,第 xxvi 页。

40. 同上书,第 xxvii 页。

41. 同上书,第 xxvi 页。

42. 达朗伯:《论文人与伟人的社会》,第 330 页。

43.《百科全书》第 7 册,第 599 页。

44. 这篇论文,伏尔泰也将之刊印于 *Les Lois de Minos* (1773),至于修改的过程,见 Herbert Dieckmann, *Le Philosophe: Texts and Interpretation* (Saint Louis,1948)。

45. 此一主题有待进一步的探讨,请参见伊拉·韦德(Ira Wade)所撰《十八世纪法国戏剧中的"哲人"》("The Philosophe" *in the French Drama of the Eighteenth Century*. Princeton,1926)书中的考证。

46. 检讨 *philosophe*(哲人)与 *Encyclopédiste*(《百科全书》撰稿人)这两个名称在十八世纪用法模糊的先期著作,见 Ferdinand Brunot, *Histoire de la langue française des origines à nos jours* (Paris,1966),VI,part 1,3—27。

47. 达朗伯在《告读者书》中也强调这一点:"这部辞书之所以会鹤立鸡群,主要就是由于书中的哲学精神。"

第六章

1. 本文尝试结合以档案研究为基础的传统史学和沃尔夫冈·伊瑟(Wokfgang Iser)、汉斯·罗伯特·尧斯(Hans Robert Jauss)、瓦伊纳·博特(Wayne Booth)、斯坦利·菲什(Stanley Fish)、瓦尔特·翁(Walter Ong)、乔纳森·卡勒(Jonathan Culler)、路易·马林(Louis Marin)等文学批评家所开发的那种文本诠释。对于此一领域的检讨与完整的书目,见 Susan R. Suleiman 与 Inge Crosman 合编的 *The Reader in the Text: Essays on Audience and Interpreta* (Princeton,1980)。应用于卢梭的例子,见 Robert J. Ellrich, *Rousseau and His Reader: The Rhetorical Situation of the Major Works* (Chapel Hill,1969); Harald Weinrich, "Muss es Romanlektüre geben? Anmerkungen zu Rousseau und zu den Lesern der *Nouvelle Héloïse*," in *Leser und Lesen im 18. Jahrhundert*, ed. Rainer Gruenter (Heidelberg 1977), pp. 28—32; Roger Bauer, "Einführung in einige Texte von Jean-Jacques Rousseau," in *Leser und Lesen*, pp. 33—39; and Hans Robert Jauss, *Ästhetische Erfahrung und literarische, Hermeneutik* (Frankfurt am Main, 1982), pp. 585—653。

2. A. L. 贝克(A. L. Becker)以语言学家和人种志学家的身份观察过巴厘岛人的许多葬礼,这一笔资料就是他告诉我的。

3. 朗松的文件存于纳沙泰尔市立图书馆(Bibliothéque de la ville de Neuchâtel),编号 ms. 1204。本文引述该文件,一律简称 STN。其部分内容,R. A. 利(R. A. Leigh)将会摘录于《让-雅克·卢梭通信全集》(*Correspondance complete de jean-Jacques Rouseau*)第四十、四十一册。朗松的籍贯是拉罗谢尔之说,系根据他在 1777 年 6 月 24 日和 1788 年 11 月 29 日的结婚契约书(Archives départementales de la Charente-Maritime, Minutes Crassous 3 E 776 and Minutes Roy 3 E 89),承蒙圣阿弗里克(O. de Saint-A ffrique)小姐寄给我照片复本,特此致谢。

4. 朗松在 1788 年 11 月 29 日的结婚契约书上估计了自己的财产。他在
1799 年 3 月 16 日写给纳沙泰尔印刷公司的信上提到,战事大大危害拉罗舍 280
尔的贸易,虽然他本人的事业没有受到影响。图尔银元(livre tournois,图尔[Tours,安德尔·卢瓦尔省的省会]铸造的银币;所谓"一银元"即一古斤银的价格)换算成现代货币没什么意义,但是可以举例说明当时的币值:十八世纪一个熟练的技工通常的年收入是五百银元。

5. 论十八世纪的图书馆与阅读习惯,见 Robert Darnton,"Reading, Writing, and Publishing in Eighteenth-Century France: A Case Study in the Sociology of Literature," *Daedalus* (Winter 1971), pp. 214—256。最近期的研究是 Michel Marion, *Recherches sur les bibliothèques privées à Paris au milieu de XVIIIe siècle* (*1750—1759*) (Paris, 1978)。

6. Ranson to STN, April 29, 1775.

7. Ibid, Sept. 27, 1780.

8. Ibid, Oct. 17, 1775.

9. Ibid, March 8, 1777.

10. Ibid, Dec. 27, 1774.

11. Ibid, Aug. 30, 1785.

12. Ibid, June 10, 1777.

13. Pavie to STN, March 4, 1772.

14. 例如:"错误的宗教。没有全盘相信天主教会指示我们要相信的每一件事,这样的人就叫作异端分子。路德教派和加尔文教派都是,其他的还有许多。"引文见维亚尔(N.-A. Viard),《阅读的原则……》(*Les vrais*

principes de la lecture…. Paris,1763)第76页。

15. Ranson to STN,Aug. 9,1775.

16. Ibid,Oct. 17,1775.

17. 维亚尔:《阅读的原则》,第i页。

18. 同上书,第xi页。

19. 同上书,第26页。

20. 同上书,第x页。

21. 卢梭:《爱弥儿》,见《卢梭作品全集》,七星文库(Bibliothèque de la Pléiade. Paris,1969),第四册,第358页。

22. 卢梭:《忏悔录》,见《卢梭作品全集》(巴黎,1959),第一册,第8页。

23. 同上书,第8—9页。

24. 卢梭:《新爱洛漪丝》,见《卢梭作品全集》(巴黎,1961),第二册,第57—58页。

25. 同上书,第2册,第56—57页。

26. 卢梭:《忏悔录》,第一册,第111—112页。

27. 卢梭:《新爱洛漪丝》,第2册,第5页。

28. 同上书,第二册,第12页。

29. 同上书,第二册,第5页。

30. 同上。

31. 卢梭:《新爱洛漪丝》,第二册,第6页。

32. 卢梭这段期间的作品,特别是写给达朗伯和博蒙(Christophe de Beaumont)的公开信,一律在标题页冠上"日内瓦公民"的名衔,挑衅意味浓厚。致博蒙公开信更是不畏争议,以单纯的瑞士共和国国民对比强势的巴黎大主教:《让-雅克·卢梭,日内瓦公民,致克里斯托弗·德·博蒙,巴黎大主教,S. 克劳德公爵,法兰西贵族院议员,圣灵会骑士,索邦神学院校长,其他头衔不及备载》。《新爱洛漪丝》的标题页,卢梭没有摆上"日内瓦公民"这样的字眼,因为他不要祖国的名字和小说扯上关系而受到"污蔑"(见《新爱洛漪丝》,第二册,第27页)。在十八世纪,小说如果不是被认为有碍风化,就是被视为低级的文学形态,而且小说家很少在标题页印出名字。事实上,人们在日常生活中很难得使用名字,仅有的例外也许是农夫。以"让-雅克"现身,卢梭是在邀请他的读者加入一个不寻常、私密的关系。

33. 卢梭:《新爱洛漪丝》,第二册,第18—19页。

34. 跟狄德罗分道扬镳以及撰写《新爱洛漪丝》时的情况,见贝尔纳·居 281
永(Bernard Guyon)在《卢梭作品全集》第二册第xviii—lxx页的评论研究。

35. 卢梭:《新爱洛漪丝》,第二册,第16页。

36. 同上书,第二册,第16页。

37. 同上书,第二册,第15页。

38. 同上书,第二册,第11页。

39. 同上书,第二册,第29页。

40. 同上书,第二册,第26—27页。

41. 同上书,第二册,第27页。

42. 卢梭:《爱弥儿》,第四册,第357页。

43. Ibid, Aug. 9, 1775.

44. Ibid, Jan. 25, 1777.

45. Ibid, March 8, 1777.

46. Ibid, June 10, 1777.

47. Ibid, July 12, 1777.

48. Ibid, Sept. 27, 1777.

49. Ibid, Nov. 29, 1777.

50. Ibid, May 16, 1778.

51. Ibid, Aug. 1, 1778.

52. Ibid, Sept. 12, 1778.

53. 朗松夫妇为女儿命名为伊丽莎白(Elisabeth),跟朗松的母亲同名。孩子的出生与家人的名字方面的信息,主要根据1788年11月29日朗松再婚的契约。他的第一任妻子马德莱娜·拉博托婚后未满三年就去世了,朗松再娶的是她的表妹让娜·弗朗索瓦丝·拉博托。

54. Ranson to STN, Dec. 27, 1778.

55. Ibid, March 16, 1779.

56. 见 Philippe Aries, *L'Enfant et la vie familiale sous l'Ancien Régime* (Paris, 1960)。

57. 卢梭：《新爱洛漪丝》，第二册，第 23 页。

58. Ranson to STN，Sept. 16，1780.

59. 朗松的文件中，最后一封信签署日期为 1785 年 8 月 30 日。几乎可以确定朗松在那个日期之后仍继续写信给奥斯特沃，不过 STN 的文件里头找不到那些信，因为奥斯特沃在 1784—1785 年退出 STN 的经营管理。因此，关于朗松的事业与家庭生活，我们不可能从他的第一任妻子过世追踪到他再婚以及革命的年代。正如前文所提，他在地方上的政治变革中扮演了一个小而稳健的角色；他在 1823 年 8 月 5 日去世，享年七十五岁，比第二任妻子长寿。

60. 概略回顾读者对于《新爱洛漪丝》的反应，见 Daniel Mornet，*La Nouvelle Héloïse* (Paris，1925)，I，247—267，其中包括针对卢梭接到的读者来函所做简略的研究。在莫尔内奠定的基础上，达尼埃尔·罗什以较有系统的社会学分析加以扩充，见“Les primitifs du Rousscauisme：une analyse sociologique et quantitative de la correspondance de J.-J. Rousseau，” *Annales：Economies，sociétés，civilizations* (Jan.-Feb.，1971)，xxvi，pp. 151—172。卢梭接获的信函文本，如今可以在一个版本极其出色的卢梭书信全集中读到：R. A. Leigh，*Correspondance complète de Jean Jacques Rousseau* (Geneva，1969)，vols. VIII-X。

61. 引文及其他引述资料均取自卢梭的《通信全集》，以下按先后次序列出：C.-J. Panckoucke to Rousseau，Feb.，1761，VIII，77—78；J.-L. Buisson to Rousseau，Feb. 11，1761，VIII，88；A.-J. Loyseau de Mauléon to Rousseau，Feb. 18，1761，VIII，130；Charlotte Bourette to Rousseau，Feb. 21，1761，VIII，148；J.-J.-P. Fromaget to Rousseau，June 5，1761，IX，3；abbé Cahagne to Rousseau，Feb. 27，1761，VIII，187 and 191；J.-F. Bastide to Rousseau，Feb. 12，1761，VIII，91—92；Daniel Roguin to Rousseau，Feb. 27，1761，VIII，181；A.-P. de Gingins，baron de La Sarraz to Rousseau，March (?)，1761，VIII，263；Jacques Pernetti and Jean-Vincent Capperonnier de Gauffecourt to Rousseau，Feb. 26，1761，VIII，178；D.-M.-Z.-A. Mazarini-
282 Mancini，marquise de Polignac to M.-M. de Brémond d'Ars，marquise de Verdelin，Feb. 3，1761，VIII，56；Charlotte de La Taille to Rousseau，March

10,1761,VIII,239—240; Louis François to Rousseau,March 24,1761,VIII,278—279; and the issue of the *Journal helvétique* of February,1761,quoted in VIII,73。

62. D.-M.-Z.-A. Mazarini-Mancini,marquise de Polignac to M.-M. de Bremond d'Ars, marquise de Verdelin, Feb. 3, 1761, in *Correspondance complète*,VIII,56—57.

63. Louis François to Rousseau, March 24, 1761, in *Correspondance complète*,VIII,278—279; and Paul-Claude Moultou to Rousseau,March 7,1761,VIII,225—226.

64. Mme Du Verger to Rousseau, Jan. 22, 1762, in *Correspondance complète*,X,47.

65. 关于这一场书信往来的缘起,见 *Correspondance complète*, IX,132—155。

66. 卢梭:《忏悔录》,第一册,第545—547页。

67. Fromaget to Rousseau,June 5,1761,in *Correspondance complète*,IX,3.

68. 某匿名读者致卢梭,April 6,1761,in *Correspondance complète*,VIII,296;某匿名少妇写的信,March,1761 (?),VIII,258—259; Pierre de La Roche to Rousseau, Oct. 16, 1761, IX, 168; and C.-J. Panckoucke to Rousseau,Feb.,1761,VIII,77—78.

69. M. Rousselot to Rousseau, March 15, 1761, in *Correspondance complète*,VIII,252; B.-L. de Lenfant de la Patrière, baron de Bormes to Rousseau, March 27, 1761, VIII, 280—281; A.-A. Lalive de Jully to Rousseau,Jan. 31,1761,VIII,43; F.-C. Constant de Rebecque to F.-M.-S. Constant de Rebecque,Feb. 9,1761 (?),VIII,72; and J.-L. Le Cointe to Rousseau,April 5,1761,VIII,292—293.

70. A.-J. Loyseau de Mauleon to Rousseau, Feb. 18, 1761, in *Correspondance complète*,VIII,131;某匿名读者致卢梭,April 6,1761,VIII,296;某匿名读者致卢梭,March,1761,VIII,256—257;某匿名读者致卢梭,March,1761,VIII,257—258. 这一切用语,以及卢梭接到的其他信件的措辞,

全都非常接近两篇序文的说法。

71. Rolf Engelsing, *Der Bürger ah Leser*; *Lesergeschichte in Deutschland 1500—1800* (Stuttgart, 1974). 对于恩格辛的理论之评论,见 Reinhart Siegert, *Aufklärung und Volkslektüre exemplarisch dargestellt an Rudolph Zacharias Becker und seinem "Noth- und Hülfsbüchlein" mit einer Bibliographie zum Cesamtthema* (Frankfurt am Main, 1978); and Martin Welke, "Gemeinsamc Lektüre und frühe Formen von Gruppenbildungen im 17. und 18. Jahrhundert: Zeitungslesen in Deutschland," in *Lesegesellschaften und bürgerliche Emanzipation: Ein europäischer Vergleich*, ed. Otto Dann (Munich, 1981)。

72. Ranson to STN, Dec. 27, 1774.

73. Ibid, May 8, 1781.

74. Ibid, June 12, 1785.

75. 伯格(Johann Adam Bergk):《阅读的艺术》(*Die Kunst Bücher zu Lesen*. Jena, 1799),第 411 页。

76. 譬如上引书第 302 页。伯格强调:"卢梭凭他的热情、富创意的想象和深刻的洞察,牢牢抓住我们,还提供给我们一针见血的乐趣。他揭露自然奥秘的面纱,运笔如神掳获我们的心。"

结　语

1. Pierre Chaunu, "Un Nouveau Champ pour l'histoire sérielle: Le Quantitatif au troisième niveau" in Pierre Chaunu, *Histoire quantitative, histoire sérielle* (Paris, 1978), pp. 216—230. 肖尼用 *sérielle* 这字眼,语意比统计或定量更明确,但是译成英文的"serial"并不妥当。再者,肖尼没有讨论
283 到前面两个层面引发的现象如何影响第三个层面的现象。直陈此一主题的论著,见 Fernand Braudel and Ernest Labrousse, *Histoire économique et sociale de la France* (Paris, 1970), II, 693—740; 以及 Albert Soboul, *La Civilisation el la Révolution française* (Paris, 1970), pp. 459—480。把心态史当作一个类别加以讨论的,见 Lucien Febvre, *Combats pour l'histoire* (Paris, 1965), pp. 207—239; Georges Duby, "Histoirc des mentalités" in

L'Histoire et ses méthodes (*Encyclopédie de la Pléiade*, Paris, 1961), pp. 937—966; Alphonse Dupront, "Problèmes et méthodes d'une histoire de la psychologie collective," *Annals*: *Economies*, *sociétés*, *civilisations*, XVI (1961), 3—11; Louis Trénard, "Histoire des mentalités collectives: Les Livres, bilans et perspectives," *Revue d'histoire moderne et contemporaine*, XV (1968), 691—703; Robert Mandrou, "Histoire sociale et histoire des mentalités," *La Nouvelle Critique* (1972), pp. 3—11; Jacques Le Goff, "Les Mentalités: Une Histoire ambiguë," in *Faire de l'histoire*, ed. Jacques Le Goff and Pierre Nora (Paris, 1974), III, 76—94; Philippe Ariès, "L'Histoire des mentalités," in *La Nouvelle Histoire*, ed. Jacques Le Goff, Roger Chartier, and Jacques Revel (Paris, 1978), pp. 402—422; and Michel Vovelle, "Histoire des mentalités—Histoire des résistances de ou les prisons de la longue durée," *History of European Ideas II* (1981), 1—18。《新史学》(*La Nouvelle Histoire*)对于被认为就是"年鉴学派"的历史编纂学趋势做了一番回顾。根据同一模式写出来而且比较出色的博士论文之例，见 F. G. Dreyfus, *Sociétés et mentalités à Mayence dans la seconde moitié du dix-huitième siècle* (Paris, 1968): part I, Economie, part II, "Structure sociale," part III, "Mencalités et culture"; Maurice Garden, *Lyon et les Lyonnais au XVIIIe siècle* (Paris, 1970): part I, "Démographic," part II, "Société," part III, "Structures mentales et comportements collectives"; and François Lebrun, *Les Hommes et la mort en Anjou aux 17e et 18e siècles* (Paris, 1971): part I, "Structures économiques et socio-géographiques," part II, "Structure démographique," part III, "Mentalités"。

2. Ernest Labrousse, *La Crise de l'écmomie française à la fin de l'Ancien Régime et au déhut la Révolution* (Paris, 1944), I, xxix; Pierre Chaunu, "Dynamique conjoncturelle et histoire sérielle: Point de vue d'historien," in Chaunu, *Histoire quantitative, histoire sérielle*, p. 17. 我尝试在《纽约历史评论手册》(*The New York Review of Books*)中写一系列的文章检讨法国文献，其中一部分已发表，题作"The History of *Mentalités*: Recent Writings on Revolution, Criminality, and Death in France,"收录于 Richard H.

Brown 和 Stanford M. Lyman 合编的 *Structure*, *Consciousness*, *and History*, (Cambridge, 1978), pp. 106—136。应该补充的是,某些跟《年鉴》有关的历史学家,特别是 Jacques Le Goff 和 Jean-Claude Schmitt,如今从文化的定量分析转向人类学。见 Roger Chartier, "Intellectual or socio-cultural history? The French trajectories," in *Modern European Intellectual History: Reappraisals and New Perspectives*, ed. Dominick La Capra and Steven L. Kaplan (Ithaca, 1982), pp. 13—46; and André Burguièrc, "The Fate of the History of *Mentalités* in the *Annales*," *Comparative Studies in Society and History*, XXIV (1982), 424—437。然而,这种人类学一般仍受限于列维-施特劳斯的结构系统或源自埃米尔·涂尔干的功能主义。它尚未受到在爱德华·B.泰勒和弗朗兹·博厄斯(Franz Boas)影响下发展出来的美国人类学的象征张力的影响,又没有感受到在克利福德·格尔茨(Clifford Geertz)的著作大放异彩的韦伯张力(Weberian strain)。美国学界倾向于忽视关系系统(systems of relations),法国学界则通常忽略意义系统(systems of meaning)。

3. William Langer, *Political and Social Upheaval*, *1S32—1S52* (New York, 1969); Keith Thomas, *Religion and the Decline of Magic* (New York, 1971); Hildred Geertz and Keith Thomas, "An Anthropology of Religion and Magic," *Journal of Interdisciplinary History*, VI (1975), 71—109; Lawrence Stone, *The Family*, *Sex and Marriage in England*, *1500—1800* (New York, 1977); Philippe Ariès, *L'Homme devant la mort* (Paris, 1977); and Michel Vovelle, *Piété baroque et déchristianisation en Provence au XVIIIe siècle: Les Attitudes devant la mort d'après I clauses des testaments* (Paris, 1973).

4. Keith Thomas, "History and Anthropology," *Past and Present*, no. 24 (1963), 3—24; E. E. Evans-Pritchard, "Anthropology and History," in E. E. Evans-Pritchard, *Essays in Social Anthropology* (London, 1962). 要想列
284 出结合人类学和史学这两个学科的所有著作,当然是不切实际。对这方面有兴趣的读者,可以参考 Clifford Geertz、Victor Turner、Renato Rosaldo、Shelly Errington、Louis Dumont、Marshall Sahlins、B. S. Cohn、James Fernandez、

Jacques Le Goff、Emmanuel Le Roy Ladurie、Jean-Claude Schmitt、Natalie Davis、William Sewell、Lawrence Levine、Greg Dening 以及 Rhys I saac，此处列出的只是最杰出的作者当中的一部分。

5. 马克·布洛赫（Marc Bloch）：《为历史学辩护》（*Apologie pour l'histoire ou métier d'historien*. Paris，1974；此一版本系根据 1941—1942 年间写的文本），第 35 页。

索 引

（索引中的页码为原书页码，即本书边码）

图书在版编目(CIP)数据

屠猫狂欢:法国文化史钩沉/(美)罗伯特·达恩顿著;吕健忠译.—北京:商务印书馆,2017
(汉译世界学术名著丛书:120年纪念版:珍藏本)
ISBN 978-7-100-14251-9

Ⅰ.①屠… Ⅱ.①罗… ②吕… Ⅲ.①文化史—法国 Ⅳ.①K565.03

中国版本图书馆CIP数据核字(2017)第137427号

汉译世界学术名著丛书
(120年纪念版·珍藏本)
屠 猫 狂 欢
法国文化史钩沉
〔美〕罗伯特·达恩顿 著
吕健忠 译

商 务 印 书 馆 出 版
(北京王府井大街36号 邮政编码100710)
商 务 印 书 馆 发 行
北京中科印刷有限公司印刷
ISBN 978-7-100-14251-9

2017年12月第1版　　开本710×1000 1/16
2017年12月北京第1次印刷　　印张24½ 插页1
定价:128.00元